魏宏运文集

序跋与书评

魏宏运 著

南开大学历史学院 编

天津出版传媒集团

天津人民出版社

图书在版编目(CIP)数据

序跋与书评 / 魏宏运著；南开大学历史学院编. ——
天津：天津人民出版社，2017.3
　（魏宏运文集）
　ISBN 978–7–201–11586–3

Ⅰ．①序… Ⅱ．①魏… ②南… Ⅲ．①序跋–作品集
–中国–当代②书评–中国–现代–选集 Ⅳ．①I267
②G236

中国版本图书馆 CIP 数据核字(2017)第 070140 号

序跋与书评
XU BA YU SHUPING

出　　版	天津人民出版社
出 版 人	黄　沛
地　　址	天津市和平区西康路 35 号康岳大厦
邮政编码	300051
邮购电话	(022)23332469
网　　址	http://www.tjrmcbs.com
电子信箱	tjrmcbs@126.com

策　　划	任　洁
责任编辑	张　璐
特约编辑	金晓芸
装帧设计	Mark　汤　磊

印　　刷	河北鹏润印刷有限公司
经　　销	新华书店
开　　本	787×1092 毫米　1/16
印　　张	24.5
插　　页	4
字　　数	375 千字
版次印次	2017 年 3 月第 1 版　2017 年 3 月第 1 次印刷
定　　价	155.00 元

《魏宏运文集》编选组

总负责人：

江　沛　邓丽兰　李金铮

分卷负责人：

《中国近代历史的进程》:杜恩义

《抗日战争与中国社会(上)》:刘依尘　王　希

《抗日战争与中国社会(下)》:冯成杰　王　希　刘依尘

《序跋与书评》:何悦驰

《忆往与治学》:张耀元

《魏宏运年谱》:王　希　张耀元

前　言

由天津人民出版社编辑出版的《魏宏运文集》终于与公众见面了。在主持编辑此文集的过程中，一些事项需要在此说明：

一、魏宏运先生是享誉海内外的著名史学家、南开大学荣誉教授。1925年1月出生，今已93岁高龄。自1951年从南开大学毕业留校任教后，他在历史系执教半个世纪之久，直至2000年退休。魏先生曾任校内外多种重要学术职务，受聘为国内外多家名校的客座教授。他著作等身，撰写论著、编辑教材、工具书及史料集多种，总字数达两千余万，多次获得国家级哲学社会科学成果奖及天津市哲学社会科学成果奖。他是中国近现代史学科的开拓者和奠基者之一，具有重要的学术影响力。整理及出版魏先生的论著，有利于南开史学的文脉传承，丰富人们对南开大学校史和当代教育史的理解，对于理解中国近现代史学科和当代史学发展史的演进、认识当代中国知识分子群体性格及生活演变的特点，都具有重要意义。

二、鉴于魏先生的学术地位和其论著的重要价值，《魏宏运文集》入选天津出版传媒集团重点出版项目。为保证文集的学术水平和编纂质量，天津人民出版社与南开大学历史学院密切合作，联手打造学术精品。由南开大学历史学院院长江沛教授组织编委会负责《魏宏运文集》的选编工作，天津人民出版社总编助理任洁编审带领编辑团队全力投入，负责本项目的编辑出版工作。

三、时值南开大学即将迎来百年华诞之际，魏先生文集的编选工作，得到南开大学历史学院大力支持。经魏先生亲自授权、夫人王黎提出建设性思想并居中协调，提供诸多稿件及手迹，亲自确定文集封面；先生弟子江沛教授主持编选并确定了各卷收录文稿的范围；邓丽兰、邹佩丛老师此前整理先生稿件花费了大量心血，此次提供了大量电子文稿，大大便利了编辑工作。先生在海内外的诸多弟子纷纷表达关注之情，翘首期盼。

四、南开大学历史学院中国近代史专业的研究生杜恩义、冯成杰、何悦驰、刘依尘、张耀元、王希分别负责各卷最初的选编工作，此后几经调整，最终确定五卷六册的框架，具体包括《中国近代历史的进程》《抗日战争与中国社会（上、下）》《序跋与书评》《忆往与治学》《魏宏运年谱》。

五、由于魏先生论著的时间跨度长达半个多世纪，各个时期出版单位对学术规范的要求不一。此次出版除对个别字句的误植进行订正外，基本保持稿件发表时的原样态，以充分体现论著的时代性，便于后人理解当代中国史学演变的路径及意义。魏先生的年谱在2013年前已有两版，社会反响极好。此次出版时单列一卷，增补了2013年10月至2017年2月的内容，并对2013年前的内容进行适当增补，由此得窥魏先生九十高寿后执着学术、壮心不已的老年生活。

六、由于时间久远和资料缺失，魏先生早年发表的一些论文未能收录，收集整理后将进行补遗，感谢并欢迎大家提供有关资料和线索。

七、在任洁女士带领下，天津人民出版社第五编辑室的全体编辑，对文集的编辑投入大量的心血，付出了艰巨的劳动。他们是金晓芸、温欣欣、王小凤、赵子源、张璐。天津出版传媒集团及天津人民出版社对此文集出版给予大力支持，在此衷心感谢！

编　者
2017 年 3 月

目　录

序　跋

抗日战争史

乡村与区域社会史

书 评

序
跋

通史与教材

《中国近代历史的进程》前言（代序）

感谢广东人民出版社历史编辑室同志们的鼓励和支持，我把自己三十多年来发表于报刊杂志的有关文章，收拢起来，集成此书，献给读者。

这本书辑录了 37 篇文章，涉及清末至中华人民共和国成立时的历史，在一定程度上反映了中国的半殖民地半封建社会及其结束，反映了新中国是怎样诞生的，所以以《中国近代历史的进程》为书名。

这些文章，是我 1951 年任教南开以来，在授课之余写成的，有的是下了功夫的，有的则显得粗糙。写作的背景，有的是为回答教学中提出的问题，如对孙中山的评价。有的是讲授选修课的详细提纲，如几篇关于武汉政府的文章。有的是应约而写成的，如第一次世界大战期间中国的工业化与日本帝国主义。有的是出于对历史人物的崇敬和怀念，如对"五四"时期周恩来思想的研究。有的是我在美国讲学和访问日本时，外国友人提出的，如关于抗日战争时期的一些问题。除个别地方做了点修改，几乎是原封不动地拿了出来，这样做，还有一层缘故，那就是"文革"前写的一些文章，特别是关于武汉政府的那几篇，"文革"中成为我的"罪状"。保留原貌较好。

我对问题的研究，大体说来，一是从查阅有关的文献资料着手，一是调查、访问，把两者结合起来，寻找其内在联系。过去，文献档案公布得不多，我用的材料不少是来源于报刊的，报刊究竟不同于档案，但许多报刊确实记录了极其丰富的近代史素材，只要去粗取精，去伪存真，是可以获得有益的东西的。

近几年来，史学研究空前活跃，领域更为广阔，专题性的档案出版了不少。我的一些文章因此显然薄弱了，但我不打算把我过去资料不足的痕迹抹去，因为那是 20 世纪 50 年代和 60 年代初发表的，记录着我做研究的轨迹。我初学写作时还很年轻，经过中年，现已年逾花甲。

写文章总是有一种信念支配着自己，鼓励着自己。我应该特别说说我是怎样开始研究"五四"时期周恩来思想的。那是为了纪念周恩来逝世一周年，我和两位同志写了一篇文章，我翻阅了当时所能找到的一切资料，从《检厅日录》中，发现1920年5月到6月初，周恩来在狱中向难友系统讲述马克思主义，这是过去鲜为人知的，这就鼓舞我进一步多方面寻找资料，掌握得越来越多，结合访问调查，对周恩来的形象有了较全面的认识，便先后写了《周恩来同志和"五四"新文化运动》《周恩来五四时期革命活动纪要》《觉悟社的光辉》《周恩来共产主义思想形成初探》，这几篇文章得到了广泛的传播，在国内外引起了反响。记得当初我们三人依据资料提出周恩来是伟大的马克思主义者时，"左"的思潮还禁锢着一些人的思想，他们反对这一评价，我们只好等待时间，用事实来说话。多年来，我总有这个想法，研究近代史要有勇气，不然就不能在1919年后的历史海洋中涉足。

1919年以后的时代，是中国巨大变革的时代，人们对这个伟大时代历史文化的研究，仅仅是个开端，很多方面还是空白，我自己理论素养不高，但愿赶上时代步伐，和同行们一起，对这一时期历史，做一番认真的研究。

出版社的同志通读了这本书的每篇文章，在内容和技术上提出了一些有益的意见。没有他们的辛勤劳动，这个集子是不能和读者见面的。

原载魏宏运：《中国近代历史的进程》，广东人民出版社，1989年

《中国通史简明教程》前言(代序)

　　这部《中国通史简明教程》是为非历史系的大专学生和自学者写的,从中国猿人写起,一直写到20世纪80年代。1919年以前的中国作为上卷,1919年后的中国作为下卷。

　　人类的发展进程基本上是相同的,而各民族的发展则有其各自独特的地方。构成人类社会一部分的中国,是个多民族的国家,已经有了五千年的历史,是世界古文明摇篮之一,有过繁荣和昌盛,也有过衰弱和灾难,统一是它的主导,也出现过分裂。它创造出了灿烂的文化,但在历史的一段时期里,其他民族的伟大发现和令人赞美的发明都与中国人无缘,今天,它为人类所做的贡献又为世界所瞩目,历史就是这样曲折地发展着。这部书如实地告诉读者中国的历史进程,中国人是如何度过过去的一切时代的。要了解几年以前直到几千年以前中国的政治、经济、军事、科技、艺术、宗教等方面的情况和发展,都可以从这里得到答案。

　　写历史,贵在忠于历史,我们写作时广泛利用并细心研究了前人的著作、历史文献和考古新发现,力求准确、真实,把我们的叙述建立在可靠的基础上。

　　中国的历史是极其丰富的,要在有限的篇幅中全面去写,那是很难的,我们只是将其发展的脉络、轮廓鲜明地勾画出来,并阐述对历史进程最有影响的事件。

　　写作方法上,力求简洁、明晰、易懂,引文很少。全书附有多幅插图。

　　希望读者从这部书获得有益的知识,愿这部书能增进读者对中国的了解。

原载魏宏运主编:《中国通史简明教程》,高等教育出版社,1992年

《中国现代史教学与研究》序

　　《中国现代史教学与研究》一书沿用了近几十年来习惯的名称，把 1919 年至 1949 年间的历史，称为"中国现代史"。这 30 年，是近代中国社会大变动中一个关键性的转折时期。正是在这一时期，中国人民在中国共产党的领导下，经过曲折艰巨的斗争，走上由新民主主义到社会主义的道路，为拥有古老文明的中国建设有自己特色的社会主义奠定了基础。

　　这部书分为教学纲要、主要理论问题探索、教学重点问题研究和学习指导 4 个部分。作者依据教学大纲、历史档案、老一辈无产阶级革命家的论著和许多当事人的回忆资料，从不同视角对 30 年的历史进行了完整系统的客观阐述、分析和简要总结，揭示了这一时期我国经济、政治、军事、思想、文化、外交等各个领域和敌、友、我各个方面的斗争过程及其发展规律，内容丰富，从而勾画出了历史的全貌。

　　中国现代史是我们进行马列主义教育、爱国主义教育和革命传统教育的极好教材。这部书根据当代青年人的特点，对许多问题都进行了充分的阐述，有理有据，是一部可读性很强的历史著作。它能欣然唤起读者的兴趣。全书的安排恰当，教学纲要部分只有 29 万字，大大少于现有的一些著作。第二三部分对主要理论问题和教学重点问题的研究却写了 10 万字，所以这样安排，在于突出重点。

　　这部书的撰著者力求用典型史料，对历史事件和历史人物做出客观公允的评述，写出一部信史。在材料的选用上，尽量采用准确可靠的史料，不少是经过自己深入考证的。如日本帝国主义在九一八事变前挑起的中村事件，是中村震太郎伪装农业专家擅赴洮南地区，刺探军事情报，被中国驻军捕杀，时间是五六月间而不是 8 月；日本天皇裕仁向公众宣布无条件投降，是在 1945 年 8 月 15 日不是 8 月 14 日。在对事件和人物的评价上都表示了他们自己的看法，可以启发人们进一步研究这些问题。历史研究中的课题，就是通过不断的探讨而写出令人信服的结论的。

这部书的可贵之处，是作者的创新精神。在撰写中努力吸取史学界研究的若干新的成果，在史料运用、观点阐述和体例结构上都有自己的独特风格，给人以新鲜感觉。作者根据资料，做出了自己的判断，诸如秋收起义时收编的丘国轩团，实为流落在鄂南一带的黔军残部，非夏斗寅残部；日本占领整个东北三省的时间应以1932年2月哈尔滨沦陷为准，而不是以1932年1月锦州及辽西地区沦陷为准；"八一宣言"和"一二·九"运动中，均只有"停止内战""抗日救国""一致抗日"的口号，而没有"一致对外"的口号，等等，本书均作了更正。对问题的分析论述，本书也有许多独到之处，如对农民问题是国民革命的中心问题，农村包围城市、武装夺取政权理论的形成，爱国华侨对中国抗战的贡献，中国抗日战争在世界反法西斯战争中的地位，中国现代史教学中的爱国主义教育等问题的分析不仅比较科学，而且有自己的新见解。

这部书的主体部分是"教学纲要"部分，表述得很清晰，没有含糊不清的地方。对"主要理论问题探索"和"教学重点问题研究"，则以翔实的材料进行深入的分析；全书由表及里，由浅入深，有略有详；"学习指导"部分，又以简洁的语言对一些基本概念作了准确的表述，并为典型例题写了标准答案要点。各部分和不同问题的篇幅，从实际出发，详略得当，比较准确地反映出中国现代史诸方面的实际情况。

这部书，是撰著者对中国现代史长期研究与教学实践的总结，没有丰富教学经验的人，是写不出这样的著作的。作者的精心构思，作者的理论见解，作者对于史学的热爱和对于青年人的期望，都反映在字里行间。

我相信这部书会产生积极的影响。当然，一部书总有不足之处，不可能是十全十美的。

希望同行诸友不断修订、充实，使它拥有更多更广泛的读者。

原载王作坤主编：《中国现代史教学与研究》，吉林大学出版社，1995年

民国时期政治与经济研究

《百色起义和龙州起义》序

百色这个美丽的名字,半个多世纪以来,一直为人们传颂着,自邓小平、张云逸等共产党人 1929 年在这里领导起义开始,它就与革命和民族精神联系在一起,曾有许多人写文章和回忆录,歌颂这里的人民,歌颂起义的决策者,论述起义的历史意义,使百色这个少数民族聚居的地方更具有魅力。现在陆仰渊同志以历史学者的眼光写出了《百色起义和龙州起义》,实是一件喜事。

陆仰渊同志在广西博物馆和广西社会科学院工作期间,对百色起义和龙州起义产生了浓厚兴趣,他的工作又赋予他便利条件,阅读了有关这两次起义的历史文献,并深入左、右江地区,访问了上百名红七军、红八军的老同志,获得了第一手资料。他已编辑的《左右江革命根据地资料选辑》,40 万字,1984 年由人民出版社出版,以此为基础,经过几年的探索与追求,对这段历史做了有价值的研究。

大革命失败后的几年是工农起义蜂起的年代,在中国共产党的领导和毛泽东工农武装割据思想的指引下,共产党人选择了适当的时间和地点,经过准备,在不少地区点燃起不灭的火焰,唤起民族的觉醒,反抗国民党的反叛。百色起义即为当时震撼西南边疆的一次起义。

地处桂滇黔三省交界的百色,和靠近越南边境的重镇龙州,属广西左、右江地区,在这里聚居着的壮族、瑶族、苗族等少数民族和汉族人民,深受民族压迫和阶级压迫的苦难,群众有强烈的反抗精神。第一次大革命时期,共产党人韦拔群曾领导这里的农民组织农会,开展农运,实行土地农有。人民对共产党有深厚的感情,这就是所以选择在百色举行起义的一个原因。1929年蒋桂战争频繁,生灵涂炭,桂系内部的矛盾重重,给发动起义以良好的机会。种种因素的复合,把人民愤怒的激情汇集在一起,导入一个方向,集中于同一个目标——革命。作者正是从这一特定的历史条件出发,探讨起义的主客观因素,展示了起义决策人邓小平同志的智慧和才能,以及他是怎样得心应手地创造出英雄业绩。

邓小平,当时名邓斌,1929年蒋桂战争爆发后,以中共中央代表的身份到达广西,他知道如何动员社会上各种力量加速革命的进程,他紧紧依靠广西党组织与时任广西省政府主席俞作柏、省绥靖司令李明瑞建立了密切的合作关系。俞是反蒋人物,舆论界说他"向来左倾","其左右都是那些左倾或共产党分子"。可见当时革命势力的发展,已影响到广西政权,使其倒向革命。这一倾向对国民党南京政府形成了极大的威胁,蒋遂大加讨伐,俞败走香港,李明瑞则按邓小平的指引,进入左江。张云逸率领一支部队到右江,和韦拔群等联合,张开了赤色的旗帜。由张云逸任红七军军长,俞作豫任红八军军长,李明瑞任红七军、红八军总指挥,邓小平为总政委,革命声势大振。1929年12月27日《申报》曾报道了这一起义的历史进程,"李仍盘踞两江,化名张超,在百色龙州一带,组织苏维埃政府,实行共产"。

这部书叙述了百色和龙州起义的全过程,分析了当时的历史社会条件,记录了左右江革命根据地生气勃勃的斗争,以及红军离开广西转向中央革命根据地后,黑暗又重新笼罩两江的历史。本书对起义的一系列实践和理论问题,都进行了较为深入的探讨,也接触到以往学术界有争议的问题。

历史研究总是应该给人以启迪,给人以聪明和智慧,不单是为了记述过去,回忆历史。人们会从这部书得到有益于自己的东西。

百色起义和龙州起义距今已近六十年,百色起义纪念日也已被定为广西壮族自治区成立纪念日。1988年适逢广西壮族自治区成立三十周年,上海人民出版社出版这部书是很有历史意义的。

原载陆仰渊:《百色起义与龙州起义》,上海人民出版社,1989年

《中国近现代爱国主义运动史略》序

　　爱国主义是人们对自己祖国的一种最深厚的感情。中国人民的爱国主义是在中华民族悠久历史文化的基础上产生和发展起来的，它作为一种伟大的凝聚力和向心力，使中华民族在几千年的历史长河中战胜了无数的自然灾害和社会灾难，一直保持着坚强的团结和旺盛的生机。因此，爱国主义这一课题曾经被一代又一代的有识之士提出来。目前，中国正处在改革与开放的伟大时期，人们正以前所未有的速度前进，从历史的角度探求中华民族爱国主义的优良传统，向青少年进行教育，激励其奋发向上，是具有深远历史意义的。黄存林、王聚英等同志主编的《中国近现代爱国主义运动史略》就是在这一思想指导下写成的。

　　本书以爱国主义运动为中心，较详细地论述了从 1840 年鸦片战争始，经太平天国运动、第二次鸦片战争、中法战争、中日战争、戊戌维新、义和团运动、辛亥革命、五四运动、北伐战争、土地革命战争、抗日战争、解放战争，直至创建社会主义新中国的历史，概述了各个时期爱国主义的内涵、表现、作用和价值。从而使人们既能了解帝国主义如何侵略中国，封建主义如何压迫人民，又能懂得中国人民是怎样推翻帝国主义、封建主义和官僚资本主义的反动统治，使新中国屹立于世界东方的。寓爱国主义于历史知识之中，在历史中体现爱国主义精神，把中国近现代的革命运动史写成一部爱国主义运动史，这是《史略》的一个特点。

　　本书在概述中国人民反帝反封建爱国斗争的同时，重点论述了五四运动以后先进的知识分子是怎样转向马克思主义，选定社会主义道路并闪出崭新光芒的，描述了中国共产党人不怕牺牲、艰苦奋斗的战斗历程。广大青少年从这里会汲取养料，自觉地向老一辈革命家学习，树立并坚定自己的社会主义信念，把革命的思想和传统永远继续下去。

　　本书在广泛挖掘史料、合理吸取众家研究成果的基础上，建立了爱国主义运动史这一特殊专题的结构体系,它既不脱离中国近现代革命史,又有自己所侧重的内容和观点,叙事生动活泼,文笔流畅,是一部较好的有关爱国主义的史学著作。

爱国主义教育的内容是很广泛的,爱国主义的素材仅就历史而言也是非常丰富的,它不仅包括革命运动和著名政治人物的活动,还应该包括名胜、古迹、文物,以及杰出的文学家、艺术家、科学家、少数民族、海外侨胞的历史贡献。本书以革命运动史来体现1840年至1949年间的爱国主义,从总体上看内容显得有些单一,个别章节上也还有拘泥于中国近现代史的痕迹。作者们是在短时间内适应当前爱国主义教育之需而编成的,上述问题在所难免,但它的积极作用是应当肯定的。

愿近代以来中国各族人民的爱国主义精神和爱国事业发扬光大。

原载黄存林等主编:《中国近现代爱国主义运动史略》,中国文史出版社,1991年

《二十世纪三四十年代河南冀东保甲制度研究》序

　　这部书是朱德新多次深入冀东、豫北农村作调查采访与搜集资料后写成的。如果没有这样的经历,不用说二十多万字,就是 5 万字恐怕也写不出来。朱德新在南开大学攻读博士学位期间,参与了我主持的国家"七五"重点社科课题《三四十年代华北农村社会》的研究工作,承担针对农村基层政权的调查和写作。于下冀东之前,他对我说,在学校图书馆无法找到有关法规条例以外的文字资料。我说:解决这一难题最有效的方法是走出书斋,到农村做广泛而实际的调查研究。我们从冀东回来后,他认为此行收获很大,尤其是增强了完成写作任务的信心。实际上,调查采访作为一种研究社会史的科学方法,早在一百三十多年前的马恩著述中就曾论及。1858 年 3 月 30 日,马克思在《马志尼和拿破仑》一文中写道:"现代历史著述方面的一切真正进步,都是当历史学家从政治形成的外表深入社会生活的深处时才取得的。"(《马克思·恩格斯全集》)因此,我想从朱德新的收获来说明史学工做者深入农村社会做调查研究的意义。

　　弄清农村各项法规条例实施的实际情况及效果。中国幅员辽阔,政治经济发展极不平衡,更何况社会剧烈变动的三四十年代农村,即使同一法规,各地执行与否的情况也会千差万别,甚至还有截然不同的后果。再加上这一时期农村灾害频仍,战祸不断,统治者更迭的频率相对加快。因此,农村基层政权不仅呈现相对的多元格局,而且使得原本就很少记载的农村基层领导人活动的资料所剩无几。偶然碰到一些文字材料,也是有头无尾,残缺不全。那么,要获得其中的有关情况就只有到事件发生的地点面访尚健在的当事人。这样做的同时还可以印证那些来之不易的点滴文字资料记载是否真实,将死材料变"活"。朱德新曾在唐山市档案馆敌伪档案中发现一张国民党政权昌黎县犁湾河乡乡公所职员丁役调查表,表内共列 12 人,其中 5 人的"备考栏"内写有这样的内容:"兼办乡中杂务繁忙。"他推测,这可能是为摊派而奔忙。于是,他顺藤摸瓜,查找到该乡一段时间内的逐日摊派数字。但"备考栏"内所谓"杂务繁忙"的具体细节、摊派的过程与导致的后果等仍然无法了解。因此,他赶赴昌黎县犁湾河乡,在该乡第二村访到了调查表中尚健在的且是唯一能够清晰回忆往事的原乡公所事务员乔居璋,弄清了许多问题。

在调查中,不仅增强了史学工作者的责任感,还受到诸多方面的启发。在采访调查过程中,被访者包括原乡保甲长在内的许多农村老人,均同朱德新表示,极希望有人抢救他们脑海中能回忆起来的材料。否则,一旦他们离开人世,三四十年代发生在他们身边的事情,恐怕将永远成为谜。老人们热诚的语言,恳切的面孔,常浮现于朱德新脑海中,并化为一种动力鼓舞他在农村艰苦奋战。老人们不仅毫无保留地提供材料,而且在许多方面给访问者以启迪。比如这本书关于统治者意图在下达各层级行政机构过程中不断受"磨损",最后到达基层农村时已面目全非的观点,就是在与遵化县方志办公室冯景鑫老人交谈中受启发后获得的。

取得大量珍贵扎实可靠的史料。历史研究不是材料的简单堆砌,但却离不开丰富资料的支撑。这本书大部分资料来源于保甲制度亲历者的口述和有关地区省市县档案馆的档案,以及冀东、豫北各市县党史、文史、史志"三办"编辑与搜集的地方社会史料。这三种资料基本上均未被史学工作者引用于书籍或报刊,此等第一手材料十分珍贵。如说明保甲制度核心思想的实物——按有手印的原始联保连坐切结,是从河南省获嘉县档案馆发现的。它揭示出具有封建与法西斯相结合特征的保甲制度的残酷无比。为了证实史料的真实可靠性,朱德新穷追不舍,他发现1930年《河北省公报》上有一点关于丰润县板桥镇国持营村村长张守城等控告原任村长贪污案件的线索。为进一步核实,他赶往当地调查,但到了丰润县才得知国持营村已划归唐山市新区管辖,于是他又掉头赶到新区开具介绍信,几经周折,找到一位年近九十岁且已瘫痪在床的老人李增荣,事情才得以弄清楚。作者是南方人,在此之前从未接触过北方农村,为了研究这一课题奔波于冀东、豫北乡村,或风雨中跋涉,或夜行崎岖小路,尝过北方粗粮,宿过农村炕头,而饿肚迷路更是常有的事。我相信,朱德新所获得的种种素材,必定增加这部书的史料价值。

中国是个农业大国,历史上各代统治者利用各级政权机构去管束农民,基层农村政权是金字塔式权力建筑的最底层。由于农民直接与之打交道的缘故,基层农村政权成为统治者与农民政治沟通至为关键的一环,而它的组成成分——基层行政人员则是农村中一切工作的重心所在。通过基层农村政权的运作可以得知:1.统治阶级的本质(它归根到底要从占总人口80%的农民这一客观尺度中反映出来)。2.村落的社会面貌。3.基层行政人员的产生渠道、职能与效率,特别是经济地位以及由此而决定的阶级属性。4.基层政权结构的发展演变。5.基层政权对农村生产力的作用。6.农民的政治态度及变化。由此看来,农村问题从某种角度上可以说是基层政权问题。认真研究离新中国成立最近的历史上的农村基层政权 (其形式主要是保甲制度),可以为当前和今后的农村基层政权建设提供有益的意见。

这部书体系结构合理。作者没有按照一般史学著作的线型分析法,而是突破传统史学研究模式,对保甲制度做了区域性的实证研究。既有全面而系统的论述,更多的则是分专题的典型剖析。

写作方法上独具匠心。从书中可以看出作者对保甲法规的处理颇费心思。如不将其纳入则本书内容不全面,如简单摆出又蹈新中国成立以前保甲制度史书籍写作的覆辙。有鉴于此,作者独辟新径,将三个时期的保甲法规精心择其要点用图表形式相应对比列出。这就将枯燥单调的保甲法规写活了,它简练、清晰、直观,使人极易看出三个时期保甲法规的关系。其次是力求用量化指标定性。作者在浩如烟海的敌伪档案卷宗里逐一将乡保甲长的各种有关数字核实统计,编制成年龄、文化等方面的图表,以及设计"两面政权"对敌我负担的量化表格等。虽然为此要耗费大量精力,但它可以避免空泛而不确切的贴标签式定性方法,使立论更加科学和令人信服。再次是以一至两个坐标趋向图去显示或概括全章的内容亦系作者的一种尝试。如此做法尽管有不具体之嫌,但却简明扼要,形象直观。作者不落俗套的写作方法,令人有耳目一新的感觉。这种在史学写作手法上的改革和尝试,值得提倡。

书中的每章都有新意, 具有相当的学术水平。作者在第一章中论证的"保甲论就是保甲过程论", 提出保甲制度是一种统治者综合运用各种手段去束缚农民的强控系统的观点,找到了研究保甲制度的核心内容,克服了新中国成立以前保甲制度史著作和新中国成立以后某些中国近现代政治制度史书籍偏重于静态政治机构与政治法规条例的缺陷。在第二章中通过列表方式去逐一对比三个时期保甲法规条例,证明它们之间并无本质区别,而是有一种继承关系。该章对保甲制度具有的封建与法西斯"两位一体"特质的论述很具体。作者还分时期按地域阐明了保甲行政人员的产生渠道、实际职能、群体结构、生财之道。每节都有独到的见解，特别是对他们阶级属性的分析，纠正了昔日史书的偏颇。把人们未加注意的共产党与保甲的关系即"两面政权"纳入第四章，可说是从内容到体系都是新的。第五章从统治者如何调控保甲行政人员的角度剖析农村上下政治沟通与否的现象，较好地处理了中外学者极感兴趣的统治者与保甲即国家权力下行程度的课题。第六章探寻农民对保甲态度的演变轨迹，说明其发生质变的原因、带来的后果，亦有一定的独创性。

当然，此书并非无懈可击，例如第六章对农民政治品格的分析仅属一家之言，对个别观点的论证，其材料不够充分，有些地方尚待完善提高等，希望能得到读者对它的批评指正。

朱德新在南开大学的 3 年时间曾发表了一些有关冀东保甲制度研究的阶段性成果，现在中国史学会东方历史研究基金评审委又选中他的这篇博士论文资助出版，此乃对他辛勤劳动的肯定和鼓励。我期待着他沿着这条道路走下去，早日将另一区域的研究成果公之于世。

原载朱德新：《二十世纪三四十年代河南冀东保甲制度研究》，中国社会科学出版社，1994 年

《国民革命事典》序

　　曾宪林研究员是我的老学友,他几十年如一日,执着地研究 1924 年至 1927 年中国民族解放运动史,即国民革命史,或称大革命史,成为这个研究领域中著名的学者之一,卓有成就,著述甚丰。

　　现在摆在我案头的,是他主编的 120 万字、1400 多个条目的《国民革命事典》一校书稿,这是他和他在武汉与广州的同事们多年劳动的新成果,不付出巨大的努力是无法完成这部巨著的。

　　我约略读了这部著作,感到脉络清晰,条目恰当,内容丰富,反映了那个时代的历史进程,作者对史料和事实都进行了认真的考辨,概括起来有三大特点:一是全,包括了国民革命历史中的 14 个部类,涉及这段历史的方方面面;二是深,对重大历史事件和具体的历史问题,都有切合历史实际的分析和结论;三是新,发前人之所未发,如在经济、思想、文化方面人们是较少研究的。这些都是很吸引人的。

　　曾宪林研究员是一位勤奋多产的史学家, 经常在报刊上发表文章。20 世纪 60 年代初,我在《江汉学报》上即读过他的作品;20 世纪 70 年代末,史学界春风解冻,他的学术活动也活跃起来,陆续发表了《论武汉政府性质》《大革命高潮时期的迁都之争》《也谈收回汉口英租界的领导权》等论文。他的研究取得了很大的进展,对他的成就我是很佩服的。我们之间的交往越来越多,结下了深厚的情谊。20 世纪 80 年代末 90 年代初,他的《中国大革命史论丛》以及合著《中国大革命史论》《北伐战争史》《大革命时期农民运动史》,又相继问世,获得了学界的称赞,特别是王宗华和他及马菊英等共同主编的《中国大革命史(1924—1927)》,超过了前人的著作,是一部权威之作,在史学界产生了巨大的影响。

　　今年是国民革命时期在武汉建都 70 周年,《事典》恰于此时出版,宪林嘱我为这部书写几句话。在读《事典》的过程中,引发我开启了关于国民革命史研究方面的思想闸门。

历史研究不是为历史而历史，而是有一种崇高的目的。《事典》是为纪念建都70年而写的，是为那个伟大的时代而写的，也是为我们的时代而写的，为未来而写的。轰轰烈烈的大革命历史既有宝贵的经验，也有血的教训，是我国历史宝库中的财富。把这段历史用《事典》形式表述出来，这是作者研究的新风格。

20世纪50年代中期，有一段时间，我曾研究过国民革命历史，60年代前后在《历史教学》上发表过十多篇文章，那时是国民革命史研究的初步阶段，资料不多，我也钻得不深，对重大问题都缺乏阐述和论析，因为其他原因，终止了我对这一课题的探索，然时至今日，对这段历史我仍情有独钟，今见到《事典》就要问世，由衷高兴。记得宪林学友在《我的史学研究道路的回顾与前瞻》一文中说过这样一句话："任何一个重大历史问题的后面，都有重大的理论问题。"这个见解是值得称赞的。他很注重理论的修养和理论的探讨。当然在《事典》体例中，我们不会看到更多的理论探讨，但终会得到不少理论的启迪。

大革命时期不仅在中国历史上占有重要的地位，在世界民族解放史上也树立了好的榜样。毛泽东等老一辈无产阶级革命家非常重视这一时期革命史，在他们的著作和讲话中，总是从不同方面、不同角度讲大革命。国外许多汉学家如日本、韩国、澳大利亚的一些学者也都着力研究国民革命史，出版了专著，把这时期的中国史放在广阔的时代范围内来评述。大革命历史的研究在发展中，《事典》的问世为史学之林增添了新的光彩，希望它成为中外学者研究的桥梁，以深化这一时期历史问题的探讨，使那个伟大时代的精神永放光芒。

原载曾宪林主编：《国民革命事典》，湖北辞书出版社，1996年

《蒋介石的幕僚》序

《蒋介石的幕僚》即将问世。著者嘱我作序，我也非常高兴地向读者推荐这部书。

这本书是杨跃进博士在南开攻读学位时的心血结晶。据我所知，杨跃进博士极有抱负，对这一课题颇感兴趣。在经过思索后，他知难而进。三年中，他不停地读书、思考和写作，克服了诸多困难，思想也磨砺得更加敏锐，于是有了这部作品。

研究这一课题是有相当难度的，因为它不是某一个人或某一件事，而是涉及蒋介石高级幕僚这样一个时有变动的群体。究竟谁应是蒋介石思想库的成员，有的很明显且容易定位；有的就不太容易界定，不能说凡是为蒋介石出谋划策的人，都是他的幕僚；蒋介石与其幕僚们间的关系，似乎也不仅仅是赤裸裸的权力交换；这是一个非常复杂的问题。

像所有的史家一样，杨跃进博士在收集资料方面下了相当大的功夫。他对有关人物的日记、回忆录、论著、传记及研究成果约一百三十余种，细心反复地阅读和梳理，筚路蓝缕、钩沉探微，对百多个人物的出身、经历、思想、性格、心态及其与蒋介石的关系都做了认真的考察，从而初展蒋介石幕僚群体的轮廓。在此基础上，他为我们刻画出一个影响蒋介石进而影响了民国历史发展的有血有肉的政治幕僚群体的活态。

在这部著作中，作者试图总结出蒋介石幕僚群体遴选、聚合、构成、活动及作用的若干特点和规律。例如他提出，蒋介石在遴选幕僚时，多注重血缘、地缘、业缘的关系，但更注重和强调的是，幕僚们应具备传统的伦理观念和忠君思想。对蒋介石而言，他需要师爷、军师和参谋，而不是试图影响其政治统治模式或对之实行某种监督的同事与战友。在这种绝对的强权下，幕僚们常常被异化并失去基本的人性，他们没有自我，其人格融入了蒋的人格之中，这种融入没有平等与相互尊重的基础，它只不过是一种残酷的权力征服。这就揭示出蒋介石与幕僚们之间极具封建性的人际关系与政治关系,蒋介石集团的政治特性于此可见一斑。

值得注意的是,作者并没有停留在蒋介石与幕僚间的相互关系与矛盾上止步不前,而是由此追踪幕僚群体在帮助国民党及其政权的统治上所起的作用。他弄清了一些问题,使人们对蒋介石的思想、统治术和政策制定都有了更为明确的认识,这对于我们理解民国政治史具有重要的意义。

当然,我们不能说作者掌握的资料已经完整,对幕僚群体的人物刻画都很精确,在论述方面已尽善尽美。但从整体而言,我认为这部书崭新的角度、严密的论证,具有较强的独创性和学理性,的确是将这一课题的研究推进了一步。

近年来,以蒋介石及其幕僚为题的书出了好几本,有的拥有较多的读者,也有的不尽如人意,它们多把眼光盯在了具体的问题与情节上。杨跃进的这部学术著作,其特点是显而易见的,相信读者能从中得到更多的教益。

拉杂几句,权以为序。

原载杨跃进:《蒋介石的幕僚》,中国社会科学出版社,1997 年

《中日民间经济外交》序

大约从 1985 年起,无论是在人文社会科学研究领域,还是在自然科学研究与技术开发领域,都出现了一种令人瞩目的新现象,即一支思想敏锐而富有朝气的生力军的崛起。这支生力军主要是由中国自己培养的"土"博士、从国外回来的"洋"博士以及中外联合培养的"土洋结合"的博士组成的。近年来,我常常应邀参加包括这些人在内的史学界青年学者的论文答辩,为他们的研究成果作序,在感受时代巨浪冲击的同时,每每又为他们的创业精神所激奋,"假如我能年轻 30 岁……"诸如此类的联想时常萦绕于怀。1995 年9 月,当我开始审读这部由中日联合培养的博士生所写的专著时,这种感觉尤为深刻。

这本书论述的是李恩民对 1945 年至 1972 年这 27 年间中日两国非正式外交活动的认识与看法。众所周知,在 1972 年 9 月田中角荣访华以前,中国与日本之间由于没有正式的政府间的外交关系,以经济活动为中心的民间外交就自然地成为两国关系的核心。作者从民间层次的经济交流活动怎样对两国的政治外交产生影响,产生了什么样的影响这样一个角度来把握这一时代中日关系的脉搏,是非常恰当的。这是一个迄今很少为人涉猎的新颖课题,这一命题对单独居住在中国或日本的历史学者来说,都难轻易完成,因为它除了必要的主观条件之外,还需要一定的客观环境。1992 年,中日联合培养博士生计划的实施使这一客观环境形成,作者得以通过这种教育形式赴日留学,他既深谙中国的立场,又理解日本的处境,既能在中国充分收集有关史料,又能在日本遍访有关的历史记载,以此得天独厚的条件,勤于事业,完成了这一令人瞩目的课题。

仅就这一课题前人很少研究、资料庞杂以及远东国际关系格局的复杂性而言,应该说研究是有相当大的难度的,但作者较好地驾驭了这些纷杂的资料,克服了重重困难,探索出中日建交前经济往来的历史特点和历史的真实,记录下来了许多日本企业家和政治家为打开两国政治关系、拓展贸易往来而历尽艰辛的足迹,论述了中、日、美等国以及中国台湾地区等各方人士对中日民间经济交流的不同态度和所起的正、反面作用。这段历史,对于已年逾古稀的我们这一代人和研究现代史的人来说,并不陌生,然而读完这本书之后,我想读者会对第二次世界大战后的中日关系史有一个全新的印象。因为书中的不少描述对一般历史工作者来说,可能是第一次接触,过去未见披露,有些事件的过程或细节鲜为人知:如 1945—1957 年中国共产党对日政策的转换,1958 年前后中国实现中日邦交正常化的努力,"文化大革命"对中日民间经济外交的影响及其交流实态, 中日邦交正常化的经济动力与舆论力量,等等。对于人们所熟知的部分历史事实,作者则能通过发掘新史料,提出与以往的学术观点有所不同的看法。这方面的例证很多,除了三谷孝教授在序二中所举之外, 还有他比较客观而全面地评价了第二次世界大战后初期蒋介石的对日政治经济政策, 日本参加巴黎统筹委员会的过程及其在封锁禁运中的作用,中国(包括台湾地区)放弃对日战争赔偿要求权的环境和动因,日本政府在对华交涉时使用了什么样的盾牌,等等。这些观点的提出,说明作者勤于读书和善于思考。

值得一提的是,作者并没有把自己的目光停留在对具体问题的探索上,还表现了要在理论上有所建树的愿望和意向。书中,作者力图准确地界定民间经济外交的概念及其形态, 评述了民间经济外交的政治意义与经济效益的关系, 提出了当民间经济交流进展顺利之时国家间的政治关系也势必趋向缓和以及民间经济外交在当代国际关系中具有普遍性等这样一些命题。尽管这些定义和命题还需要进一步充实与完善,并需要经受历史的检验,但作者对这一理论问题的概括,则是有启发意义的。

总之,这部书之所以能详细揭示历史的真实,根源于它有丰厚的史料基础。作者尽可能地广泛收集了史料,从报刊、回忆录、民间经济团体的记录、企业的记事到日本外务省外交史料馆以及官厅档案,凡能够找到的,他都进行了查阅,同时,他还通过采访当年参与中日民间经济外交的部分当事人,判明了一些从未被记录过的情况的细节。不仅如此,他还在中国就第二次世界大战后中日关系的历史与现状问题实施了意识调查,甚至在与我们一起赴农村调查访问时,顺便对普通农民也就这一问题进行了采访。他的这种做法,是值得史学工作者效仿的。可以说,他所收集的珍贵史料,不仅有力地支持了他的论点,增强了说服力,而且也为其他人从事进一步的研究奠定了基础。

或许是由于篇幅的关系,或许是由于要强调"无邦交时期的民间经济外交"这一特色,作者将这本书的下限定在了1972年。其实,中日邦交正常化实现以后,两国的民间经济外交也非常繁盛并日趋重要,1979年中国实行改革开放以来,这一趋势更为明显。新时期中日民间经济外交的现状如何?作用是什么?与前一时期相比有何不同?此外,从国际政治学与国际经济学的观点来考虑,如何在理论上和现实中恰如其分地评价民间力量与政治家政治决策的关系?如何正确估量民间经济外交在国家政治外交过程中的地位?这些问题都是我们亟想了解而又有必要进行系统研究的。因此,我们期待着作者以及其他有志之士能在这方面做出新的探索。

原载李恩民:《中日民间经济外交》,人民出版社,1997年

《西北军将领录》序

　　这是一部有关西北军将领历史的工具书，是了解西北军的好资料，是认识西北军的窗口。促其成书问世的是民革中央、河北省民革、保定市民革于2002年10月举行的纪念爱国将领冯玉祥诞辰120周年学术讨论会。冯玉祥、赵登禹、孙良诚、韩复榘、张克侠、张自忠、孙岳等人的后代和亲属应邀与会。这是那次会议的成果。

　　民国初期，各地军阀均有一定地盘，拥兵自重，以地方名义或以地区名义命名的军队出现很多。他们的形成有各自不同的途径，为扩大势力，相互争战，国家一片混乱，诚如孙中山1924年所讲，13年以来，徒有民国之名，毫无民国之实。就在这时，从直系军阀中分化出一支劲旅，这就是冯玉祥领导的军队，他们推翻了直系军阀控制的中央政府。这支军队就改称国民军，"国民军的行动好像真有革命的色彩"。在风云变幻中，冯玉祥迅即失利，1925年1月，段祺瑞政府命令他赴张家口，担任西北边防督办，为冯划定的势力范围是河南及西北。从此冯部便称西北军。在那里经营不懈，和西北结下不解之缘，形成了独特的派系。

　　一支军队的性质是由众多将领和战士的思想行为反映出来的。这部书收录了西北军旅以上将领1000多人中396名的阅历，因资料欠缺，以简录方式列入338名，其群体性很强。从中可以显现出西北军的整体面貌。

　　编著者收集了相当丰富的资料，以简练的文字，着力勾画将军驰骋的北国黄土高原是贫瘠的土地，它的艰难造就了西北军的坚忍不拔，吃苦耐劳的精神。

　　这部书描述了冯玉祥和他的将领们治军之道，本着曾国藩带兵"如鸡孵卵，如炉炼丹，未可须臾稍离"的思想，部队上下一心，同甘共苦，严格遵守纪律，士兵教育规范化，各兵种有不同的教材。他们的军风军纪，官兵关系，行军打仗为当时人们所称赞。

书中论及西北军和国共两党军队之异同,认为既不同于国民党军,也不同于共产党军。在他们身上既有"清共""反共"的阴影,又有反蒋的铁骨。

作为一个整体,这支劲旅在1930年中原大战后被蒋介石分化瓦解,就不复存在了。其后1933年冯玉祥和吉鸿昌、方振武组成的察绥抗日同盟军,还有西北军的影子,在名称上就不再沿用西北军的称号。原西北军的将领多各行其是,在抗日战争中,有的立下了汗马功劳,有的则走向反共反人民的道路。

就冯玉祥个人而论,1941年周恩来对其评价说:"冯的丰功伟绩,已举世闻名,自滦州起义,中经反对帝制,讨伐张勋,推翻贿选,首都革命,五原誓师,参加北伐,直至张垣抗战,坚持御侮,都表现出先生的革命精神,其中尤以杀李彦青,赶走溥仪,骂汪精卫,反对投降,呼吁团结,致力联苏,更为人所不敢为,说人所不敢说,这正是先生的伟大处,这正是先生的成功处。"[①]这种称颂为当时人们所认同。就今日来讲,仍是学界深信不疑的。

冯部西北军在中国近代史上占有重要的一席。杨保森、任方明二位作者编著的《西北军将领录》的出版,必然会引起学界更大的兴趣,会有更多的学者在更多的层面开展西北军的研究。我祝他们成功!

原载杨保森、任方明主编:《西北军将领录》,中国广播电视出版社,2004年

---

① 《新华日报》,1941年11月14日。

《民国时期中央与地方的关系》序

李国忠博士撰写的《民国时期中央与地方的关系》即将问世,史坛又增添新的成果,这是值得高兴的事。

中央与地方关系的研究,近年来是一个热门话题,也是永远研究不尽的课题。不论国家大小,任何国家的各个时代都有这一问题。我国不少学者在这一学术领域中,对我国历史上的一些朝代做过探究,希冀从中获得有益的启示。李国忠在南开攻读博士学位期间,把目光也投向这一方面,选择了距离今日最近的民国时期中央和地方的关系,进行探索。

研究历史,和其他学科有所不同,必须多读书,读好书。知识的积累是一个渐进的过程,不可能一蹴而就,是要下苦功夫的。民国时期是我国社会大变动时期,是从传统到现代化的转型时期,西方思潮不断涌入中国。中国政治制度,不再是皇帝一人专权的政治传统了。民主政治在逐步起着作用,或者说在形式上已有了民主政治的框架。研究这一时期的中央和地方关系,必须知古知今,知中知外,才能研究深透。还应该考虑的是,民国初年出现了北洋军阀统治时期,战争不断,政权更替频繁,社会动荡不安,中央与地方关系的发展也处于困顿之中。许多学者和政治家不倦思考,提出了自己的主张和学说,这其中不乏激烈的论争。在实践层面,也就宪法规范、权限划分、地方自治、中央与少数民族地方关系等方面进行了探索。这些论争、学说、探索,都是时代的产物,对这一时期,也应做出恰当的论述。

李国忠是一位年轻的同志,曾在中国近现代政治制度研究方面倾注了一定的精力。他勤于读书,翻遍了有关书刊,善于思考,不断捕捉问题。我应邀参加了他的论文答辩会,当时我们都认为他的论文基础很好,是有学术价值的,文章应该更充实、厚重一些。后来他对论文进行了补充。我阅读了他送来的稿子。与博士论文相比,内容大大充实,不仅补充了中央与少数民族的关系、中共对中央与地方关系的探索,关于孙中山中央与地方关系的设想也更加系统。关于中央与地方关系的影响因素、特点以及经验教训等都有了新的内容。文章结构安排也与博士论文完全不同。

该书第一、二、四、五章详细叙述了南京临时政府、北京政府时期有关中央与地方关系的论争与实践，每个时期的内容大致包括了社会上关于中央与地方关系的论争，在根本法制定过程中的论争，地方自治的发展，中央与地方职权的划分，以及中央与少数民族的关系等。作者在第三章详细概括了孙中山关于中央与地方关系的设想，并将其划分为均权学说、地方自治思想和中央处理少数民族问题的主张三个方面。作者将孙中山的有关思想放在国民党统治时期之前，既便于人们认识国民党政府中央与地方关系思想的来源，也便于人们就孙中山有关思想和国民党政府的实践进行比较。中国共产党在民国历史上是一支举足轻重的政治力量，作者在第五章专门论述了中共在各个历史发展阶段关于中央与非少数民族地方、中央与少数民族地方关系的理论与实践。

在前六章具体的、历史分析的基础上，作者在最后一章对民国时期中央与地方关系的发展进行了综合分析，包括影响中央与地方关系发展的因素、中央与地方关系的运行保障机制、中央与地方关系的总体特点，民国时期中央与地方关系发展对国家统一、挽救民族危机、实现现代化等方面产生的影响。最后，作者总结了民国时期中央与地方关系发展的经验教训。

严肃认真的学者，其作品总是能凸显出一些特点的。首先，这部书在写作上，全面分析与突出重点相结合。对民国时期中央与地方关系的发展进行了全面的梳理，包括了南京临时政府、袁世凯政府、袁世凯之后的北京政府、国民党政府等各个时期，不仅包括中央与非少数民族地方关系，也包括中央与少数民族地方的关系，还包括了中国共产党对中央与地方关系的全面探索。不仅记述了中央与地方关系的历史发展，也对中央与地方关系进行了综合分析。这样就形成了一个整体的框架。在全面的分析中，作者并不是面面俱到，事无巨细，而是突出了中央与地方关系的模式、中央与地方的职权划分、中央与少数民族的关系、中共的探索、中央与地方关系的影响因素、运行保障机制、经验教训等方面。

其次，静态分析与动态分析结合。过去对中央与地方关系的研究，许多集中在对组织机构、人员设置等制度的静态描述上，缺乏对双方关系在实践中的动态的分析，对实际政治中的一些关系到双方重大利益的斗争缺乏审视。作者注意到了这一点，不仅对静态的、制度的中央与地方关系进行分析，而且注意考察中央与地方关系的实际情况，从中探讨中央与地方关系在理论与实际上的差异，使认识更接近于历史的真实。

最后，提出了自己的一些见解。如对孙中山中央与地方关系的总体概括；把民国时期中央与地方关系的论争按照中央集权与地方分权、均权，联邦制与单一制，地方自治制进行划分；如对经验教训的总结，特别是要使中央与地方关系健康发展，必须有一个科学的、明确的指导原则，要从根本上解决中央与地方关系问题，必须解决两个问题，一个是地方的地位或性质问题，一个是中央与地方的权限划分问题。

一本专著总有不足之处。这部书的一些论述和分析有待加深，在文字上一些地方似应简练。书稿总是越改越精。

作者在这一学术领域中，已掌握丰富的资料，具有广博的知识，我期望对相关问题做更深入的研究，出更多的成果，取得更大的成功。

原载李国忠：《民国时期中央与地方的关系》，天津人民出版社，2004 年

《近代中国海关洋员概略》序

这部书是文松博士五六年来研究中国近代海关洋员的主要成果。一般讲,攻读博士学位的学人总有一种抱负,就是写一部好著作。文松的兴趣是海关中的洋人。中国从鸦片战争后逐步沦为半殖民地半封建社会,自 19 世纪 50 年代洋员进入中国海关,海关为英美等列强所控制,这对中国历史的发展影响极大。对此,清末就开始有人研究,民国时更有不少大作问世。20世纪 70 年代起,以厦门大学陈诗启教授为代表的一些优秀史学工作者,升起了新中国近代海关史研究的风帆,业绩斐然。文松则首次尝试,对海关洋员做整体的研究。海关史研究是块肥沃的土地,在这里耕耘是大有可为的。

历史学要求研究者尽量全面地搜集并科学地梳理史料,论述其作用和价值。文松比较全面地交代了以赫德等五任总税务司为代表的海关洋员维护、扩大列强在华殖民利益的事实,也比较客观地把洋员在华所做的一些中性事件甚至少数可以肯定褒扬的事情展示给读者。这是历史主义的研究方法。也使得一些因长期尘封而被淡忘的历史重新被追忆起来,使随着岁月的流逝已逐渐模糊的洋员群体形象,变得清晰、丰满、鲜明起来。

这部书除了对近代海关洋员进行了一番整体审视外,还对外籍税务司制度、海关的中立、洋员个体与外籍税务司制度的关系等问题,进行了评价;还对税务专门学校的资质进行了考辨,对海关与近代中国邮政的创办等问题做了较详细的交代。

文松是一位个性较强、脚踏实地的青年学者。档案图书资料对她有极大的吸引力。她读了不少海关史方面的书籍和资料。除了利用南开大学图书馆和历史学院资料室所藏相关资料外,还专赴南京、上海、天津各档案馆,特别是中国第二历史档案馆等处查阅资料,翻阅了不少旧海关的原始档案和出版物,在查阅资料上下了很大功夫;这就将自己的研究扎根在坚实的基础上。在阅读中,没有迷失在资料中,所以有这部书的成就。现在书要付梓了,写这几句话,向她表示祝贺。

原载文松:《近代中国海关洋员概略》,中国海关出版社,2006 年

《南京国民政府法制理论设计及其运作》序

　　每一位真正的学者总有一种抱负，希望在一定的研究领域中有所建树，便选择自己感兴趣的对象作为课题。赵金康博士选择的是南京国民政府时期的法制理论设计及其运作。司法是统治权的一部分，每一个国家的法律都是由主权者当局制定的，有什么样的政体和政权，就有什么样的法律。南京国民政府确立了自己的地位，借五权宪法之名，行专制主义之实。其时中国有两种对立的政权，一是红色政权，一是南京政权。国家内忧外患，矛盾重重，南京宣布其统治还在训政时期，其所制定的法律也必然带着时代的印记。赵君金康小心翼翼地根据自己的学识和判断力，深思熟虑地写出了本书。

　　该书第一二章研究南京政府的法制理论来源及南京政府立法院领导人的法律思想。作者认为孙中山的五权宪法思想对南京政府的法制建设具有重要的指导意义，胡汉民、孙科的法律思想是以孙中山法律思想为依归的现实思考，对南京政府的立法有实际指导作用。

　　南京政府制定相当于宪法的《中华民国训政时期约法》是当时社会要求的结果，汪精卫"扩大会议派"制定的《太原约法》促使蒋介石加快制定《中华民国训政时期约法》的步伐。作者以第三章和第四章的篇幅研究了来自社会、人权派、汪精卫扩大会议派的制宪诉求及《中华民国训政时期约法》的制定。

　　第五章、第六章是研究南京政府的立法体制和司法体制。国民党全国代表大会、国民党中央执行委员会、中央常委会、中央政治会议、国民政府都享有立法权，国民党通过多种途径、不同渠道参与立法，从而保障国民党的意志渗透到法律中，可谓是"法从党出"了。南京政府在 1937 年前制定了包括宪法、民法、刑法、民事诉讼法、刑事诉讼法、行政法在内的大量法规。从法制现代化的角度衡量是前所未有的。作者对南京政府中央和地方司法体制着墨不少，并探讨了南京政府司法体制的特点，认为司法体制仅仅是理论存在，地方法院未能普遍设立。

该书第七章主要研究南京国民政府时期法官的选拔、任用、待遇、奖惩制度，辨析南京国民政府时期法官制度对司法制度造成的弊端。

对民国法制的研究，往往缺乏司法审判的研究，作者借助档案资料在第八章考察了南京国民政府地方法院、高等法院和最高法院的司法审判，研究立法在实际中的作用。作者认为，南京国民政府各级法院在审判程序上还是能够按照《民法》《民事诉讼法》《刑法》《刑事诉讼法》的条文审理民事、刑事案件的，但不认为南京国民政府时期中国是法治社会，这一结论是符合实际的。

作者既注意在文中考察孙中山法律理论对南京政府立法司法的指导作用，又在结语列举孙中山法律思想得以贯彻的事实，探讨南京政府有法不依的原因，解读南京政府法制的实质，基本实现了思想与制度结合研究南京政府法制的目的。

应该指出的是，法律条文很多，这是文字上的，与实际相距甚远，譬如当时"爱国有罪"，践踏人权之事比比皆是，人们不禁要问，法律何在？

十年磨一剑。该书在司法体制、法官制度、司法审判研究方面，拓宽了南京政府法制研究的领域，相信读者会对该书有客观公正的评价。

诚如作者所言，研究南京政府法制，需要具备精深的法学素养和史学功底，愿作者将二者完美地结合起来，撰写优秀的研究南京政府法制的著作。

原载赵金康：《南京国民政府法制理论设计及其运作》，人民出版社，2006年

《20世纪30年代的中国政治史——中国共产党的危机与再生》序

　　日本大阪外国语大学田中仁教授的著作《20世纪30年代的中国政治史》，已由日文译成中文，就要和广大中国学人见面。从文化交流的角度看，书籍的交流永远是最有影响力的。这部书一定会引起中国史学界的共鸣。

　　我和田中教授相识与来往，已有四分之一世纪的历史，深知他是一位有作为、有正义感的学者。

　　我们第一次见面是1982年的事，那时日本学者组成了中国近代经济史访华团，团长是池田诚先生，顾问为芝池靖夫先生，事务局长为西村成雄先生，副团长为林要山、安井三吉、山本恒人诸先生，秘书为太田秀夫、久保亨、加藤弘之诸先生。事务组成员有铁山博、张壁东，团员有田中仁、田尻利、大谷正、吉田纮一、奥村哲、副岛昭一、石岛纪之、古厩忠夫、田中慕子、松野昭二、铃木滋、松野周治、锻冶邦雄、石田浩、三次惣次。田中仁先生是代表团中较为年轻的学者之一。他们来到南开大学，与我们中国现代史专业的教师共同举行学术座谈，我于是和田中仁先生相识。

　　第二次见面是1984年春天。我从美国讲学归国时，池田诚代表关西区中国现代史研究会和立命馆大学，邀请我到东京和京都访问演讲。我和内子先在东京中央大学演讲，受到野泽丰等数十名史学家的款待，逗留了三天，然后到京都，和池田诚、芝池靖夫、西村成雄、田中仁四位先生朝夕相处，畅谈数日。学术的交流和谈心，把我们联结起来。池田诚曾说，他与我们的交流主要由西村成雄来承担。此后我们多次见面，并彼此以书相赠，切磋琢磨，相互勉之。我们相约：以学术交流架起中日友好的桥梁。

　　田中仁先生对中国近代政治史特别是中国共产党史的研究，有一种强烈的、浓厚的、持续不断的兴趣，这部书以20世纪30年代中国共产党的危机和再生为主题，是他多年研究的结晶产品。

　　该书开宗明义地讲："本书的主旨在于，从不同于中共党史、革命史的政治角度，对 20 世纪 30 年代中国政治结构中主要政治力量之一的中国共产党，如何摆脱危机，重新焕发生机的过程及实态予以清晰地把握与阐释。"从全书结构和对一些问题的表述上看，作者实现了自己的旨趣，有自己研究的独到之处。

选择 20 世纪 30 年代这一历史时段做研究，是具有重要的学术价值和现实意义的。此时，是日本侵略者在中国逐步进行军事扩张，中国处于严重危难之际，最需要全国集中力量对付外敌，维护国家和民族的独立。面对日本侵略，由中国国民党执政的南京政权，在国内以"党国"体制为中心，对国家政治、经济、文化诸种资源实施高度集权，没有充分考虑中华民族保家卫国的精神力量，于是在外交政策上步步退让，助长了日本侵略者的气焰及野心的膨胀。不少有识之士、国民党内爱国人士及部分地方实力派的抗争，或被镇压或被压垮。此时，中国共产党实行武装反抗国民党的政策，在南方诸省交界地区建立起大片苏区根据地，以武装割据形式对抗国民党的统治。作为共产国际的下属支部，中国共产党在政治上尚属稚嫩，共产国际代表米夫、王明等缺乏对中国国情的真实了解，却代表共产国际发号施令，造成中共政策的诸多失误。1934 年 10 月，在国民党军队的"围剿"中，江西苏区及其他各根据地相继失陷，中共及红军被迫开始了长征，中国革命陷于低潮。长征途中，又出现了张国焘分裂党及红军的严重局面。中共及红军主力进入陕北后，中国共产党面临着前所未有的生存危机。幸而共产国际正确地倡导统一战线，确认毛泽东在中共的领导地位，中共又适时调整自己的政策，展开了对东北军、西北军的联合政策，暂时缓解了中共的生存压力。1936 年 12 月，西安事变的爆发及和平解决，再次体现了中共群体高度的政治智慧，从此开辟了国共结束内战、携手合作的途径，中共得以由此基本解除生存危机，并在全面抗战爆发后大规模地发展起来并走向复兴。中共历史上这一极其复杂的生存及再生期的研究，历来是考察中共党史的关键所在。田中仁先生对此进行了认真系统的思考，以"从危机到再生"六个字概述，是非常恰当的。

史学研究最基本的原则是通过客观真实的描述，进而接近历史真相。田中仁先生多年来收集了大量相关资料，包括档案文献、当事人的著作和回忆录，以及现代学人的著作，不倦地研修，对 20 世纪 30 年代的中共历史有了深入的了解，以历史学的研究方法，对那个时代国内外相互交织的诸多政治、社会因素做了细致的考察,对每一事件发生的原委进行梳理,产生了自己的问题意识。其中有的认识是从资料中引申出来的,有的是受到他人成果的启发,在此基础上建构起自己的研究体系并形成一些独特的思考。作为一位日本学者,能对中共党史的关键时期有如此精深理解与分析,是十分难能可贵的。

我期待作者在中国现代史领域中有更多的著述出版。

原载[日]田中仁:《20世纪30年代的中国政治史——中国共产党的危机与再生》,赵永东、刘晖、刘柏林、江沛译校,天津社会科学院出版社,2007年

《角力东北——战后中苏关系研究 (1945—1946)》序

赵君庆杰的新著《角力东北》是在其博士学位论文的基础上,经过数年的认真修改和充实而完成的。

1945年8月至1946年5月间,在我国东北,三国(中国、前苏联、美国)四方(中国国民政府、中国共产党、前苏联、美国)展开了一场让世界关注的政治、军事、经济诸方面的外交角力,为第二次世界大战后东亚格局的确立铺设了基础。于东北地区展开的这场波澜壮阔的"三国四方"逐利战,也成为史家考察第二次世界大战后中苏关系进展的一个极为重要的战略视点和理论契合点。

从1945年8月9日前苏联出兵东北对日作战开始,截止到1946年5月22日前苏联军队撤出为止,时间跨度仅10个月又13天,而东亚战后格局已见端倪。前苏联与美国进行的是非接触式对抗,双方在国际舆论和中国两方力量间都审慎地为维护各自在东北地区的现实利益和长远利益而角逐。国共两党的力量的消长也经受着外来势力的干扰和调整,中共在东北地区得以立足,并取得长足的发展,以自己的壮大和战略的正确为最终夺取全国解放打下了政治基础和物质基础,一切利权得以回归祖国。中国东北地区也成为东亚冷战的滥觞。这段历史在中苏关系史上占有极其重要的地位。

研究冷战史,过去因外交档案资料的限制,诸多问题难得深入。苏联解体后,其历史档案部分解密,这一研究得以再现生机,一些无法定论的问题,从中可以得到一些史实的廓清,进而可以展开诸问题的分析和判断。

在书中,赵君运用了综合研究与实证研究相结合、史论相结合的方法,从以下三个方面进行了新的理论拓展:

一、此前由于史料限制,对中苏"经济合作"的过程和1945年底蒋经国与斯大林在莫斯科的秘密会谈两个问题,基本上尚无研究者涉足做系统的梳理。赵君谙俄语,借助解密档案资料,对此做了尽可能详尽的记述和补记,并将这两个问题与"撤军之争""战利品之争"的混杂关系剥离开，从而分析出前苏联对华政策的利益取向。

二、以当今国际政治学中较有广泛影响的均势理论为依据，说明第二次世界大战后东北问题的演变过程是一个以国共两党激烈争夺东北、双方力量此消彼长为表征，以美苏走向冷战、东亚战略格局出现两大阵营意识突显为结果的一种不平衡之上的相对平衡态势。从世界史观的角度，判定美国在第二次世界大战后期膨胀起来的支配世界的"全球主义"与斯大林本土安全意识的冲突，并不仅仅是一种意识形态上的冲突，也是一种与国家利益紧密联系的战略动因。

三、运用国际法的基本理论，对"雅尔塔密约"和《中苏友好同盟条约》的有关条款与第二次世界大战后东北问题紧密相关的"战利品"问题、"经济合作"问题进行了再评价和再思考。这样的跨学科的法理思考，我感到是难能可贵的，对我们深入思考宏观背景中的历史问题是很有助益的。

第二次世界大战后的国际关系，尤其是中苏关系，一直是学术界深感兴趣的课题。从赵君采用的资料和论述来看，翔实、立论有据、表述精当，为上乘之作。著名史学家郑德荣、金普森等先生在审阅其博士论文时，就一致认为是篇优秀论文。其优点在于文章没有局限于一般的历史考证与陈述，而是运用了夹叙夹议的方式，以可信的史料引出论证，进行说理与评述，在澄清历史过程的前提下提高了理性认识，这是应该肯定和提倡的研究方法和态度。

按我国传统说法，赵君是我的"关门弟子"。对他的学术发展，我始终寄予厚望。读书期间他就表现出很强的科研潜力，外语兼通英、俄语，上进心强，重视实践，学风正派，注重磨砺学术修养。刚刚跨进不惑之年的他正年富力强，思维活跃，视野渐宽，我期待他拿出更多更高水平的学术成果并于工作中做出突出贡献。

"千里之行，始于足下"，庆杰君对此言当常思常新。

是为序。

原载赵庆杰：《角力东北——战后中苏关系研究(1945—1946)》，军事科学出版社，2011 年

40

中共党史与根据地研究

《华北抗日根据地史》前言(代序)

　　《华北抗日根据地史》,是国家教委博士点科研基金资助的"七五"规划科研项目之一。迄今为止,已出版的研究华北各块根据地的史书已不少,本书试图从整体上对华北敌后根据地的历史进行全面的研究与分析。

　　华北抗日根据地位于陇海路以北,黄海、渤海以西,黄河、包头、百灵庙以东,察哈尔之多伦、热河之赤峰、辽宁之锦州以南。其中包括山西、山东、河北三省之全部,绥远、热河、察哈尔、辽宁、江苏、河南的一部,总面积约333万平方华里,总人口约8300余万。根据地分为五大块,即晋察冀、晋绥、晋冀豫、冀鲁豫和山东。1941年,冀鲁豫合并到晋冀豫,称晋冀鲁豫。这些根据地,是由八路军开辟的,创建最早,也最巩固,可以说是中国抗日战争的中流砥柱。它的创建和发展,为抗击日本帝国主义的侵略,维护中华民族的独立生存,最终战胜日本帝国主义做出了巨大贡献。华北敌后军民的艰苦奋斗、自力更生、不怕牺牲和团结御侮的爱国主义精神,是中华民族应当弘扬继承的。

　　我们在撰写本书的过程中,查阅和搜集了华北抗日根据地有关档案、文献和报刊资料。以历史唯物主义为指导,本着求是的科学态度,力求史实准确,能比较全面地反映华北抗日根据地的经济、政治、军事和文化教育等方面的概貌。但对史料的掌握与取舍仍难尽如人意,史实的准确性与遗漏之处在所难免,敬希专家和读者指正。

　　本书由魏宏运、左志远主编。编写者第一、八章为李振华,第二、三章为江沛,第四、五章为祁建民,第六章为左志远,第七章、附录为胡蔼立。

　　参与本书编写大纲讨论的有张洪祥、陈志远,刘健清、高德福、潘荣等,撰写中参考和吸收了有关专著和论文的研究成果,在此一并致以诚挚的谢忱。

原载魏宏运、左志远主编:《华北抗日根据地史》,中国档案出版社,1990年

《中央苏区土地革命研究》序

中央苏区土地革命研究，是个吸引人的课题。新中国成立四十多年来，许多学者都把目光集中在这方面：他们翻阅众多的文献，他们到中央苏区的土地上调查访问，他们记录下从来未曾记录的历史，他们在才溪、瑞金等地召开讨论会，对许多问题展开争论。许多当年参加创建苏区的革命者也回忆往事，回忆土地革命，从而使土地革命研究的内容显得更为丰富。研究者的笔触把人们的思绪又带回到了土地革命的时代。据统计，涉及中央苏区土地革命的文章目前已达六十余篇。温锐他们的文章也是这个园地的一束花朵。

温锐同志对中央苏区土地革命的研究开始于 20 世纪 80 年代初。1985 年，他先后送来了有关这方面的研究论文，请我提意见。我鼓励他全面深入地开展研究。几年过去了，他与谢建社同志合作，完成了《中央苏区土地革命研究》的书稿。我粗略地读了一读，感觉到作者对许多有争议或未展开研究的问题，作了很好的探讨与研究，比如：关于地权农有政策的确立问题，有的认为是 1930 年 9 月，有的认为是 1931 年 2 月，作者则论证为 1933 年 6 月；对于"限制富农"的政策，作者弄清了最早是由 1930 年 7 月中共闽西第二次代表大会提出的史实，同时区分了该政策几年执行中前后不同的内涵，分析了它存在着的严重错误，等等。作者把自己的思想表述得非常鲜明，具有自己的独到见解。

历史研究是无穷的。对一件事，人们常做出不同的论述，同一个资料，也常常做出不同的解释。本书作者的一些观点也可能不为某些同行所接受，但我认为，作为一家之言，参与争鸣，无疑将推动中央苏区土地革命问题的深入研究；作者敢于思考，勇于探讨的精神也是应该得到称赞的。

原载温锐、谢建社：《中央苏区土地革命研究》，南开大学出版社，1991 年

《晋绥革命根据地研究》序

根据地历史的研究,是很吸引人的,许多在这一领域中耕耘的人播下的种子都结出了果实。现在牛崇辉同志把他多年来研究的成果献给读者,书名为《晋绥革命根据地研究》,这是值得高兴庆贺的。

这部书是由许多篇论文集成的,从体系上讲文章有长有短、有浅有深,不是一本整体结构的史论专著,带有散论的特点,但透过这些文章可以追寻晋绥革命根据地政治、经济、军事、文化、教育各个方面的状况,可以获得该根据地一个完整的面貌。它为晋绥革命根据地史研究填补了一项空白。

抗日战争时期,当民族敌人深入国土、民族矛盾与阶级矛盾相互交织而民族矛盾居于主要地位的情况下, 中国共产党在极其艰难的条件下,建立了19块根据地,除陕甘宁边区外,都在敌人的后方。晋绥根据地是最早建立起来的一块根据地, 它是中共中央所在地——陕甘宁边区的东部屏障,战略地位十分重要。它的巩固和发展,对于中共中央的安危以至于抗日战争、解放战争的胜负,都有很大关系。

各根据地的建立有许多共同的理论问题,而每一根据地建立的历史背景和发展过程,又有其特殊性,矛盾纷杂。晋绥根据地发展变化的主要特征是什么,作者做了概括的研究,写出了它的历史特征,提供了进一步研究这块根据地的线索。

从写作方法上看,这部书有一个明显的特点,就是作者在对此段历史进程进行分析时, 既把晋绥革命根据地放在整个中国革命的环境中去研究, 研究中国革命带有普遍性的规律;又立足晋绥革命根据地的地方特点, 用该根据地的特殊规律来印证中国革命的普遍规律。比如在研究晋绥革命根据地民主政权建设这个专题时, 首先从抗日战争时期的主要任务出发,提出"建立抗日民主政权,是建立敌后抗日根据地的根本问题和重要标志"，论述了中共中央和中央领导关于建设抗日民主政权的重要指示，说明建立民主政权是坚持抗日战争的带有普遍意义的重要问题。接着抓住这一重要问题，具体地论述了晋绥革命根据地建立抗日民主政权的形式、过程以及在一些地方所采取的过渡办法，并且充分论述了抗日民主政权的作用和意义。这就在政权建设这个问题上，从普遍性论及特殊性，再从特殊性论证普遍性，从而使晋绥革命根据地政权建设的经验进一步深化。又如，作者的《略论张闻天在晋绥边区兴县的农村调查及其贡献》一文，以张闻天同志的调查研究工作为素材，抓住半殖民地半封建社会的农村生产力与生产关系这个基本矛盾，根据张闻天同志调查所得的材料和结论，揭示了中国共产党在抗日战争时期制定和执行的农村政策的客观依据，读后使我们加深了对以农村为主要依托、以农民为主要动力进行革命的规律性认识；同时，加深了对党在根据地建设中调动农民革命积极性所采取的正确的政策和策略的认识。文章中所叙述的张闻天同志进行调查的实践活动，也为我们树立了一个理论联系实际的典型形象。作者对晋绥革命根据地的研究，始终掌握了统一战线、武装斗争、党的建设、群众路线等带有普遍性的经验，又把这些普遍性的东西与晋绥革命根据地的实际紧密地结合起来，充分反映了该根据地的特殊经验。

这本书的另一个特点是，作者能够秉笔直书，坚持实事求是的原则。任何事物的发展都不是一帆风顺的，有成功的经验，也有失误的教训。从政策上考察根据地这一伟大的创造，极其真实地总结其经验，对其成功之处满怀激情加以赞扬；对其失误和错误之处，予以剖析，不予遮盖掩饰。这是历史学对研究者的基本要求。作者的《晋绥边区减租减息运动概述》《晋绥土地改革运动中的康生》《晋绥边区土地改革运动述略》《论晋绥土地改革中的"左"倾错误》等文章，在充分肯定晋绥边区执行中共中央指示，在减租减息和土地改革中取得伟大成绩和成功经验的同时，对土地改革中一度发生的"左"倾错误，实事求是地进行了论述，对发生"左"倾错误的原因、危害和教训，进行了恰当的分析，这是值得赞赏的。历史是一面镜子。它所走过的曲折的道路，本身也有极可贵的价值，只有成功的经验，没有失误的教训，是违背历史的本来面目的。如果研究历史回避它走过的曲折道路和失误的教训，企图沿着一条笔直的道路把历史写下去，那不仅是空想，而且失去了历史本身的价值。

当然,这部书还不是晋绥根据地的全部历史的叙述,还有研究未及的地方,而且许多问题还有待进一步的探讨,这是不言而喻的。基于以上所述,我愿把《晋绥革命根据地研究》这本书推荐给广大读者,特别是地方党史、革命史工作者。同时也希冀有更多更好的史学论著问世,以发挥史学在建设具有中国特色的社会主义事业中应有的作用。

原载牛崇辉:《晋绥革命根据地研究》,中国广播电视出版社,1994年

《第三次国内革命战争时期的土地改革》序

最近,杭州教育学院历史系张永泉副教授把他所写的《第三次国内革命战争时期的土地改革》一书的稿子托人带给我看,并希望能为之作序。张永泉同志 20 世纪 60 年代初毕业于中国人民大学中共党史系,毕业后一直担任教学工作并潜心于土地革命问题的研究。

土地问题是中国社会的一个根本问题。中国历史经历了数千余年,而土地占有形式很少变化,贫苦农民始终处于社会最底层,境遇很悲惨。到了近代,许多政治家都提出过土地改革方案,但都未付诸实践。中国共产党从建立根据地时起,就不断解决这一社会问题,不断总结经验,给农民以土地。到第三次国内革命战争时期,发动了一次大规模的土地改革运动,中国革命随即取得伟大胜利。

土地问题是个很复杂的问题,它与土地买卖、租用、纳税、财产继承、婚姻、人的尊严和平等交织在一起。土地问题解决了,其他问题相应地也就发生变化。正因如此,我国历史上许多学者都尽毕生之力研究这一问题。张君将研究视线集中于此,这是一种可喜的事情。张君根据大量文献资料,集多年之功写出这部有相当深度、笔调朴实的土地改革方面的学术著作,是值得称道的。我看此书还有一个明显的特点,即不局限于一般地叙述土地改革的情况,而是力图从它的历史进程中找出规律性的东西,总结出基本经验。作者不拘泥于传统的观点,重复现成的结论,而是敢于发表不同的看法;对于目前史学界在土地改革方面几个争论较多的问题,也不是采取回避的态度,而是鲜明地表达了自己的观点。例如,在论述土地改革总路线形成过程的时候,对已沿用了几十年的"一九三〇年土地革命路线"的提法提出了挑战,认为这一命题是不科学的。我看他的分析很有道理。又如,对平分土地和富农政策问题也发表了一些颇有新意的看法。在该书章节的安排上既考虑到历史的发展时序,又以逻辑的体系进行取舍,梳理出了土改历史的发展过程,从而得出恰当的结论,这是难能可贵的。

这本书稍有不足之处是,对各解放区的土地改革开展情况的叙述还不够全面,有的地区写得详细,有的地区则显得简单些。

土地改革是中国民主革命的主要内容和基本任务,是一个很值得进一步深入研究的课题。随着历史的发展,有关土地改革问题的研究成果必然会更多地呈现在人们的面前。张永泉同志的研究成果,有助于此问题研究的深入发展,也为中国现代化提供了许多可资借鉴的东西。只要我们辛勤努力,历史科学一定会更加繁荣起来。

原载张永泉:《第三次国内革命战争时期的土地改革》,杭州大学出版社,1994 年

《闽浙赣根据地的金融》序

方志敏式根据地的研究,是人们关注的一个问题,不少学者都在探索这块根据地的独创性及其价值和对中国革命所产生的影响。汤勤福多年置身于赣东北,对这一地区的历史产生了浓厚的兴趣,历时数年而著成二十余万言的《闽浙赣根据地的金融》一书,是他对江西、对中国现代历史的最好的奉献。

第二次世界大战时期根据地金融史的研究是有一定难度的。在残酷的战争状态下,没有完整的档案资料,而作者很勤奋,利用工作的有利条件,翻阅了各地县志及可能找到的文献资料,访问了许多革命老同志,还跋涉于赣东北山区之中,收集了不少文物资料,这就丰富了他在这一领域的知识,提供了许多值得思考的东西。他经过多次反复的观察、判断、构思,终于形成这部书的框架。

他的一些观点十分明显地反映在这部著作中。他把对闽浙赣根据地的货币研究,放在当时特定的历史条件下展开研讨,客观而又细致,力求揭示根据地金融的特色。这部书所提出的大量实例以及通过个人观察所得到的丰富资料,使人感到他的结论是坚实的、稳健的、中肯的。例如考证赣东北特区贫民银行成立的时间,分析赣东北省银行的基金危机与货币购买力,缕析货币发行与外贸、税收关系,以及鉴别各时期货币的种类、版别等问题,都有比较深入的研究和独到的见解。值得指出的是,作者发现了见于文字记载而又长期泯没未闻的"红军甲种粮券"实物,了解到未见文字记载而事实上流通于当时的"竹签饭票"等,都可补史实阙文,确实是很重要的发现。

当然,闽浙赣根据地陷落后,珍贵文件散佚甚多,加之时日久远,不少老同志先后谢世,使有些问题难以进一步加以研讨,确实是一遗憾之事。也正是这一点,更显得《闽浙赣根据地的金融》的出版发行有着重要意义,它能引起更多有志于该根据地研究者的兴趣。后来的研究者在这个基础上前进,必然会有更好的成果,更有价值的著作。

原载汤勤福:《闽浙赣根据地的金融》,上海社会科学院出版社,1998年

《中国共产党经济政策发展史》序

　　中国革命根据地有 22 年的历史，经济建设方面的经验是非常丰富的。任何社会的基石是经济的发展。这部书写作的目的在于阐述根据地的经济政策思想发展脉络和社会变革状况，希望能够反映出根据地社会经济发展的轮廓，以有益于今日。现在的时代和过去有很大的区别，但历史是一面镜子，从过去总是可以吸取有益的东西的。

　　现在社会的进步，主要依靠工业的发达。世界上每一个国家或地区要使其工业发展时，都经历过反对封建地主制度的社会革命，或社会改革运动。中国出现了革命根据地后，也经历了一场伟大的社会变革，实行了土地革命，把广大农民从几千年来的封建剥削下解放出来，改变了陈旧的经济活动方式，将农村中一切可能的力量转移到恢复和发展农业生产方面，组织合作社开垦荒地，改良农业技术，引进优良种子，兴办水利，目的都是在增加农业生产，满足根据地军民的基本物质需要。因历史条件的限制，在未夺取大城市前，根据地没有大型的现代化工业，但举办了许许多多小型工厂和作坊，以大力发展家庭手工业；同时，积极开展内外的商业贸易，扩大商路，刺激生产，取得了惊人的成就。经济领域的各个方面出现了强烈的创业精神。

　　经济政策是根据客观形势的发展而调整的，譬如在第二次国内革命战争时期，实行的是没收地主土地分给农民，抗日战争时期将没收土地改为减租减息、交租交息的政策，改善了地主和佃户的关系，使地主也参加到抗日阵营中来。到解放战争时期，则开展了全面的土改运动。从井冈山时期发布的第一个土地法大纲到二五减租政策，到土地法大纲的颁布，可以看出根据地经济发展的轨迹和各个时期所采取的路线。

　　社会改革总是要遇到阻力的，旧的制度和旧的传统是新时代发展的障碍，为使广大人民接受新思想、新政策，中国共产党中央和毛泽东曾动员一切媒介力量，来宣传教育人民、灌输知识，使人们思想解放，意识到自己在新环境和新任务中的作用。政策把各种分散的力量汇成一股巨流。各根据地虽被敌人分割，但都实行着统一的总政策，毛泽东善于用简洁明确的语言，来表述政策思想。如用 16 个字："发展生产、繁荣经济、公私兼顾、劳资两利"，就把新民主主义的国家经济总方针概括出来了。

各根据地在执行经济政策时，总是考虑到当地的政治、社会、文化等因素，而不是盲目地执行。因为，处于不断的战争时期，情况极为复杂，有时要从实践和错误中学习，或者从零向前跨进。战争有胜有负，经济建设中也出现过成功与失败，甚至暂时的混乱现象，但即使这种不利现象也激发了军民的思考，吸取经验，创造性地发展经济。中共中央正确的指导思想指引着各根据地的经济工作向前迈进。

在根据地，人民之所以一心一意拥护新的经济政策，追随革命的热情一直很高涨，就在于这些政策反映了人民的意志，粉碎了封建桎梏，农民成了自己土地的所有者，生活改善了，这是中国历史上前所未有的现象。耕者有其田，奠定了农业发展的基础，农业的发展，使工业获得了市场，这就为将农业国转变为工业国铺平了道路。

中国革命根据地在中国历史上曾有至高无上的荣誉，一代一代的人是根据它的成就和贡献来判断它的作用和地位的，探讨它在经济领域中的奇迹，应该说是我们这一代人义不容辞的责任。

1949 年新中国成立以后，中国共产党成了执政党。经过短短的 3 年经济恢复，紧接着就开展了大规模的社会主义经济建设，先后胜利地完成了 8 个五年计划，取得了举世瞩目的光辉成就。然而，像中国的革命胜利来之不易一样，中国社会主义建设的辉煌成就来之艰难。它积累了 30 年正反两方面的经验教训，才找到了一条建设有中国特色的社会主义道路，形成了一套正确的经济建设的路线方针政策，终于取得了今天改革开放的巨大成功。本书的后三章，就是探讨社会主义时期中国共产党经济政策的制定和发展规律，总结其经验教训，启迪人们要坚定不移地执行党的基本路线不动摇，坚信经过数十年努力，中国定将以一个强大的社会主义现代化国家的面目呈现在世人面前。比起研究民主革命时期来，探讨社会主义时期中国共产党经济政策发展的历史，其现实意义更大。然而，由于我们的水平和条件有限，本书的论述还很肤浅，希望能因此引起学人更多的神思飞驰，不断出现佳作。

原载刘勉玉主编：《中国共产党经济政策发展史》，湖南人民出版社，2001 年

《中国共产党禁毒史》序

新中国成立以前百余年间,英、日等国以鸦片毒害中国,加之中国政治制度衰朽腐败,致鸦片烟毒泛滥成灾、屡禁不止,给中华民族带来深重灾难并留下切肤之痛,鸦片烟毒也由此成为旧中国衰败与耻辱的象征,成为旧中国最为严重的社会问题之一,成为影响近代中国命运的重要因素之一。中华人民共和国的成立标志着半殖民地半封建旧时代的结束, 开创了中国历史的新纪元。禁绝肆虐中国百余年的烟毒祸害这一艰巨任务,历史性地落到了中国共产党人的肩上。新中国成立后, 中国共产党和中央人民政府领导人民, 在全国范围内向毒品宣战,开展了声势浩大的禁毒斗争,仅用了短短三年左右的时间,就把烟毒弥漫的中国治理成为举世无双的无毒国,创造了世界公认的奇迹。1953 年,中国政府向全世界庄严宣告:中华人民共和国为"无毒国"。此后三十余年间,中国很少有人研究毒品问题。然而 20 世纪 80年代以来,世界毒品大潮再次袭击中国,使新中国本已消灭的毒害又沉渣泛起、死灰复燃,且迅速蔓延、愈演愈烈,毒品问题重新成为人们关注的社会问题之一。政界和学界诸多人士都惊呼公毒的危害,禁毒成为救国要务之一。2005 年,我考察 1942 年怒江战争遗迹,夜宿云南保山,和缉毒队长张国庆谈天,他讲:"我们的任务极为繁重,每年都抓获众多贩毒者,并绳之以法,因贩毒可获暴利,亡命之徒总是翻越中缅边界之大山贩毒入境,防不胜防。"对毒品之所以泛滥,我有了新的认识。学界应该以自己手中之笔作武器,参加这一战斗。

齐霁教授, 笃志好学, 十多年来将其研究视野集中于中国共产党禁毒史,先后在《抗日战争研究》《甘肃社会科学》《宁夏社会科学》《河北学刊》《党史文汇》《求索》《学术探索》《云南行政学院学报》等刊物发表相关论文十余篇,得到学界好评。由于有了较好的前期研究,他于 2005 年申报的"中国共产党领导禁毒斗争的历史考察和经验研究"课题获得国家社会科学基金资助。在此基础上，他用了四年时间完成了《中国共产党禁毒史》的专著。十年磨一剑，齐君恰巧用了十年功夫，埋头钻研，取得了这一可喜成果。

研究学问，要有刻苦精神，锲而不舍地搜集资料，丰富自己的知识，加深对问题的认识。而研究历史，在于再现历史的真实，让历史本身说话，将历史和现实联系起来。一西方学者说得好："历史学家所研究的过去不是死气沉沉的过去，而是在一定程度上仍旧活跃于现实生活中的过去。"从这一角度来观察齐君的研究成果，可以说明其研究的意义和价值。

齐君十余年来，接触翻阅了三百多种图书文献，热情仔细地寻找出自己研究范围内的资料，包括档案资料、文史资料、专题资料汇编、地方志、报刊等，并吸收学界已有的研究成果，在此基础上构建起该书的框架。全书分为三篇，上篇写的是新民主主义时期的禁毒活动，中篇写的是新中国成立初期禁毒的成功经验，下篇写的是新时期的禁毒斗争。三篇联结起来，对中国共产党的禁毒政策和主张，做出了完整的说明和论述，又突显出各个时期禁毒的特点。思想主题明确，将新中国成立初期禁毒列为一篇，意义重大。第三篇表明作者对现实的关怀及其忧患意识。全书结构、论述合情合理。

进入这一研究领域，有广阔的道路，供学人驰骋。学人以事实为基础，根据自己的认识水平，选择资料，把有意义的重大事实转变为历史事实，把影响不大的事实加以摒弃，或解读或阐发自己的思想。例如齐君在讲到抗日战争时期日本对华实行毒化政策时，认为不仅造成沦陷区毒品严重泛滥，也致使抗日根据地毒品问题日趋严峻，尤其是陕甘宁、晋察冀、晋冀鲁豫、晋西北、山东、淮南等抗日根据地深受其害，种植鸦片、贩运烟毒、买卖烟毒、吸食烟毒等现象愈演愈烈。作者又通过对各抗日根据地政府开展禁毒运动的举措及其成效的详细考察，明确指出抗日根据地禁毒斗争具有重要的历史作用，禁毒斗争是中国共产党抗日民族斗争的重要组成部分。

新中国成立初期的禁毒运动，距离现在较近。生活在这个时代中，人们对那时的禁毒，记忆犹新。齐君根据自己的思考和探索，依据自己掌握的大量翔实可靠资料记录了那场运动的实情：在全国范围内开展了大规模的群众性的禁毒斗争，收缴毒品，禁种罂粟，封闭烟馆，严厉惩办制贩毒品活动，八万多毒品犯罪分子被判处刑罚，两千万吸毒者被戒除了毒瘾，并结合农村土地改革根除了罂粟种植。同时，他又阐发归纳出一些重要结论："新中国成立初期烟毒的泛滥，严重影响着人民的健康、国民经济的恢复、政权的巩固和社会的安定,具体表现在:(1)大量土地种植罂粟,粮田锐减,造成人民生活十分困难,甚至时有饥荒出现;(2)众多烟民吸食烟毒,浪费社会财富,损害身心健康,甚至导致倾家荡产、妻离子散、家破人亡;(3)许多人因吸毒铤而走险,沦为土匪、盗贼、娼妓,败坏社会风气引发各种犯罪,从而加深了社会危机;(4)一些反革命分子利用贩毒筹集资金从事破坏新生政权的活动,严重影响新生人民政权的巩固;(5)烟毒泛滥严重腐蚀党政军干部队伍和铁路、公路、航运、邮政等系统职工。新中国成立初期全国禁绝烟毒斗争积累了丰富的成功经验,也为当今的禁毒斗争提供了有益的历史借鉴。第一,禁毒必须有法可依,要加强禁毒立法,完善禁毒法制,是成功开展禁毒斗争的法律保证;第二,政治廉洁、组织高效,是成功开展禁毒斗争的政治基础和组织保证;第三,禁毒要走群众路线,要深入开展宣传教育,广泛发动、依靠人民群众参加,开展禁毒的人民战争,是成功开展禁毒斗争的重要前提和群众基础;第四,全面禁毒,多管齐下,重点打击制贩活动,宽严相济,区别对待,是成功开展禁毒斗争的重要方针和政策;第五,禁毒要与清除其他社会病害配合进行是成功开展禁毒斗争的必要措施。"

从上述的论述中,可以看到齐君的历史观。以往的历史总是给后来者以启迪,这部书的价值也在于此。

任何一本书都不可能回答所有的问题。这部书勾画出了中国共产党禁毒历史的轮廓,有些历史的细节尚待学人进一步去研究。拿抗战时期的历史来讲,根据地处于不稳定状态,既受到日军的扫荡,又受到国民党军队的封锁和包围,禁毒能执行到什么程度?还有海外学者极力渲染陕甘宁边区鸦片走私,丑化根据地形象,怎样应对这种挑战?我想,只能运用历史资料,写出真实的历史。

禁毒是一世界性问题,境外产毒地区不根除,禁毒就一日也不能停止。史学工作者研究禁毒课题,是有现实意义的,也是不能停止的。历史学者是根据事实来说话,英国 E.H.卡尔说:"没有事实的历史学家是无本之木,没有前途;没有历史学家的事实是死水一潭,毫无意义。"严肃的历史著作是精神文化不可缺少的。齐君这部书是会找到它的位置的。

祝齐君精益求精,在学术研究道路上,勇往直前,取得更新的成果。

原载齐霁:《中国共产党禁毒史》,中共党史出版社,2013 年

《中共革命政权治理烟毒问题研究——以 1937—1949 年华北乡村为中心》序

  中国近代史上，鸦片烟毒曾经是一大严重问题，愈演愈烈，就像一个难以割去的毒瘤，与中华民族及中国社会形影不离，既戕害了人们的身体健康，又破坏了国计民生，更腐蚀了政治肌体。清政府、北洋政府、南京政府都曾尝试甚至努力禁烟拒毒，而无不以失败告终。新中国成立后，中国政府仅以三年左右的时间肃清烟毒，创造了"无毒国"的奇迹。及至 20 世纪 80 年代以后，毒品卷土重来，又成为人们普遍关注的社会问题之一。国家禁毒委员会办公室颁布的《2013 年中国禁毒报告》指出，"禁毒人民战争取得了新的明显成效"，然而，"我国面临的禁毒形势依然严峻、复杂。"因此，对烟毒问题进行研究不仅具有重要的学术价值，也有较强的现实意义。

  关注现实，努力参与学术潮流，这是历史工作者的使命。肖红松博士富于智慧和独立思想，在李金铮教授指导下，选择华北抗日根据地、解放区的禁毒措施与经验进行探讨，潜心研究，撰成《中共革命政权治理烟毒问题研究——以 1937—1949 年华北乡村为中心》这部专著。

  日本侵略军利用华北抗日根据地犬牙交错的现实，以毒品打入根据地，吸取民膏，毒害人民，企图灭我民族，其手段是举世皆知的。根据地实施有效应对政策，令日本之阴谋未能得逞。作者深入地探索了根据地治理毒品的成功之道，这在一定程度上深化了中共党史、华北乡村史的研究。

  历史研究离不开资料，唯有依靠丰富可信的资料方能接近历史的真实。肖红松走遍了北京、天津、河北、山西、山东等省市的档案馆、图书馆、政协文史办等部门，搜求查阅了与自己研究有关的档案资料、根据地报刊、专题资料汇编、方志、党史等资料，经过认真的筛选解读、构思，并在吸收了中外学者的成果基础上深入分析研究。全书资料扎实，论证充分，有一分史料，说一分话。

  全书架构逻辑简明，分为两大部分。第一部分向读者交代了华北根据地、解放区烟毒泛滥的源流、实态及其危害影响,这部分可称为"烟毒篇";第二部分是"治理篇",论述了华北根据地、解放区的治理机构与政策法规,进而勾勒了各根据地的治理历程。

作者以整体史的怀抱,就抗日战争解放战争时期复杂的时代背景,分析华北乡村的烟毒状况,考察各战略区政府十分曲折的禁毒活动,此项治理活动,被认为既是服务于战争,又是社会革命所必须进行的艰巨工作。在论述烟毒的种贩售吸状况时,既注意总结战争条件下的时空特色,又兼顾华北乡村的传统因素。注意烟毒走私蔓延与各根据地反毒化斗争之间的互动。更主要的是作者从治理烟毒的视角,揭示中共革命政权与乡村社会、普通民众之间的互动,说明中国共产党和民主政府动员民众参与戒烟肃毒的活动。

此书另一个特色是民众的视角,关注在这场活动中民众的心态变化、行为应对,这是很好的社会史研究方法,也是以往中共党史研究所忽视的。读者可以从群众性缉私、戒烟活动体会当时之现实。

我了解,这部书是肖君华北烟毒史研究的第二部著作,之前曾出版过《近代河北烟毒与治理研究》,深得学界称赞。他还将继续探讨新中国成立初期的华北禁毒问题,此将形成这一领域的系列成果。学海无涯,我期待作者在学术的道路上砥砺前行,术业猛进,再创光辉。

2013 年 10 月于南开大学锲斋

原载肖红松:《中共革命政权治理烟毒问题研究——以 1937—1949 年华北乡村为中心》,人民出版社,2013 年

《华北根据地农业建设研究(1937—1949)》序

呈现在读者面前的这部学术著作，是牛建立博士师从李金铮教授研究二十世纪三四十年代中共华北地区农业建设问题的成果。这一区域，在抗战时期系指中共领导八路军在华北敌后开辟和建立的根据地，包括晋察冀边区、晋冀鲁豫边区、晋绥边区和山东解放区，即山西、山东、河北之全部，绥远、热河、察哈尔、河南的一部；在解放战争时期，系指共产党领导下的以河北省、山西省、山东省、河南省北部为主的华北解放区。

中国是个农业大国，在抗日战争和解放战争时期这种复杂艰难的环境中，中国共产党如何解决吃穿问题一直是中外学者探讨的热点。众所周知，根据地政府制定和颁布许多关于农业建设的政策、条例，通过减租减息与部队、机关、学校的大生产运动、精兵简政等措施来减轻农民负担，增强农业建设的实力；经过土地改革，解决土地问题，进而激发农民的生产积极性；通过把分散的农民群众组织起来，整合劳动力资源，兴修水利，开展农业科技研究和推广，促进了华北根据地农业的恢复和发展，带动了农村社会变迁。

牛建立具体地考察阐述了那时农业发展的方方面面。那时最大的特点是劳武结合，把一切劳动力半劳动力，不论男女老幼，都纳入生产运动中来，不仅包括了全边区人民，还包括了一切脱离生产的机关、学校、部队，不仅包括巩固区，也包括游击区与游击根据地，家家制定生产计划，建立各种类型合作社，八路军驱除日寇保护粮食。各级政府宣传指导如何种植作物，树立典型，表扬先进，以达到丰衣足食，有的达到耕三余一，有的达到耕一余一。过去无人关心的农民，在农业建设的过程中，从中国共产党那里得到了看得见、摸得着的实惠。农民是最现实的，他们在对比各种政治力量的过程中，逐渐认识到共产党是他们利益的忠实代表，而坚定地拥护革命，跟着共产党走。得人心者得天下，古今中外概莫能外。农业建设使中共获得了占根据地人口大多数的农民的支持，也就获得了源源不断的人力、物力支援，为抗日战争和解放战争的胜利奠定了坚实的基础。

牛君在叙事中，不是简单地用"政策—效果"模式，即共产党发布政策，农民赞成和拥护，效果明显，而是探讨生产的内在活力，如减租减息怎样激发了农民的主动性和积极性，抗日的民族意识又怎样成为强大的推动力等。

牛君将自己的研究建立在坚实资料的基础之上。他将华北根据地经济建设的核心资料都翻阅了，又到河北省档案馆、山西省档案馆、河南省档案馆、山东省档案馆发掘文献资料，逐渐形成自己的论述。

抗日战争时期和解放战争时期，华北根据地是共产党领导的核心区域，吸引不少学者研究，成果颇丰，但多以政治史、军事史为主，近年来又有社会史成果出现。本书对该地区的农业建设进行研究，论述了农业生产的自然环境和社会环境、土地关系变革、垦荒修滩、劳动力资源整合、农用水利建设、农业科技研究和推广、农作物种植结构的变化，剖析了华北根据地的社会变迁，对当前农业建设具有一定的指导意义，是对华北根据地研究的深化，具有一定的学术意义和理论价值。

原载牛建立：《华北根据地农业建设研究(1937—1949)》，中州古籍出版社，2014年

抗日战争史

《山西抗日战争史》序

  山西省社会科学院历史研究所张国祥撰写的上、下两卷本《山西抗日战争史》出版了。该书为我们重现了当年宏伟壮丽的抗战场面，是第一部从整体上研究山西抗日战争历史的专著。它为抗日战争史的研究填补了一项空白，很值得庆贺。

  在八年抗日战争时期，山西是最引人注目的省份。山西地处华北抗日前线，以其峰峦沟壑纵横，易守难攻，便于争奇竞险，在军事战略上有着重要的地位。在这块土地上，国共两党、两军首先联合，实行对日抗战；在这块土地上，八路军出奇制胜，首战告捷；在这块土地上，毛泽东提出"在山西全省创立我们的根据地"，使之成为实行抗战的立足点和发展抗战的出发地。许许多多杰出的无产阶级革命家、军事家，都来到这里大展宏图，为民族解放事业立下了丰功伟绩。中国的抗日游击战争，就是以山西为战略支点，日益开展起来，从而揭开了抗日战争新的篇章。如果把山西抗战放在抗日战争的全过程来加以考察，那就可以清楚地看到，山西抗战在抗日战争的各个战略阶段都发挥了重要的历史作用。

一

  抗日战争开始，八路军首先在山西战场上出现，广泛开展了游击战争，建立了晋东北、晋西北、晋东南等游击区，使之成为八路军赖以生存和发展的战略支点，挫败了日军长驱南下和侵吞山西的狂妄计划。

  太原失守以后，整个华北的抗战发生了重大变化。八路军迅速进行军事扩展，很快将三块游击区扩大转化为晋察冀边区、晋冀豫边区和晋西北三个抗日根据地，同时又新开创了晋西南抗日根据地。嗣后，尽管日军调集重兵再度向山西发动了大规模进攻，侵犯晋南，但由于抗日民主政权与游击队已在各地建立与发展起来,使日军的机械化部队难以施展其计划,日军每前进一步,都要付出巨大的代价。

随着抗日游击战争的广泛开展和一次次反击敌人"围攻"的胜利,以山西为中心的敌后山区各抗日根据地日渐巩固起来。

历史表明,以山西为中心的敌后山区各抗日根据地,不但以一般"战略基地"的姿态,执行和完成了一般根据地承担的游击战争的"战略任务",而且以特殊"战略基地"的姿态,执行和完成了党的军事战略转变这个游击战争的特殊的"战略任务"。不难设想,如果没有这些敌后山区抗日根据地做八路军最早的"战略基地",那就既无所谓抗日游击战争的勃兴,更无所谓抗日游击战争的广泛发展。同样,山西抗战就不可能坚持,华北的抗战局面也将无法形成。

二

在战略相持阶段,中共依托山西抗战,坚守华北抗日根据地,为夺取抗战胜利赢得了转弱为强的力量。

1938 年 10 月武汉失守,中日战争进入了战略相持阶段。从这时起,日军改变了战略方针,即停止了对国民党正面战场的进攻,回师敌后来对付中共及其领导的抗日游击战争。这时,国民党亦开始出现了政策上的倒退,对日妥协和反共倾向日益明显。各抗日根据地军民处在敌、伪、顽的不断夹击之中。

华北地区游击战争的充分发挥,使敌人心惊胆战,害怕起来。而令人奇怪的是,国民党也害怕了起来。敌、伪、顽便将进攻矛头集中指向华北敌后根据地,特别是以山西为中心的敌后山区各抗日根据地。日军认为,"山西省的山区是八路军的集结地带"[1],"山岳地带不能彻底肃清,则明朗华北之实现,仍属难望"[2]。据此,他们便从华中、华南和日本国内调遣重兵达 8 个半师团编入华北方面军的战斗序列,遂使华北日军的兵力骤增到 22 个师团的 44 万余人,占全部侵华日军的半数以上。而用在山西方

---

① 日本防卫厅战史室编:《华北治安战》(上),天津市政协编译组译,天津人民出版社,1982 年,第 149 页。

② 转引自左权:《"扫荡"与反"扫荡"的一年》,《解放》,第 91、92 期。

面的"肃正作战"兵力,一直保持在敌华北方面军的 1/2 左右。在敌兵力部署就绪之后,敌华北方面军就按照其"巩固点线,扩大面的占领"以及"治安肃正"和"肃正建设"的构想,对我以山西为中心的敌后山区各抗日根据地开始了规模越来越大的"扫荡"与"蚕食"进攻。1939 年和 1940 年期间,单是用兵在万余至 6 万人的大"扫荡"即达 8 次之多。进入 1941 年和 1942 年之后,其"扫荡"之频繁与残酷程度又有了进一步的发展。仅对晋绥边区抗日根据地的大、中、小"扫荡"就有 33 次,持续时间长达 400 余天。在"扫荡"中,日军大施其惨绝人寰的"三光"政策,使山西军民蒙受了举世罕见的大灾难。

日军的残酷"扫荡",是和它旨在变抗日根据地为游击区,再变游击区为其占领地的"蚕食"进攻密切联系在一起的。为了实现"扫荡""蚕食"的预期目标,日军还加紧了对抗日根据地的"包围""分割"与"封锁"。单是日军设立的据点,1941 年至 1942 年间,在北岳区即猛增至 1460 个,在太行区和太岳区增至 1000 多个,在晋西北区增至 500 多个。日军的"扫荡"与"蚕食",再加上国民党顽固派的摩擦与进攻,使以山西为中心的敌后山区各抗日根据地陷入了极其严重的困难局面。根据地的面积缩小了,人口减少了,武装部队也减员了。北岳区的四周均退缩了 15 公里到 20 公里,太行区的面积差不多缩小了 1/5。形势最严重的时候,太岳区竟无一完整县,以致有 12 个县政府都聚集在沁源一地,而沁源县城也被日军占领了。晋西北区的面积和人口分别减少了 1/3。军需民用都发生了严重的困难。

斗争是很艰苦的。以山西为中心的敌后山区各抗日根据地,在党、政、军、民整体力量的努力下,以武装斗争为骨干,把军事、政治、经济、文化、思想等诸方面的斗争结合起来,用革命的"全面战"反对反革命的"总力战",反"扫荡"、反"蚕食"、反"封锁",实施民主政治,发展生产事业,改善人民生活,进行武装建设,从而逐步地、然而也是迅速地加强了内部,恢复了元气,极大地增强了人民群众的抗战热情和必胜信念,开创了真正的人民抗日游击战争的宏伟局面,并由此积累了劳武结合、精兵简政、减租减息、发展经济、民主建设等多方面的成功经验,创造出了武工队、麻雀战、地雷战、窑洞战、联防战、围困战等各种各样的对敌斗争形式。就这样,在中共中央和毛泽东的英明领导下,以山西为中心的敌后山区各根据地抗日军民先后粉碎了日伪军的"扫荡"与"蚕食",打退了国民党顽固派的摩擦与进攻,战胜了困难,渡过了险关,坚持了阵地,保存了力量:我们的山区战略基地——北岳区、太行区、太岳区、晋绥边区没有被摧毁;我们的首脑机关——中共北方局、八路军总部、各战略区党委、军区、政府没有被消灭;我们的抗日武装——主力部队、地方兵团、民兵组织没有被打散;我们的基本群众——工人、农民、知识分子没有被征服。相反,从1942年下半年起,各抗日根据地都开始呈现出良好转机的势头。

冀中、冀南、冀鲁豫边区等平原解放区,在此期间都曾遭到日伪军的严重分割与摧残,变成为"格子网"与细碎的小块游击根据地。这些地区的大批干部和相当的主力部队,便有组织、有计划地转移到以山西为中心的敌后山区各抗日根据地中来,进行休整、训练,准备迎接新的更大的战斗。

由此可见,在战略相持阶段的最困难时期,以山西为中心的敌后山区各根据地抗日军民的富有成效的艰苦卓绝的斗争,是具有极其重大的战略意义的:它一方面坚持了山区抗战阵地,坚持了山岳地带的抗日战争;另一方面,它又保卫了领导与指挥华北抗战的司令部,支撑了平原地区的抗日战争。这样一来,以山西为中心的敌后山区各抗日根据地就成为"支持整个山地、平原游击战争的基础"①,成为支持华北长期"抗日战争的重要堡垒"(《毛泽东选集》合订本),为夺取抗战胜利"获得转弱为强的力量"(《毛泽东选集》合订本),做出了很大的贡献。

三

在战略反攻阶段,中共依托山西抗战,加速了抗日战争胜利的进程。

从1943年1月到1945年7月,各敌后抗日根据地在度过了重重困难之后即转入恢复和再发展时期。在这一时期内,以山西为中心的敌后山区根据地的形势愈来愈好。在军事方面,各根据地依照"敌进我进"的方针,进一步加强了对敌斗争。1943年胜利地粉碎了日军的最后"扫荡",制止住了日军的"蚕食"进攻。1944年,根据中共中央关于实行对敌战役

---

① 刘伯承:《刘伯承回忆录》,上海文艺出版社,1981年,第29页。

攻势和发展河南、控制中原的指示与部署,以山西为中心的敌后山区各抗日根据地,一面开展局部反攻,先后对日伪军发动了春季攻势、夏季攻势、秋季攻势和冬季攻势作战;一面派兵向河南地区推进,开辟了豫西新区。1945年,抗日军民为实现毛泽东提出的"扩大解放区,缩小沦陷区"的战略任务,又相继发动了春季攻势和夏季攻势。连续不断而又越来越猛烈的攻势作战,歼灭了一大批日伪军有生力量,收复了一大批日伪军据点,控制了一大批中小城镇,开辟了一大批新区,建立了一大批基层抗日民主政权,并且把日伪军挤压和孤立在铁路、公路沿线及主要城市,为转入行将举行的战略大反攻创造了极为有利的条件。

1945年8月,抗日战争进入最后阶段。在国际反法西斯战线大反攻的形势下,中共中央发布了对日军大举战略反攻的命令。遵照中共中央的命令,以山西为中心的敌后山区各抗日根据地的广大军民,首先向日伪军发起了大规模的战略反攻,拉开了"中国抗战的三幕戏"中的"最精彩的结幕"(《毛泽东选集》合订本)。从8月10日开始,在不到半月的时间里,各战略区部队向日伪军频频出击,接连切断了平绥路、正太路、同蒲路、道清路,解放了四五十座县城,逼近了太原、大同、归绥、保定、北平、天津、邯郸、安阳、开封等大中城市。从8月22日起,我抗日军民又以连续的作战,取得了更大的战绩。晋察冀边区军民截断了该区日伪军所有的铁路线,收复了张家口、秦皇岛、山海关等20余座城市,控制了热河、察哈尔、河北、山西大部地区,迫使日伪军困守在平、津、保等几座孤立的城市内。晋绥边区军民在连克7座县城后,即转入腹地作战,歼灭了大批日伪军,巩固与扩大了解放区。晋冀豫边区军民,在相继收复20多座县城,将太行、太岳、冀南、冀鲁豫区连成一片的基础上,打响了围歼阎日伪军的上党战役。以山西为中心的敌后山区各根据地军民的战略反攻,大大加速了抗日战争的胜利进程。

从以上三个阶段的发展中,我们可以得出这样的结论:山西抗战在整个抗日战争中发挥了极其重要的作用。八路军总部和中共北方局始终处于山西前线,落后的山沟沟成了政治和军事的中心,充满了马列主义。山西取得了巨大的进步。山西人民为山西抗战的坚持和发展,所做出的奉献是很感人的。他们不仅以自己的辛勤劳动,节衣缩食,保证了民族革命战争的迫切需要,而且身体力行,掀起了一浪高过一浪的参军参战热潮。山西各县，特别是抗日根据地腹心地带的各县，参军的群众都在几千人以上，有的县甚至达到万余人。至于参战支前的民兵和自卫队，其数目更为庞大。仅在战略大反攻阶段，只太行区随军参战的民兵和自卫队就有45万余人。可以毫不夸大地说，山西人民为抗日战争所提供的人力、物力、财力的支援，是走在全国前列的。抗日军民在山西所形成的凝聚力和推动力，对于中国抗日战争胜利的重要性是难以估算的。

今天，当我们重新审视这一段可歌可泣的历史画卷时，不能不对所有无私奉献的抗日军民报以深深的敬意。历史将永载他们的不朽业绩！

原载张国祥：《山西抗日战争史》，山西人民出版社，1992年

《保卫滇缅路》序

张家德先生撰写的《中国抗日远征史》第一卷《保卫滇缅路》，是一部具有较高学术价值的著作。现由云南学术著作出版基金会资助出版，值得庆贺。

关于第二次世界大战时期的滇缅战场，国内外已有一些论著和文章，《保卫滇缅路》一书则有自己的显著特色，是目前远征史研究这一领域中，史料丰富，论述全面，评判公允的新著。

作者勤于探索，研究态度严肃。除了收集大量中外文献资料外，还跋涉于滇西崇山峻岭之中，进行实地考察，把研究建立在真实的基础上，历四载寒暑，终成此专著，凡50万言。

每个人都要受到各自生活的历史时代和地理环境的限制，所以人们研究已逝的历史，需要埋头整理资料，熟悉自己所要研究的那个时代，在全面了解认识的基础上，经过思辨和探索，以便找出有价值的东西，这一艰苦的路程，是不可逾越的。本书作者在文献和调查中，钩沉探微，所引资料翔实丰富，称得上是有据的信史。

中国抗日远征，是关系到中华民族生存之壮举，把它放在特定历史环境中来考察，是有意义的，它显示了祖国的尊严和不可战胜的民族精神。

中国军队远征缅、印、泰、越、马，是甲午战争以来第一次出国作战，又因是与英国共同组成联军，与美国军事合作，在云南周边的几个邻国的地域上作战、整训并受降，因此展现在人们面前的是一幅复杂的历史图景。这正给研究者以更多的思辨余地，使作者得以在这一题材中驰骋，表现自己的才华。

众所周知，世界反法西斯战争中，中印缅战区建立于1942年。战区司令官为美国的史迪威将军，他受命指挥该战区内的美军，而同时他又是中国战区最高统帅蒋介石的参谋长，在印度，他还是1943年夏设立的东南亚盟军总部的副司令。中国战区和东南亚战区没有明确的分界线，在它们的结合部设立中印缅战区的目的，在于中国对日最后一战时，使其成为砧板，以便盟军粉碎日军。中国军队是这一战区的主力部队,在抗击日军中创建了无数可歌可泣的英雄业绩。作者如实地描述了华军所表现出的民族精神和坚强意志,再现了他们对祖国的忠勇,对理想的憧憬,使人不难追忆烽火连天岁月里,中华儿女为了民族生存战斗、生活的真情实景。

作者在研究这一段历史时,使用了"截断"这一术语。他认为日军南进战略的实施,其战略目标是要截断英、美的战略资源,以威胁其经济安全,更是为了完全截断中国西南的国防补给线,完成战略大包围的最后一环。作者因此认为日军"南进"即是截断,中国的抗日战略实际上打的是一场反截断作战。桂南会战时,这一点显得十分明显。中国组建远征军第二路入越,就是反截断战略中的一环,后因法越当局反复无度而半途废弃,导致印支路线堵塞,还在中越边界牵制了中国至少3个集团军的重点布防。而中国远征军第一路入缅抗战,以保卫滇缅路为战略目标,实际上是进行最后一场反截断作战。《中国抗日远征史》第一卷以"保卫滇缅路"为书名,其内容围绕着反截断作战,以巩固重庆的屏障云南而展开,首章写滇缅公路的修筑及伟大作用,随后以大量的史实充分论证日中两国的"截断"与反截断战略,强化了中日战争的这一主线索。

作者还把笔墨集中于人物性格的刻画上。对戴安澜、孙立人、凌则民等都有感人至深的细腻评述,描述了他们爱国思想发展的历程和为祖国献身的精神。对云南龙云当局,亦从正面给予了充分肯定。对蒋介石、史迪威、陈纳德等,均有其深刻、公允的评判。

书中的新论断,也许会引起见仁见智的不同看法,这是很自然的。但就作者来讲,是下了功夫的,为第二次世界大战历史留下了一部真实而新颖的记录。当此改革开放之日,关于这方面应该有更多的给人以启示的佳作出现。期望研究中国现代史的队伍更精锐,探讨更深入,领域再开拓,思想再解放,更广泛地开拓历史研究的繁荣新局面。

原载张家德:《保卫滇缅路》,云南人民出版社,1994年

《近代日本在中国的殖民统治》序

《近代日本在中国的殖民统治》一书就要和读者见面了，令人高兴。作为一部比较系统地全面论述当年日本帝国主义在华殖民统治的著作，目前在国内还是不多见的。它的出版无疑会得到社会各界的关注。

近代中国曾不断遭受帝国主义列强的侵略和蹂躏，其中日本帝国主义是最疯狂、最野蛮的一个。日本从明治维新走上军国主义道路，即积极推行对外扩张政策，一次又一次地发动对华侵略战争，在其武装占领的地区，建立法西斯式的军事殖民统治，给中国人民带来了深重的灾难和巨大的伤亡，严重威胁了中华民族的生存。对此，中国人民记忆犹新，"前事不忘，后事之师"。因此，认真总结历史教训，揭露当年日本帝国主义侵略本质及其罪行，对教育后代，防止过去的悲剧重演，有着极其重要的意义。这是史学工作者义不容辞的任务，张洪祥等一批中青年学者，为完成此课题，搜集了大量中外历史文献，认真进行探索和研究，注意吸收学术界最新研究成果，并辛勤地从事实地调查和访问，这种精神是难能可贵的。综观全书，我有如下看法：

第一，当年日本在中国的殖民地及其统治，是日本侵华史的一个主要部分，也是学术研究中重要课题之一。近年来，我国虽出版了不少有关抗日战争史、日本侵华史、日本在华暴行等一类书籍，但至今还没有一本比较系统、全面地研究和介绍日本在华殖民统治的专著。《近代日本在中国的殖民统治》一书的出版，弥补了这方面的不足，对推动本领域的学术研究，将有所裨益。著作基本上是按照日本侵华及其占领地区先后顺序，采用编年和专题相结合、以专题为主的方法编写的，给读者一个比较完整的历史全貌。作者把当年日本在中国所建立的殖民地，按照性质、内容和统治方式的不同，科学地区分为占领地、租借地、租界、铁路附属地和沦陷区等几大类，并对每一类殖民地日本殖民统治的内容、方法、特点和危害等，都进行了详尽的分析和介绍。从书的结构和内容阐述来看，颇有新意，富于启迪。

第二,作者在论述日本在华殖民统治的历史过程中,没有停留在一般情况的介绍,而是把握住历史事实,透过现象,着力于分析日本殖民统治的特点,以揭露日本帝国主义的侵略本质。由于各类殖民地形成的时间、背景不同,日本侵略者对各殖民地的统治方针、方法以及手段也不完全一样。著作列举了日本在台湾、辽东半岛、山东半岛、各通商口岸日租界以及各沦陷区所实施的殖民统治形式和方法,虽然是五花八门,多种多样,但归纳起来,无非是两种形式:(一)日本侵略者建立军政殖民统治机构,直接、公开地统治中国人民;(二)在某些占领地区,日本侵略者不直接公开管理行政司法,而是在幕后操纵指挥,建立汉奸傀儡政权,实行"以华制华"的方针。无论哪种形式,在殖民地,日本侵略者是主宰一切的"太上皇",中国人始终处于亡国奴的地位。从日本殖民统治特点的角度去分析问题,使抗日战争史研究又深入了一步,这也是这本书的价值所在。

对一个民族来说,民族精神的发扬和延续是至关重要的,精神上的被征服要比被武力征服危险得多。这部书在揭露日本侵华种种手段的同时,也充分阐述了中国人民为挽救危亡所进行的种种努力,是一本好的爱国主义教材。这对教育青年一代了解过去,进一步激发爱国主义热情,增强民族自尊心和自信心,建设强大的社会主义祖国,将会起到积极的作用。

原载张洪祥主编:《近代日本在中国的殖民统治》,天津人民出版社,1996 年

《抗日战争与中国社会》前言(代序)

今年是七七事变 50 周年,我将这些年发表在报刊上的文章,以及参加海内外学术会议上的讲话,集中起来,汇成一册,取名为《抗日战争与中国社会》,奉献给读者。

像我这样 70 岁以上年纪的人,是从那个时代过来的。抗日战争时,我在西安读小学、中学,重庆和延安的出版物都看,1939 年以前常去生活书店。代售过《老百姓报》和《民众导报》。还到农村宣传过抗日,耳闻目睹的事不少。对那时的中国社会是有感受的。日本的侵华政策,的确激起了中国人的仇恨;民族的灾难,把中国人都动员起来。战场上的胜利和失败牵动着每个人的心。新与旧的斗争,到处都可以看到国共的摩擦和冲突,国民党军队对陕北的包围和封锁,社会上的腐败,使人忧虑,现回忆起来,许多事情历历在目。但实在说来,自己当时所看到的只是一些现象,缺乏哲理的认识。

20 世纪五六十年代我开始将自己的研究目光射向抗日战争。我认为这一研究领域有着丰富的内容,需要人们去探索,曾从资料着手,为自己也为单位购买了不少抗日根据地的报刊,不幸的是,这些东西在"文化大革命"中,不是丢失,就是被毁。

我国实行改革开放政策以来,学术空气空前活跃,抗日战争史的研究也蓬勃发展起来。沉睡了多年的诸多思想又重新出现在自己的脑海中。我思考分析着那个时代出现的重重矛盾与种种问题,希望能借助笔墨表述出来。这是个艰苦的劳动过程,况且经过那学业荒疏的年代,我自觉知识有限,这里收入的文章,仅仅记录了我对史学的执着。

研究的规律,常常是随着新资料的不断出现、知识的积累,旧的观点与分析往往被新的所代替。任何人的研究成果都会为同行前进奉献出基石,同时接受时间的验证。对我来说,当然希望我的一些看法能站得住脚,或者在一个阶段内站得住脚。如果有错误之处,只希望在历史研究的不断进步中逐渐消失。

感谢辽宁人民出版社的赞助,使这部书能与广大读者见面。

原载魏宏运:《抗日战争与中国社会》,辽宁人民出版社,1997 年

《七七事变的前前后后》序

在历史上,有的岁月悄悄地消逝,被人遗忘;有的岁月因发生过重大事件,经过几十年、几个世纪或者更长的历史阶段,永存在于人们的记忆中。1937 年 7 月 7 日的七七事变就属于后一种情况,在历经社会发展的不同时代,一直引人注目,令人难忘。

60 年前的 7 月 7 日,日本侵略军在我国北平西南部的卢沟桥发动了旨在灭亡中国的全面侵华战争。这是日本继 1931 年九一八事变后,为实现其大陆政策所采取的赤裸裸的军事进攻。驻守这一地区的国民革命军第 29 军,奋起抵抗,这是一场具有爱国主义思想的中国抗战军人为保卫中华民族而进行的正义战争。

卢沟桥的炮声,促使中华民族空前觉醒。国民党与共产党携手合作,共御外侮,全国男女老幼同仇敌忾,这场抗日战争一打就是 8 年之久,终于各国反法西斯力量汇合一起,打败了日本侵略者,在中国历史上写下了第一次取得反侵略战争彻底胜利的记录。日本侵华历史从甲午之战算起,半个世纪以来横行亚洲,最后的命运是投降。

自七七事变爆发后,几十年以来不少当事人、新闻记者、政论家和史学工作者都在写有关这一事变的历史,记录下这一天前前后后的真实情况,留下丰富的资料。近几年又出版了不少历史档案汇集、专辑和回忆的文章。甚至当年参加侵华战争的一些日本军人,受到良心的谴责,痛心疾首,也著书立说,或公布自己的日记,或站出来为历史作证,使人们对卢沟桥事变的真相有了深入的了解。

七七事变已经历了 60 个春秋。在纪念中国人民进行抗日战争 60 周年之际,由李惠岚教授主编的《七七事变的前前后后》一书即将出版,为卢沟桥事变的历史,提供了更完整的资料。这部书的结构包括有:日本侵华阴谋的文献资料;防守冀察的第 29 军军史和该军团以上军官的小传;选编了 60 年来各界人士发表的有关七七事变的记事和文章。

已经发生的历史是无法涂抹或篡改的,这是客观存在。只有正视它,才是科学的态度。

日本军国主义发动的七七事变侵华战争给中国造成深重的灾难,也给日本带来了耻辱和罪恶。日本应以愧疚之心进行反省,但是如今还有少数侵略战争的信徒,闭眼不承认事实,总是梦想恢复旧日本帝国主义的强权,其军国主义的阴魂从未停止游荡。为了说明历史真相,提供可靠的历史依据是十分重要的事情。《七七事变的前前后后》恰在此时问世,是很有意义的。

凡是对中华民族有贡献的人,都应该受到历史的赞扬和肯定。国民革命军第29军在抗日战争中立下汗马功劳,表现出不畏强暴的英雄主义和牺牲精神,奏响了全国抗战的序曲,成为中国人的精神财富。在纪念七七事变60周年的日子里,读一读第29军的抗日战争历史,无疑会受到爱国主义的熏陶。以往,人们大多仅知晓该军的少数领导人,《七七事变的前前后后》将团一级的领导人也作了简介,使29军的英雄形象更加丰满、具体。

七七事变开辟了中国历史进程的新时期。为了民族的独立,国共两党团结抗日,共同为祖国流血,显示了强大的民族凝聚力。从此,世界就用和以前不同的眼光看待中国人和中国的历史发展。我们应该珍惜用血的代价获取的胜利和历史经验教训。

前事不忘,后事之师,历史会给人以启迪。愿这部书能在读者当中产生积极的影响。

原载李惠岚、明道广主编:《七七事变的前前后后》,天津人民出版社,1997 年

《抗战时期大后方经济史研究》序

　　我经常在我国主要的学术刊物上,看到黄立人同志的文章,其论述颇有见地,颇有分量,已获得中外学者的关注和称赞!特别是他对抗战时期大后方经济史的研究带有开创性,蜚声学界。

　　现在作者将其20世纪80年代初以来在这方面研究的主要论文汇集成册,取名《抗战时期大后方经济史研究》,由中国档案出版社出版。大后方是那个时代的用语,作者仍沿用这一名词。文集所包括的文章既有对大后方经济总体的考察,也有对某一领域、某一方面局部的探索,内容涉及财政、金融、工业、农业、交通、科技等课题,反映了作者从事抗战时期大后方经济史研究的历程,代表了他在这一领域的科研成就和学术水平。

　　我国实行改革开放政策,学界思想大加解放,不少学者冲破樊篱,深入众多的历史领域去探索,黄立人同志也正是在这时将自己的学术眼光投向抗战时期的大后方,成为这方面研究的先驱者。收入本书的《抗日战争时期国民党政府开发西南的历史评考》一文,是中共十一届三中全会后,国内较早运用历史唯物主义的观点,重新对抗战时期大后方经济史进行科学的总体研究的一篇力作。该文关于"抗日战争时期国民党政府对西南的开发和建设,是我国近代经济史上的一件大事,研究和考察国民党政府开发西南的历史活动,对于我们今天开发和建设西南是不无借鉴意义"的立论,在当时给人耳目一新的感觉。所提出的大后方的开发和建设在一定程度上支撑了国民党正面战场抗战、使战时国统区经济在极端困难的情况下免于最后崩溃的观点;大后方的开发和建设在一定程度上调整和改善了近代中国生产力布局的观点;大后方经济有一个"跳跃式"发展、最终走向衰落的观点;抗战时期国统区经济分为三个阶段的观点,等等,这在当时对抗战时期大后方经济史和民国史研究长期的沉闷局面是一种强有力的冲击,对以后抗战时期大后方经济史的研究产生了很大影响。收入本书的其他多数文章所研究的课题,也是当时相关研究领域的空白,研究所取得的成果,也大都处在当时学科研究的前沿,这是难能可贵的,反映出作者在民国经济史研究方面,有着较高的理论水平,有着开拓进取的理论勇气。

历史科学的一个最显著的特征是它的实证性,进行史学研究除了要有正确的理论和方法外,最重要的是要有可靠、丰富的史料。离开了史料的发掘和利用,史学研究就失去了生存的基础,就不可能成为科学。任何一位严肃的史学工作者都会非常重视对史料的发掘、收集和利用。作者正是这样努力做的,而且很有成效,很有特点。从本书可以发现,他的每一项研究成果都是在发掘、利用大量史料的基础上来完成的,而且他利用的史料许多是未曾面世过的新鲜史料,这是很不容易的。正是得益于大量新鲜史料的发掘和利用,使他的研究成果得以建立在坚实的史料基础上,具有很强的科学性和说服力,这也是他的研究成果往往能独树一帜、成一家之说的重要原因。他在《论"北碚扶植自耕农示范区"》一文的导言中说:写这篇文章不仅是要就这一课题的研究提出一些"参考意见",而且要为"关注抗战时期扶植自耕农示范区试验和战时国统区土地问题的学者"提供一些"新鲜史料"。通过阅读本书,我感到他在自己的学术研究活动中,似乎是有意无意地在追求这样一种效果,即不仅以自己研究所得的观点和结论,而且同时还以公布大量的新鲜史料来贡献于学术界。看看他对史料的发掘,似乎有一种左右逢源、信手拈来的感觉;看看他对史料的利用,更有一种拓真勘误、挥洒自如的印象,其实在这些背后包含着他在档案史料整理编纂工作中长年累月的艰苦劳动。他长期在重庆市档案馆工作,主要工作任务和精力都在档案文献的编纂研究上,他主持和参与过许多大中型档案史料汇编的编纂工作,在档案史料的鉴别、选材、标点、标题、注释、分类、编目方面有着很深的功力。他主编的《白色恐怖下的新华日报》(53.5万字,重庆出版社,1987年)、《四联总处史料》(177.9万字,上、中、下三卷,中国档案出版社,1993年),分别获得过四川省哲学社会科学优秀科研成果二等奖和三等奖。他在长期的编纂工作中,积累了丰富的第一手史料,练就了驾驭史料的能力,自然为他学术研究的常青之树提供了肥沃的土壤。编研结合、档史结合,在中国自古以来有着优良的传统,应当鼓励和提倡更多的同志走这条路。回顾一下历史科学发展的历史,许多疑难问题的定论,许多新领域的开拓,往往与史料的发掘息息相关。档案是记录人们历史活动的直接的原始的材料,史学研究不利用档案是难以成为信史的。对档案史料的发掘和利用应当引起史学界更多的重视。

生活始终是朝着未来,而悟性往往是向着历史的。《抗日战争时期工厂内迁的考察》一文,在论述了抗战时期工业内迁运动对中国近代经济格局的影响和作用后,写道:"大自然造就了中国大陆地貌的东低西高,而社会经济历史留给当代中国大陆经济走向却是东高西低,今天,炎黄子孙们挟着改革开放的时代风潮,发誓要把前人开发西部的梦想变为现实,因为历史已经证明:中国经济东高西低的格局改变之日,就是中国经济现代化完成之时!在中国经济必然要走过的这一历史进程中,研究和借鉴一下抗战时期的工厂内迁,是可以给我们一些有益的启示的。"他在《四联总处的产生、发展和衰亡》的结束语中这样写道:"四联总处的撤销是中国近代经济史上的一个重要标志,它标志着国民党在中国大陆的军事、政治统治彻底垮台之前,它脚下的经济基础已经土崩瓦解了。历史曾经选择了四联总处,但四联总处不能选择历史。在它废墟的身后,中国现代经济史的曙光就要在地平线上出现了!"从书中类似的许多这样很有哲理又充满激情的议论中,不仅可以体会作者对历史深沉的思考,而且可以体会到他对现实和未来的深切关注。人类的发展不能割断历史,历史科学之所以为社会所需要,通俗地说,就在于它能够通过对过去的历史的科学考察,对复杂多样的历史现象做出科学的解释,使人们在面对现在和面向未来的时候,得到启迪,得到智慧,得到感召,从而更加自觉地承前启后,继往开来,去创造新的历史。由于深深懂得历史科学这一重要的社会功能,黄立人同志在研究抗战时期大后方经济史的时候,始终把那段逝去的历史视为一个有血有肉,有生命有灵魂的,一直影响到现在乃至将来的历史过程。他在研究历史的过程中走近历史,自己首先受到感悟和感奋,然后再把这种感悟和感奋转达给读者。因而他在对历史的探索中有一种责任和使命感,在缜密的引证、冷静的思辨的背后总是有着难以掩饰的激情,这是他学术研究的又一特点,使他的学术文章有理论的深度,有严密的逻辑,但不乏心灵的闪光和遣词的文采,读来并无枯燥、繁琐的感觉。

对历史意境探索的深浅无不与探索者心灵的高远紧密联系在一起。从本书的文章中可以看出,作者在研究某一课题时,例如某一机构、某一事件,绝少就事论事,而总是立意很深,视角很高,善于小题大做,以小见大。《四联总处的产生、发展和衰亡》一文,形式上是一个战时金融机构的专论,他的立意却是旨在通过对四联总处这样一个国统区"金融和经济的结合点""宏观金融、经济和微观金融、经济的结合点"演变历程的考察,从一个特殊的角度去研究国民政府的金融、经济政策和国统区经济演变的历史。该文不仅是对四联总处这样一个曾被史学界忽视的重要机构进行全面考察的第一个研究成果,同时也不失为一篇对国统区经济史进行多角度、多层次研究的创作。"北碚扶植自耕农示范区"是国民党在大后方一个县级行政区内一块千余亩弹丸之地上进行的带有土地改革性质的试验,这个最终归于失败的试验在当时没有产生大的影响,在以后很快被历史的尘埃所淹没。作者把它放到当时复杂的历史环境中去考察,利用这一稍纵即逝的历史现象,去研究抗战时期国统区的土地问题,去解剖国民党的土地政策,最终去回答国民党在统治中国二十多年时间里为什么"没有也不可解决旧中国的土地问题"这样一个中国近代历史发展历程的重大问题。认真看看这篇文章,会感到他回答这个问题的方式是独特的,也是令人信服的。

黄立人同志总是勤奋地工作着,思考着各种学术问题,不停笔地写作,每一论题都经过深思熟虑,是严肃认真的,可以说他生活在思想的世界里。我祝愿他有更多的创作,为史学界增光,在历史科学的宏大建筑上添加更多的贡献。

原载黄立人:《抗战时期大后方经济史研究》,中国档案出版社,1998 年

《巍巍中条——中条山军民八年抗战史略》序

　　此书为一本全面、系统、翔实地记述中条山军民抗战的著作。两位作者均为中条山人，中条山人写中条山历史，更富于情感。

　　作者之一杨圣清教授1954—1958年就读于南开大学历史系。毕业后留任历史系从事中国现代史教学。1978年调中共中央党校中共党史教研部工作，主要从事抗日战争时期的教学与研究。十多年来，已有不少有关抗战的著作和论文。1991年离休后，仍辛勤笔耕不辍。另一位作者段玉林，曾多年从事教学工作，后任山西垣曲县人大常委会副主任，担任垣曲县地方史编写任务，对中条山地区历史进行过许多调查和研究。两位合作费时3年写出《巍巍中条》一书。

　　中条山是因抗战而出名的。该山横亘于山西省南部，东接豫北与太岳、太行山相连接，西隔黄河与陕西富饶的关中平原相望，南濒黄河与豫西的邙山、崤山相对，北越晋南盆地与稷王山、吕梁山形成掎角之势。其境内山峦起伏，群峰竞立，沟壑纵横，溪流湍急。自古以来即为兵家争夺之地，战略地位十分重要。

　　全国抗战开始的翌春，日本兵攻占晋南三角地区，中条山于是成为华北南部、黄河北岸的最后一座堡垒。国民党在此驻有20万大军，筑有坚固的防御工事，巩固如法国的马其诺防线，是阻止敌人南犯中原、西侵大西北的有力屏障，它也确曾抵挡日军多次进犯，被日军视为可怕的"盲肠炎"。1941年5月中条山战役失败，日军占领了这一地区。国民党的抗战史著作多称这里是国民党当年的"华北游击据点之一"。实际上这里一二十万国民党正规军，主要进行的是阵地战，从正面来阻击敌人。这里的游击队，其中包括中共领导的八路军晋豫游击支队和中共以"牺盟会"名义组织的新军59团（1940年后被迫撤离中条山），第一战区游击第1纵队、第6纵队、河北民军、山西第七专署保安团以及一些群众自发抗日游击队，任务主要是配合正规军作战或保卫交通线,有些游击队甚至也担任正面防守任务。因此,把这一阶段中条山地区说成是国民党"华北游击据点之一",并不恰当。

1941年5月,国民党军队退出中条山地区。中共派八路军游击支队和一部分干部进入中条山地区,恢复、重建了中共地方组织,发动群众,组建抗日游击武装,开展游击战争,建立起抗日民主政权,逐步使中条山地区变成一个抗日根据地。国民党也以第一战区、第二战区名义,派出大批人员进入中条山,搜罗流落在中条山的国民党部分散兵游勇、地方土匪、地痞流氓、国民党反共分子和地主分子,组织了各种名目的游击队。这些国民党游击队虽然也打着"抗日"旗帜,但由于其政治背景不同,成分复杂,组织涣散,纪律松懈,指挥不统一,其抗日态度也各不相同。其中除少数真正抗日外,大多数是为了扩充地盘,求得升官发财;还有一部分与日伪勾结,专门从事反共活动,同八路军搞摩擦。所以,这些名目繁多的抗日游击队后来结局也不相同,有些被火并,有些经不起艰苦游击环境考验叛变投降日伪,有些则因搞摩擦被八路军摧垮,有的经中共团结争取参加了八路军。在中条山真正站稳脚跟,不断发展壮大起来的,是高举抗日旗帜的中共领导的抗日游击队。日本人也承认这个事实。日本的战史中这样写道:"中条山会战以后,在新占据的地区,以前的不安定势力即重庆军,被中共势力取而代之,逐渐浸透到各个方面,治安反而恶化了。"①

中条山正面战场之所以能从1938年春坚持到1941年夏,爱国将领、第一战区司令长官卫立煌是立了功劳的。他的司令长官部设在洛阳,但当日军扫荡中条山时,他必亲自去指挥,与黄河北岸国军共生死。在战斗中与八路军建立起友谊,不搞摩擦,共御强敌,这是一。第二,中共地方组织以"牺盟会"名义组织了人民武装自卫队、各种抗日游击支队和新军政卫队第213旅59团,积极配合了国民党军队的抗战。第三,中共地方组织以"牺盟会"名义发动群众,组织了各种抗日团体,大力支持了国民党军队的抗战。而1941年5月国民党在中条山战役中失败,正是国民党蒋介石集团采取片面抗战路线,实行"消极抗战、积极反共"政策的结果。首先,他在1939年末和1940年初,在中条山大搞反共,捕杀共产党人,解散"牺盟会"和各种群众救亡团体,并迫使"新军"第213旅59团和八路军晋豫游击支队撤离中条山。随后,又

---

① 见《中华民国史资料丛刊稿》,《中国事变陆军作战史》第三卷第二分册。

以防止"赤化"为名,排除异己,将坚持中条山抗战有功、荣获"中条山铁柱子"称号的第4集团军全部调离中条山。至1941春,蒋介石对积极抗日、不赞成他的反共内战政策、同八路军合作抗战的卫立煌表示异常不满,迫使他离开指挥岗位,代之以积极反共的何应钦。这一切就为中条山的战役惨败种下祸根。

《巍巍中条》书中对原杨虎城第17路军(西安事变后编为第38军,1938年7月编为第31军团,11月再编为第4集团军)在中条山抗战中的战绩所做的详尽记述及对其作用的充分肯定,是其他有关抗战史的著作中少有的。这支部队尽管在抗日战争中遭到蒋介石的敌视,但由于它长期受到革命思想影响,其中又有中共组织的支持,有广大中共党员起模范先锋作用,不仅仅在中条山抗战中,在整个抗日战争时期,始终都高举抗日旗帜不动摇,与日军进行了英勇顽强的战斗,多次重创了日军。抗战初期,38军17师、177师529旅和军部教导团,奉命调往华北前线,在保定战役、娘子关战役和忻口战役中,都打得非常顽强,部队损失也相当严重,伤亡达2/3以上,仅529旅1057团在忻口战役中就有一百多名共产党员捐躯沙场。1938年3月至6月,他们又挺进晋东南地区,在东路军朱、彭总副司令指挥下,在长治、高平、晋城、阳城、垣曲一带山区开展了游击战。1940年10月,第4集团军调离中条山,开到河南荥阳、广武地区,继续坚持与日军英勇作战,保卫了豫西地区。1944年4月日军发动河南战役,第4集团军在巩县以东奋勇阻敌,530团坚守虎牢关七昼夜,并在登汜、韩城镇两次大战中予敌以大量杀伤,掩护了国民党其他部队的安全转移。毛泽东在《学习与时局》中说:"河南战役已打了一个多月。敌人不过几个师团,国民党几十万军队不战而溃,只有杂牌军还能打一下。"①毛泽东在这里所称颂的杂牌军,即指的是第4集团军。1945年5月,在豫西战役中,第4集团军第96军血战官道口,打退日军,保卫了关中和大西北安全。总之,杨虎城旧部第17路军,在八年抗战中,英勇善战,多次打击了残暴的日军,为夺取抗日战争的胜利建立了功勋。国民党军队中存在着许多派别。各派部队因所处地位、所受教育和领导不同,其对抗日的态度大不相同。该书作者对国民党各派部队对抗日的态度加以区别,充分肯定了第4集团军在中条山的抗战功绩,这是一种实事求是的治史态度。

---

① 《毛泽东选集》(第三卷),人民出版社,1991年,第944—945页。

该书对 1941 年 5 月中条山战役中敌我力量对比情况，日军进军路线、兵力部署和战略战术，国民党军队溃败情况以及失败原因、经验教训等，都做了全面、具体、真实的记述和深刻的分析。类似这样的著述，在以前还不多见。作者所根据的资料多是他们实地考察和亲自调查访问所得。还有作者讲到中条山国民党守军腐败，畏敌如虎，不战自溃的情景时，也没有简单化地对所有守军都一律如此描写，同样根据实际情况，对一部分官兵浴血奋战、不怕牺牲的爱国精神做了充分肯定。如书中对武士敏领导的第 98 军全体将士在董封阵地坚守七天七夜的英雄气概，对第 3 军军长唐淮源和第 12 师师长寸性奇壮烈牺牲精神等，都做了高度的评价。中条山战役失败，主要是蒋介石的"消极抗日、积极反共"政策、国民党奉行的片面抗战路线、军队内部腐败以及上级指挥错误造成的，广大中下级军官和士兵是不应该负责任的。

　　该书虽然写的是一个地区的抗战史，但它所涉及的许多历史事件和人物，都对全国有重要影响。如中条山战役，就是抗日战争时期国民党正面战场上进行的二十多个重大战役中的一个，它的失败在当时国内外产生了较大的影响。从 1938 年到 1941 年夏，参加中条山地区作战的国民党军队有：中央军、陕军（包括高桂滋 17 军）、豫军、滇军、川军、晋绥军等。国民党军的许多著名抗战将领宋哲元、卫立煌、李默庵、陈铁、高桂滋、孙蔚如、赵寿山、李兴中、孔从洲、曾万钟、唐淮源、寸性奇、李家钰、武士敏等，都曾参加了中条山抗战，其中武士敏、唐淮源、寸性奇、王竣等将他们的碧血抛洒在中条山上。同时，中条山还留下了中共领导人和著名将领朱德、彭德怀、邓小平、陈赓、王震、唐天际等的足迹。该书对研究他们在中条山抗战活动提供了不少线索。

　　中条山人民对抗战做出了巨大贡献。抗战开始，八路军开进山西，晋南掀起参军热潮，"母亲叫儿打东洋，妻子送郎上战场"，许多优秀青年自愿报名参加八路军，走上抗日前线。日军入寇晋南，中条山人民组织起自卫队和游击队，积极配合国民党军抗击敌军的进犯，保卫了家园；广大群众实行坚壁清野，直接参战，运军粮，送子弹，抬伤员，做向导，任侦察，破坏交通等，不稍松懈。特别在 1941 年 5 月国民党溃败时，许多中条山群众在危难之时，冒着生命危险，保护了大批国民党军官与士兵，使他们免遭日军杀害和俘虏。像第 5 集团军司令曾万钟、17 军军长高桂滋等高级将领都是因此才得以突出敌人包围圈，回到后方；还有第 3 军军长唐淮源和 12 师师长寸性奇壮烈牺牲后的尸骨,也是由于他们的保护,后来才得以回归故里。还有 1941 年后,中条山人民又为创建中条山抗日根据地和夺取抗日战争的最后胜利建立了功业。该书对这些都做了详细、生动的记述。

搜集史料的广泛、全面,内容丰富、翔实,这也是《巍巍中条》书一个特点。作者除查阅大量的档案文献资料、当事者撰写的回忆资料和一些战史著述外,在 1994—1995 年曾三次到中条山的夏县、垣曲、平陆等县进行访史,实地考察了当年作战的战场,从当地群众和这些县的地方史研究工作者那里获得大量口述资料。这些口述资料不但弥补了文字档案的不足,而且纠正了文字档案资料中许多错误和不实之处。作者在北京等地,还访问了当年曾在中条山战斗过的许多老前辈,获得许多珍贵史料,并得到他们的热心指导。特别是该书作者的童年都是在抗战中度过的,亲身经历了 1941 年 5 月那场灾难性的战役,亲眼看到和亲耳听到许多有关国民党军队腐败的事实和日伪军的暴行,亲身感受了那场灾难性的战争给中条山人民带来的痛苦。杨圣清在南开学习和工作期间就曾多次向我谈起当时情况。我对中条山战役也略有所知,我的亲友有的战死在中条山,有的在那场战役中成了日军俘虏,被运到朝鲜做苦力。陕军突围时,死于黄河之中的更不知有多少。在写这本书时,他们也融进了自己许多亲身感受。书中列举的许多史实都很具体、生动,具有强烈的感染力,使人读了有身临其境之感。

该书在写作上也有特色。它采取了纪实的写法,夹叙夹议,每章围绕一个主题,章节分明,叙事具体,议论简明,文字朴实,可读性强。

在现代史的研究中,口述历史是很重要的,这部书在这方面,是有进展的,假如作者对中条山人民在战勤方面的记述做进一步调查,中条山的人口状况和人民生活状况,如能就几个村作些分析,那就更吸引人了。

原载杨圣清、段玉林:《巍巍中条——中条山军民八年抗战史略》,中央文献出版社,2000 年

《喉舌之战——抗战中的新闻对垒》序

 青年学者王晓岚近年来一直潜心研究抗日战争时期的新闻事业。她遍访各地,查阅有关档案和报刊资料,经过认真的筛选和构思,终于将《喉舌之战——抗战中的新闻对垒》呈现到读者面前。该书无论从框架结构、章节标题还是论述的内容都有新意,很值得一读。

 在战争年代,新闻战线是最活跃的。新闻的力量对于战争,如同炮火一样重要。交战的各方都把新闻宣传当作壮大自己、战胜敌人的锐利武器。它是时代的喉舌,所起的作用难以估量。

 中国的新闻事业,由于日本的屠杀政策和国民党的文化桎梏,在抗战时期遭到极大的破坏。七七事变后仅 4 个月,北平、天津、上海先后失守,接着南京和济南也相继沦陷。沿海各重要城市的新闻事业历来比较发达,它们的失陷使中国新闻界蒙受了巨大的损失。据国民党中宣部统计,战前全国报纸总计 1014 种,战后一年多损失了 600 余种。尽管如此,这仍是缩小了的数字。1939 年 3 月 6 日《申报》报道当时出版的报纸仅有 170 种。在中国共产党领导的敌后根据地,情况就不同了。以华北为例,1939 年晋察冀边区和晋冀豫边区各有报刊 50 余种,晋西和晋西北各有 20 余种。华北其他各边区和游击区,也有很多地方报纸。这些报纸规模不大,发展却十分迅速,与日伪报纸尖锐地对立着,在动员民众和宣传抗战方面发挥了重要的作用。

 这部书的可贵之处,就是详细描述了当时新闻界的斗争和中国报纸发展的真实情况。

 作者以精练的技巧处理复杂的新闻历史背景,评述了国、共、日伪三方在抗日战争时期的新闻宣传、新闻管理和没有硝烟的新闻之战,尤其是深刻剖析了日本军国主义的新闻观和日伪的新闻政策,揭露了日本对华的新闻侵略以及破坏抗战新闻宣传的罪行,并以铁的事实论证了日伪宣传的虚伪性和欺骗性。

对国共两党的新闻宣传,该书也进行了实事求是的评述,如批评国民党的两面政策:一方面宣传抗日,另一方面也宣传反共。作者还首次揭示了中国共产党在国统区的办报活动与策略,向人们展示了抗日战争中的另一条战线。

该书内容丰富、资料翔实、结构合理、简洁流畅,介绍和评述也比较客观。透过该书我们看到了国难中新闻事业的受挫和崛起,也了解了抗战中作为喉舌的新闻事业的影响和意义。我认为,这是一部开卷有益的好书。它的出版将有助于人们对抗日战争的全面了解,并进一步推动中国新闻史研究的深入。

原载王晓岚:《喉舌之战——抗战中的新闻对垒》,广西师范大学出版社,2001年

《战国策派思潮研究》序

　　江沛的博士论文《战国策派思潮研究》行将出版,他希望我写几句话向学界推荐。申请答辩前,我细读过他的论文,提出过一些修改意见;此次出版前,又翻检了一遍。借此机会,谈一些感想。

一

　　翻着这部书稿,主要人物之一雷海宗先生的音容笑貌便浮现在眼前,我的思绪也回到了 20 世纪五六十年代。

　　1948 年 9 月,我从辅仁大学转到国立南开大学攻读历史学。1951 年留校任教。不久,高等学校进行院系调整,在清华大学历史系任教的雷海宗先生调任南开大学历史系,由此开始了我与雷先生的接触。正是从这时起,我知道了有关抗战时期国统区对战国策派思潮的批判,也知道了雷海宗先生是抗战时期著名的战国策派代表人物之一。

　　初入史学之门的我,对于雷海宗这样的名家充满了敬意,常常去听雷先生的课,也常常就一些学术问题与雷先生切磋。雷先生知识渊博、中外兼通,既治国史又治西洋史,令人叹服。20 世纪 40 年代出版的名著《中国文化与中国的兵》,至今仍然是相当重要的史学著作。1956 年,雷先生开设的中国物质文明史课,是当时全国高校历史学系唯一能开设出来的同类课程。先生授课,口若悬河,滔滔不绝,中西对比,逻辑性强,引经据典,精当充实,整堂课的笔记,整理出来就是一篇思路十分清晰的文章。满腹经纶、中西兼治、精通英语、口才亦佳的教授,当时确不多见。可以讲,雷海宗先生具有一代史学宗师的学者风度。

　　1957 年春夏之交的"鸣放"中,后来被划为"右派分子"的北京大学物理系学生谭天荣到南开"煽风点火"。他在大礼堂发表演讲,从黑格尔哲学谈到马克思主义,并称中国的社会主义是对资本主义的否定之否定,因而带有封建主义的残余,进而倡导对中国社会的改造。在辩论中,被指定参加的雷海宗先生,批评其不懂哲学,让他回去请教贺麟先生。最后,雷海宗先生以"领导我们事业的核心力量是中国共产党,指导我们思想的理论基础是马克思列宁主义"结束讲话,引得青年学生报以热烈的掌声。

与此同时,雷海宗先生以对中外历史研究的基础阐述己见,也提出了人类社会形态发展中奴隶社会与封建社会间差别不大的观点。在今天,不管接受与否,大家会认为这是一个正常的学术争鸣;但在当时的理论界,这却是一个可谓石破天惊的观点,是对马克思主义"五种社会形态"经典理论的"修正"。雷先生还认为:马克思主义在 1895 年恩格斯去世后基本停滞不前,列宁对于马克思主义只是"在个别问题上有新的提法"。[①]不久,由于康生点名,雷先生被全国点名批判并被错划为"右派分子",被剥夺了学术研究的自由和走上讲台的权利。不少人都因雷海宗先生的"问题"受到连累,我因之受到的批判也相当激烈。

1958 年后,精神与生活双重压力下的雷海宗先生,健康迅速恶化,患上慢性肾脏炎。在病中,雷先生还坚持译出了斯宾格勒(Oswald Spengler)名著《西方的没落》一书的重要章节。1962 年初,摘掉"右派"帽子的雷海宗先生,抱病重上讲台,讲授外国史学名著选读、外国史学史两门课程。他上最后一堂课时,是被学生用三轮车送到教室的。1962 年 12 月 25 日,雷海宗先生因尿毒症和心力衰竭撒手西去。中共天津市委统战部批准历史系为其召开追悼会,由我致了悼词。这一举动,后来又受到一些"左派"先生的无情批判。

光阴荏苒,半个世纪过去了。中国社会在曲折与困难中发生了巨变,当年热血青年的我,在学术之路上行走了 50 个春秋,已近米寿。然而任时间推移,与雷先生相处十载的日子,依然清晰地留在我的记忆深处,仿佛就发生在昨天一样。海内外的一些学者,愈来愈重视雷海宗先生的学术思想。雷先生"声音如雷、学问似海、史学之宗"的美称,至今仍为史学界所津津乐道。

---

① 《天津的教授们关于"百家争鸣"的看法》,《人民日报》,1957 年 4 月 22 日。

二

关于战国策派思潮及其评价问题,以往多持否定态度,视其为"反动的鼓吹法西斯主义的思潮"。近年来,一些学者对这种定位提出了质疑,江沛是持新说者之一。

从硕士直至博士阶段,我一直是江沛同志的导师。1998 年秋,正攻读博士学位的他,在与我谈到想以战国策派思潮作为博士论文题目时,我明确地告诉他,这是一个难度相当大的问题,不仅是由于中国现代思想史的问题特别复杂,而且还由于它与现实社会密切相关。然而,颇有个性的他,赴重庆、南京翻检完资料后,向我提交了一份论述充分的提纲,坚持选择这个题目。我尊重了他的选择。当时,除了一丝担心外,我也对他的勇气感到高兴。

这是一篇"小题大做"的博士论文,一个去伪存真的工作,一个需要胆量与功底的探索。

抗战时期的战国策派思潮,在当时具有相当的学术影响。如何历史地看待它的产生与影响,以什么作为评判它的标准,如何在抗战时期的政治纷扰中把握这一思潮的学术意义,这三个问题是研究这一课题的核心。在这些问题认识上迥异,可以使人对战国策派思潮产生截然不同的理解。

由于当时的政治、文化、情感等因素的困扰,史家对史料的解读,史学理论的阐释,都会产生极大差异。仁者见仁,智者见智。随着时代与环境的变迁,用新视角去考察,又会出现新的论述。对战国策派思潮的重新评价,就是一个突出的例证。

三

江沛的这篇博士论文,是在大量占有相关资料、以新的思考解读史料的基础上完成的。在经费极其紧张和教学任务较重的情况下,江沛先后赴重庆、南京、北京收集资料,请友人帮助查阅有关档案。之后,他苦读史料达一年之久,最后不得不延期毕业。在文末,读者可以看到,他把从各地收集到的战国策派思潮相关论著,特别是战国策派学人的著述目录列出，这一附录，可以说涵盖了有关这一题目的绝大多数资料，具有重要的学术价值。单从资料收集与解读上看，他具备了高质量完成这一题目研究的基本条件。

江沛对于战国策派思潮的研究，是从把握战国策派思潮的文化传统进入的，这样做，既是出于从近代中国中西文化冲突、融合的历史背景下观照战国策派思潮的考虑，也是衡量战国策派思潮文化价值的关键所在。

我个人认为，将战国策派视为近代中国"尚力"思潮的延续，是符合逻辑意义的。无论是对尼采的肯定、对国民性的改造，还是对中国政治传统的抨击，林同济、雷海宗、陈铨、何永佶等人与20世纪初期的严复、康有为、梁启超、蔡锷和新文化运动时期的鲁迅、吴虞、李大钊、郭沫若等人，在思想上如出一脉。这一思潮的主线，是对近代中国积贫积弱的改造意识，其敏感，其偏激，其深刻，如出一辙。抓住这一线索，实际上也就是从一个侧面观照着近代中国流行于知识分子中的激进主义与自由主义思潮，也从一个侧面观照了近代中国救亡与启蒙双重变奏下的社会现实。

雷海宗、林同济、陈铨、何永佶等人，均出生于20世纪初年，"天下为公"的传统士大夫观念仍是他们思想的根基。在青年时代，其思想意识的形成，恰好是在新文化运动风起云涌之际。陈铨的回忆，印证了近代以来"尚力"思潮对他们这一代人思想的时刻影响。带着这种观念，他们远赴欧美国家留学深造，救亡与启蒙的思想触角与风行一时的尼采思想、斯宾格勒学说间，产生了一个有机的契合点。他们自然地将之视为治疗近代中国意识病症的良方。公平地讲，这种选择中理性的成分多，学术的成分多，现实的影响也大。

带着几乎相同的思想意识，他们在20年代末30年代初相继回国。林同济、雷海宗试图以尼采的思想与斯宾格勒的学说，建立一个解释近代中国文化生存环境与未来出路的理论框架。在这里，他们有一个重要的观点值得重视，即任何一种文化都有初起——发展——衰弱——灭亡的过程，因种种原因，不同的文化，这一演变过程长短不一。而任何一种文化，必须要由外来文化因子的融入方可重新焕发新生，进入第二个周期的演变。从他们所遵循的"文化形态史观"推论，中国文化已经历了两个周期，第二周期的末期由鸦片战争起，至全面抗战开始止。中国文化的第三周期，将在第二次世界大战中列强纷争的"战国时代"中展开。在他们看来，要想挽救中华民族的危机,使中国文化顺利转入第三周期的发展,吸收西方文化的精髓,改造自然经济状态和半殖民状态下的积贫积弱的国民性,是当务之急。随着一系列文章的发表,他们在国内学界产生了相当的影响。

今天,我们或许会对"文化形态史观"有这样那样的理解与批判,但与当时流行的世界史观相比,"文化形态史观"具有不分文化优劣、注重文化演变共时态、反种族主义和反特定文化本位主义的普世人文主义价值。在对历史发展的认识上,它主张各文明发展具有共时态,否定超文化的全人类社会发展"阶段性";强调任何一种文化在由生至衰的过程中吸收外来文明因子得以重生的重要性;这些都是我们今天在文化发展中值得注意的观点。林同济与雷海宗根据这一学说分析中国文化与世界文化,在40年代初即准确地预测到第二次世界大战后美苏两极争霸世界的政治格局,也勾画出了欧洲国家走向大一统的前景。其理论中的合理成分是值得我们认真汲取的。

近代中国知识分子的救亡之策,多是由人文学者提出的,或许是知识结构的缘故,他们的思维方式,不自觉地重视文化改造而忽视对发展现代经济和科学技术作用的认识。文化改造不能说不重要,然仅靠文化改造,中国社会的变革仍然只能停留在知识分子的象牙之塔中,缺乏大多数民众的意识认同,就不可能产生天翻地覆的效果。如马克思所言,正是世界资本主义经济的发展,迫使着近代中国无法单独停留在这一体系之外,这才是近代中国社会演变的根本推动作用,政党政治也好,文化改造也好,民族资本发展也好,都是这一深刻背景推动下的表面特征。看不到这一点,改造中国文化的设想,仍然容易进入歧路。魏源、林则徐、康有为、梁启超、鲁迅等莫不如此。在这一点上,战国策派学人同样不足。江沛提出的这一认识,是极有价值的,是值得思考的历史经验之一。

如何在抗战时期的政治纷扰中认识战国策派思潮的现实意义,也是这一研究中的核心问题。

以往,由于战国策派思潮在抗战时期倡导的"抗战第一""民族第一"等口号,主张全国力量统一在国民政府领导下的抗战要求,在形式上与国民党的政治宣传相似,一些批评家遂将其纳入了国民党的文化体系。的确,雷海宗当时是国民党云南省党部的委员,陈铨有从西南联大转入中央政治学校的经历,沈从文、何永佶的自由主义思想特征,使人们从形式到客观上都极难分清其性质。从政治分野的角度看,对战国策派思潮产生种种看法,在当时形势下是很自然的。

然而问题是,战国策派思潮是不是一种纯粹的政治思潮?他们有否主张法西斯主义?他们的政治主张能否与其学术思想相提并论?什么是衡量一种思潮的标准?在任何人都无法摆脱民族主义情结的当时与今天,回答这些问题不是很难,却不容易讲清楚。这是研究战国策派思潮最大的难度所在。

江沛认为,从本质上讲,战国策派思潮是一种文化思潮;他们是以一整套的文化理论解释世界与中国的,尽管他们的观点受近代中国社会现实影响较大,特别是对抗战时期中国现实发表了不少的言论,但作为文化思潮的成分相对多些,作为政治思潮的成分相对少些。即使对他们有关现实的观点进行分析,也应该有一个相对稳定的准则。他认为,抗战时期中华民族及中国文化的生存与救亡,是衡量当时一切有关现实思考的标准。只有在这一前提下,才有一个讨论、分析的共同基础。

战国策派思潮有关现实的观点主要集中在抗战救亡与抨击传统官僚政治上,在这一点上,战国策派学人中认识是不尽相同的。

毋庸讳言的是,战国策派学人在演讲与文章中,多次提出要集中全国一切力量抗击日本侵略,希望全国民众能在国民政府的领导下,以全部的力量保卫自己的家园。江沛称,他翻检了能找到的所有资料,没有看到战国策派学人中有人明确提出要中国共产党服从全国抗日大局,以国民政府为领导。其言外之意不言自明。

以外族侵略为理由,要求所有的组织或个人,服从国家政权,全力御侮,在民族主义时代无可厚非。但如果面对着的是一个不代表民意的反动权力,其他组织与个人将如何在专制与外侮间做出选择呢?严格而言,没有人会讲全面抗战时期的国民党政权,已被全国民众所抛弃,这不符合历史的真实。抗战后期的国民党政权,出现了日渐腐败的明显征兆,是不争的事实,国统区日益激烈的批评,便是明证。战国策派学人显然也看到了这一点,他们一方面希望全国力量在战时政府领导下集中抗战,一方面从批判中国官僚政治传统入手,希望国民党政权能引入西方的民主政体,并在战后由专制政体主动转入民主政体,以维护国家和民众利益。在这里,江沛提出一个非常有意思的观点。他认为,战国策派学人充分表现了他们在欧风美雨熏陶下的现代意识,既要集中力量抵御外侮,又要为民主政治的实施留下突破口,先集权抗战后发展民主政治。他指出,战国策派学人们的书生意气也是非常明显的,错误就在于把抗战与政治民主的进程人为分离。在如何保证既得政治利益者能够愿意并且主动将集权体制向民主政治转化的关键问题上,战国策派学人语焉不详。历史证明,没有有效的机制保证,这种转化是非常困难的。他认为,从这个意义上讲,战国策派学人在对现实政治认识上的一厢情愿令人扼腕,但从他们维护谁的立场上去认识,似乎又走到了另一个极端。知识分子就是知识分子,他们的思想,只能以知识分子的特性而不是政客的心态来理解,不能硬性地将之与国共两党的斗争相联系。

历史已进入了 21 世纪。在新的世纪,学者们有理由也有条件对 20 世纪的历史做出更客观的评价,学术的争鸣必然更为活跃。我相信,江沛这部书稿中的相关观点,总可以作为一家之言吧!

拉拉杂杂谈了这么多,既是读后感,又是个人一些粗浅想法。究竟应该如何评价战国策派思潮,读者自有认识。

是为序。

原载江沛:《战国策派思潮研究》,天津人民出版社,2001 年

《抗日战争时期文化思潮研究》序

王同起教授不骛浮名，孜孜矻矻，在中国共产党党史和中国现代史领域研究中取得显著的成绩。现在，他的《抗日战争时期文化思潮研究》即将出版，这是他在南开大学取得博士学位的论文。

我认识作者多年。1992年他到南开大学做访问学者，跟随我学习一年，以后又考取了我的博士，攻读博士研究生。我们常在一起切磋琢磨，无拘无束地探讨各种学术问题。

要完成一部好的作品，必须在知识上下功夫，积极吸取前人的精华，开拓自己的思想，努力提高自身文字修养，同起君运用自己的智慧，在以上诸方面均很出色。

这部书在理论创新方面，提出一个比较新颖的观点——社会结构四元论，论述了文化与文化思潮、文化力与社会结构的关系，首次提出在人类社会中四元运行的社会结构理论，即生产力、生产关系、文化力、政治关系互相影响推动社会不断向前发展，从而凸显出文化在社会历史中的作用，表现出对该课题综合研究的深层思考。作为一名研究者能够突破思维模式，提出一种创新思想，是非常可贵的。目前，他正在围绕这一理论撰写专著，希望能够早日问世。

这本书在内容方面的创新之处还在于：通过对近代中日两国文化状况和相互交流的比较，尽可能系统地阐发中国抗战文化勃兴的原因、趋向及其发展；通过对抗日战争时期各种文化思潮的综合分析，分别阐述了这一时期文化思潮的特点：1.多元并存；2.中国化趋向；3.现实主义道路；4.工农兵大众文艺的形成等。

作者认为，抗日战争的参与者相当普遍，发生的地域非常广泛，再加上国共两党分别领导，遂使抗日战争时期的文化形成多元并存的现象。主要划分为重庆、桂林、延安、上海四大中心，尤以重庆和延安更具代表性。每个中心各有特点,且均在抗战文化发展中发挥了各自的作用。

"五四"以来,日本步步紧逼,中华民族危机严重。在举国救亡的旗帜下,民族文化波澜壮阔,得到极大的张扬。抗日战争时期的文化具有鲜明的民族化情结,成为这一时期文化发展的突出特色。作者比较了民族化与中国化的内涵,剖析了围绕民族化展开的争论,肯定了中国共产党对中国化文化建设的贡献。

现实主义是中国新文学运动的一种文化思潮,到抗日战争时期发展为文化创作的主要倾向。从初期的"前线主义"发展到"暴露与讽刺",最后汇聚成反对国民党专制的文化洪流,大都表现为争取民主的活动。该书批判和揭露了"三民主义文学"及其在所谓"民族文学"掩盖下的文化专制,剖析了抗日战争时期文化产生民主化倾向的主要原因和时代特点,讴歌了文化界爱国人士反对专制、争取民主的斗争。

文艺大众化也是中国近代文化发展的历史必然。以前中国文化的通俗化与大众化,最高的境界莫过于供大众鉴赏和教育感化大众。唯抗日战争时期的文化大众化出现了"转变立场,站到人民群众方面来,向社会实践学习,为工农大众服务"的质的飞跃,并由此产生了解放区的工农兵大众文学,直接影响到以后中国文化的发展。

该书最后集中论述了抗日战争时期文化思潮的作用与历史地位。从时代作用看,它在抗日战争中发挥了唤醒民族之魂,发动民众救亡;阐扬正义,抑制邪恶;促进交流,团结抗战的功效,不仅促进了抗日民族统一战线的巩固,也对世界反法西斯文化的交流做出了一定的贡献,从历史地位看,它又是中国近现代文化的汇聚与分流的转折点。抗日战争初期实现了各文化派别的空前团结,后期又造成中国文化的对峙与分流,一直影响到现在的文化格局。

作者实事求是地评述了新中国成立以来中国文化在大陆上的曲折发展,进而指出随着经济改革的深入,新时期的文化建设愈趋重要。从某种意义上讲,抗日战争时期的文化思潮规划了中国文化发展的方向,也为21世纪中国的文化建设铺平了道路。

这是一部学术著作,且可读性较强。读者可以从这里得到爱国的思想感情,认识到思想文化在社会发展中的力量。我期望更多的学者对这一课题有更多的探索,使我们民族的灿烂文化更加丰富多彩。

原载王同起:《抗日战争时期文化思潮研究》,天津社会科学院出版社,2002年

《山西抗战口述史》序

　　一个民族总需要继承自己的文化,珍惜自己的过去。从历史文化的发展来看,她是整个民族谁能赢得天下维护天下、谁能发展的一个很重要的链条。每一个民族每一个国家都应该正视自己的历史文化。我们的民族灾难深重,更应该珍惜我们的过去,开创我们的未来。山西抗战是中国近现代史上很重要的一段。下面从三个方面谈谈我对太行道路与太行精神的一些看法。

一、八路军进入山西以后怎么样唤醒民众

　　抗日战争开始后,八路军进入山西,使中国的战局、中国的历史发生了巨大变化。

　　太行山本来是一个很封闭的地方。如果我们翻翻 1937 年以前的县志,你就会发现:山西这个地方地瘠民穷,山高林密,人们过着男耕女织的生活,和外界相当的隔绝。严重到什么程度呢?抗日战争开始后,山区的很多人不知道卢沟桥发生了战争,有的人到山外去,才知道卢沟桥有战争了。房山、宛平、涞水、涞源交界的野三坡几十个村子,从明代一直到 1929 年,不知道外界的变化,还是明朝的遗风遗俗,人们穿的是明朝时代的衣服,梳的是明代的发髻。在易县的杨家台,几十年也没有行政管理人员进去过。所以,我们说太行山是一个比较封闭的或者说是相当封闭的小农社会,共产党八路军到了太行山以后,太行山地区的历史就开始了变化。我想呢,开始由静止的变成为动态的非常活跃的地区, 由半封建半殖民地的社会逐步演变成新民主主义的社会,由一个不发达的社会逐步演变成一个发展的社会,由一个落后地区变成当时先进的地区。怎么会形成这么一个状况呢?就是因为八路军是中华民族的精华,是很有力量的,很有坚强信念的,懂得如何去唤醒民众,组织民众,每到一个地区开大会,就敲着锣鼓,宣传抗日的民族意识。

20世纪60年代西方学者讨论，为什么共产党能得到农民的拥护？有各种各样的解释。有的说因为民族战争的关系；有的以道德经济来说明，有的说日军侵华以后民众很消沉，各种各样的解释，讨论得非常热闹。那个时候因为我们比较封闭，国内学者也没有参与讨论。现在我们回头看一看我们过去的历史，是非常有意思的。因为共产党的基础是人民群众。

我也曾经采访过当时处于华北前线的农民，问华北的农民为什么很快起来跟着共产党走？他们说东北沦陷以后，东北就是榜样，不能做亡国奴啊！一个民族必须自强自立。共产党用自己的行动影响了群众。抗战开始以后，共产党走过的地方，民众的思想都变了，民众的希望不再是发财，那时墙上的标语写着"还我河山""为民族解放奋斗到底"。人们改变了！

共产党每到一个地方，就把各个阶层、各个阶级的人民都组织起来，工人、农民、青年、儿童等，这个关系太大了，过去的人们都是一家一户，各不相干，一个村庄的人矛盾也很多，对立的很多。组织起来以后，打破了封建隔阂，人和人之间就有了最大最多最近的接触，产生特殊的团结。共产党八路军每到一个地方就是发动群众，共产党的民运干部到各地去组织群众，开大会，讲抗日，讲战略。八路军每天晚上也学习中日关系史，提高和培养民族的坚强意识，军民共进，这就使整个地区的面貌发生改变。所以，八路军建立了晋察冀、晋冀鲁豫、晋绥几大根据地以后，整个太行山历史发展的进程就有了方向。过去几千年几百年也没有这样的情况啊！过去人们都不知道该怎样走，现在知道他们的路怎么走了，这功劳是多大呀！

唤醒民众是非常重要的事，在此以前已喊了多少年，但是在国民党统治区基本没有实现。抗战开始以后，华北各地很快就沦陷了。八路军来了情况就变了，历史发生了大转折，"八路军"的名字是在山西响亮起来的。在八路军正规军没有进入山西之前，周恩来在各地做了很多调查，通过和国民党各方面进行接触，他写报告给中央和毛泽东，毛泽东同意了周恩来的建议，三大主力部队进入山西，很顺利地完成了部署。历史是这样发展起来的。

二、八路军实行边打边建方针

太行山根据地建立以后，战争不曾间断过。这种战争和世界上其他战争不一样，阵地和敌人是犬牙交错的，而敌人是最强大的，世界的一号敌人哪！

八路军和当时在山西的国民党军队,你面对这样强大的敌人,阵地战是不行的,你只能用游击战,游击战是天天在发生。国外学者不理解这个游击战,不知道不理解游击战在一个弱的国家对抗强的国家所产生的作用。

有人说共产党就打了一个反九路围攻、百团大战,这是他不了解游击战本身的作用,他不了解形势。我们的游击战为什么一支部队今天在这个地方明天在另外一个地方出现?因为它没有固定的地方。战争是非常残酷的。总得死人哪,危机随时在发生,要减少伤亡,就应避实就虚,找敌人的弱点去打。共产党人和八路军,他们的信念是置生死于度外,不怕牺牲哪!一不怕苦,二不怕死,所以你们看看斯诺的《西行漫记》里面有一个很有意思的事情,他在河南郑州一带遇见一个姓刘的同志,姓刘的穿着破烂的西装,身无分文。临别的时候,斯诺就问:我们什么时候还能见面?这位同志说:"我那时一定是死了,我们中的大部分都一定会在这次战争中死去的。"斯诺想,共产党八路军原来是这样的:为了民族解放,根本不考虑个人的安危。斯诺深为感动,认为这"反映出中国一种完全新的哲学。"韦尔斯认为这是"死的艺术"。一位美国军官卡尔逊到华北来学习考察,赞扬八路军"是世界上的一个新支柱"。太行山是敌后的一盏明灯,是座灯塔。

共产党是在没有后方、没有供给、没有薪饷、没有武器的情况下打击敌人。没有枪没有炮的怎么办?敌人给我们造啊!共产党到这个地区后跟群众融合在了一起。造一颗手榴弹需要三五块钱,如果一个人每天扔一颗手榴弹,一个月需要大约150块钱,一粒子弹要七八毛钱。共产党八路军的武器从哪儿来?缴获敌人的,自己也制造。抗战时期军工发展非常迅速,当时华北各大城市,北京、天津、太原等地,有很多知识分子都来了。太原兵工厂的3000多名职工,也回到了太行山周围。我们有科学家,我们有技工,有生产基地,可以自己生产。

日本最初对八路军很不理解。20世纪80年代一些日本朋友常常问,说日本军队机械化那么厉害,太行根据地为什么还能存在? 我说:日军到了中国的土地上,就是所有中国人民的敌人。日军的机械化在太行山是很难发挥作用的,日军进入太行山爬山是很难爬过八路军的,经过长征的红军一天能走160里路,那是从长征过来的。日军能走多少?八路军有这个锻炼啊,有这样的经验哪!

到1942年底,日本在华北整个地区修的碉堡是7700多座,修的封锁沟长达 11800 多公里,那就是说二三里路就有一个碉堡,封锁沟长度等于万里长城的 6 倍,这么长的封锁线,这么多的碉堡,你说根据地怎么存在呀,共产党怎么存在呀？就这样,共产党还是在太行山存在着。最严重的时候,几乎所有地方都失掉了,整个晋冀鲁豫、晋察冀根据地在 1942 年都失去了,有的原来的一个县就剩了一个村子,共产党还是在太行山里边坚持抗日。1942 年刘伯承住地被敌人包围,刘帅要突破敌人包围圈,向黎城这边行军。走了一夜,没有水喝,有记载说:刘帅的警卫员就从羊粪坑里舀了水给刘帅喝。杨秀峰的夫人渴得没办法,喝了他三岁小孩的尿,还渴,让小孩再尿,小孩说:"妈妈,我没尿了。"非常艰难呀！可最后还是突围了。你消灭不掉我这支部队,我就继续和你去打。平常在这个状态下,一般来讲人民起来是很困难的,但是在太行山地区,因为有八路军的存在,因为有坚强的信念,为了民族生存和解放而斗争,这就不一样了,就把群众组织起来了。战争是很残酷的,危难随时发生,只要有不怕牺牲的精神,有坚忍不拔的意志,你就可以继续活动,继续战斗。

八路军是一边打仗,一边建设。就在太行山这个地区,在战争最残酷的进行中,稍微有点机会,就搞农业,有了粮食就有了一切。军队都搞生产。那时候开荒造田,植树造林,开始改革农业。我们能想象出,在敌人后方的四面包围中,当时把西红柿引了进来,1940 年西红柿还是很少的,引进来以后就投入生产了。金皇后(玉米)也引进来了,美国的金皇后产量高,高于当地玉米的两到三倍。还从美国引进南瓜,引进莴苣,从日本引进萝卜,当时南瓜的产量一个可以达到二三十斤。中国共产党是先进的政党,通过先进的技术,把各个方面先进的科技引进来,把老农的经验与科学结合起来,把科学和实际结合起来,这样就使得这个地区的生产可以继续得到发展。太行山的玉米品种一共有二百多种,把最好的品种进行推广,让人们都接受啊。太行山物产很多,核桃、花椒、柿子等这些东西,如果敌人封锁,我们根据地的老百姓就没吃的,老百姓是靠自己往外推销产品然后换回麦子吃。

当时敌人形成强大的包围,我们的经济政策很好,对内自由,对外控制,对集市也一样。集市里有个消息树,日军扫荡来了消息树就倒了,集市里的人们就赶紧散开了,那些牲口也没有声音,一点声音也没有,很有秩序地跟着人跑。战争时的情况现在你不可以想象。敌后根据地跟敌人做贸易,把东西运出去,然后从敌占区里买回自己需要的东西,那时也做敌人的生意,和敌人买卖东西呀,旧商人懂得做生意该怎么做。战争年代发生的很多事情,现在人难以想象。共产党有很多专家,有很多有名的政治家、军事家,一些科学家这时都集中在太行山区,太行山本身有很多资源,所以在战争中已开采了很多铁矿、煤矿。共产党强调科学,强调科技,这个地区一切都变化了。太行山根据地就是边打边建设。

三、共产党怎么创造一个新的政治模式

太行山根据地建立了,那就要建立一个新型的政权机构,新型的政治模式,这个很重要。新的政权机构是三三制,把各种爱国力量都包括进去。太行山当时就实行了普选, 把每个村庄都变成坚强的堡垒。发扬民主是很重要的,通过民主选举产生了政权。

那时候人们的观念有了很大改变,想的就是抗日和生产,衡量一个人的标准,就是抗战和生产。道德标准改变了,人的观念也改变了。过去有的同志讲抗日救亡压倒了民主,根据地的状况不是这样。当时的选举,就是民主政治的实施。村财政是公开的,收入支出公开,公布财政,1939 年、1940 年、1941 年,选举时是真正在竞选的场所里公布财政,已经选出来的,群众认为不合适可以罢免。那时候 100 户以下的村是小村,大村 200 多户,实行交租减租,一切要按科学办事。当时也在提倡民主,政权机构经过层层选举。通过各种活动,公民的意识提高了,他们的爱国思想和选举结合起来了。公民是不是履行了自己的职责,如果没有履行自己的职责,上级就要派人考察,县、区、村政权是不是廉洁的? 不廉洁就会被罢免的啊! 当时根据地很多人都是把自己家的财产变卖了,去参加革命工作了。这样的人民有这样的牺牲精神哪!

一般按规律来讲,政治和民主的发展先于经济和文化的发展,就会发展得好;如果政治上长期落后于经济的发展,问题也就来了。共产党就说我政治上进步,存在了,然后继续发展我的经济和文化,经济和文化的影响非常重要。很多革命歌曲,如《黄河大合唱》《太行山上》,很多新编的剧种和秧歌,都在教育鼓舞着人们。当时农村冬学很普遍,太行山的人民不仅知道本村本县本地的事情,还知道国家的事,民族的事,太平洋的事也知道。过去哪一个时代有这样的做法? 所以外国学者说共产党这样地把群众组织起来是他们从未看到过的, 别的地方是没有的。人们的观念总是随着历史而发生了变化,落后的东西总是要逐步从历史的发展中淘汰,这是历史证明了的!

有了坚定的信念,任何困难都可克服。1942年,由于日军的掠夺和旱灾的降临,太行山地区人民生活遇到极大困难,繁峙县敌首席参事士井三郎说:饿死一百个中国人也不能让一个日本人饿死。那时候老百姓吃什么?吃树皮、草根、野菜,可是你还得给日本交粮食呀!这更教育了人民,更坚强地抗日。八路军和太行人民共度艰难,发扬民族精神,采取一切手段,打击敌人,和敌人展开了尖锐的粮食战,共产党用自己的实际行动,让农民跟着共产党走。

有了华北根据地,建立了太行山根据地,我们中华民族的基础就建立了,就有了强大的基础了。中国共产党坚持了敌后太行山根据地,华北始终是中国的,广大的人民群众是爱国的。襄垣的一位绅士讲:我生是中国人,死也是中国的鬼!我们的民族气概就到了这种程度,就是决心和日本人拼到底。所以日本的损失也很大。抗日战争结束时,清华大学成了日本的伤兵医院,有一千多伤病员,1942年他们还在北平祭奠在华北屠杀过中国人民最终被八路军击毙的幽灵。

我们走延安的道路,走太行山道路,发扬太行精神,这精神就是脚踏实地,艰苦奋斗,肩负民族的希望,开辟中国革命的道路,使中华民族自重自强,立于世界之林。一个统一的一致的坚强的民族意识,对任何一个国家都是重要的。太行山精神已成为我们民族优秀文化传统的组成部分,我们要不断地总结太行山精神,使我们的民族文化会更有生命力。

山西的同志得天独厚,已出版了大量的书籍,宣扬抗战精神。最近山西省社会科学院历史研究所又完成了《山西抗战口述史》这一工程。研究山西抗战史,必然使我们民族文化放出更巨大的光芒。这是我在6月22日太原举办"抗日根据地与太行精神"研讨会上的发言,谨以此稿为《山西抗战口述史》代序。

原载张成德、孙丽萍主编:《山西抗战口述史》,山西人民出版社,2005年

《日本占领期间山西社会经济损失的调查研究》序

　　20世纪发生的中日战争史,是研究不完的课题。近年来,中外学者,包括日本正直的学者,已公布和撰写了大量的文献和著作,有历史文献,有调查报告,有口述历史,有专题论述,有回忆录,有影像图片等,从各个角度和层面,对日本侵华的罪行,进行了揭露和批判。历史就是历史,是客观存在。已发生的事情是不会消失的,是永远留在历史的记忆中的。日本一些政客及一些学人,总想抹掉日本的侵略史,以歪曲或否认的态度对抗历史。这就激起了亚洲,特别是中韩两国人民的愤怒。经过那个时代的人,或是当事者,或是目睹历史的见证人,愤而说出了历史的真相,激起了生于那个时代以后的学者,将研究视线集中于抗日战争史这一领域,搜索资料,探寻真理。结果,尘封的文献又见日光,许多老人蕴藏于心中的记忆又鲜活了。中日战争时期的历史研究,越来越广泛、深入,许多历史细节都呈现出来。山西大学岳谦厚新作《日本占领期间山西社会经济损失的调查研究》,就从一个新的视角,就一个省的区域,阐述了日军侵华所造成的沉重灾难。

　　岳谦厚教授对近现代史的研究,特别是对中日战争时期历史的研究有一种执着的精神,他不懈地加强自我建设,丰富自己的知识,强化自己的研究。近年来,他先后撰写了《黄土·革命与日本入侵——20世纪三四十年代的晋西北农村社会》(与张玮合著,书海出版社,2005年)、《战时日军对山西社会生态之破坏》(社会科学文献出版社,2008年)、《20世纪三四十年代的晋陕农村社会——以张闻天晋陕农村调查资料为中心的研究》(与张玮合著,中国社会科学出版社,2010年)、《顾维钧与抗日外交》(河北人民出版社,1998年)、《民国史纪事本末·抗日战争时期》(辽宁人民出版社,1999年)、《华北抗日战争史》(山西人民出版社,2005年) 等数部颇有分量的著作,发表了数十篇有关抗战史的论文,无论社会影响还是学术反响都很好。

　　这部新著近40万字,全文构思全面、主旨凝练。第一章对战前山西社会经济环境、工矿业、铁路与公路交通、邮政网络与电信事业、农林牧副渔业、商业与市场网络等各个方面进行了详尽叙述，以与遭受日军入侵后的社会生态面貌相比照，使读者对山西抗战受损状况形成一种基本的历史图像并据此做出自己的理性认知和价值判断。第二、三、四、五章分别详细考察了日军对山西农业资源(包括土地、粮食、棉产等)、工矿业和交通电讯业及财政金融、人口资源、文化教育资源等的掠夺过程与破坏程度。在这些论题的研究中，作者从日本的掠夺计划、掠夺政策、掠夺机构、掠夺手段、掠夺数量以及这些资源遭受的破坏程度，乃至这种野蛮的掠夺与破坏对山西社会发展的应时性和历时性影响进行了全面的实证研究及理论分析。第六章则就日军对山西民众身心环境的侵害程度进行了细致的描述和分析，如"三光作战""细菌战""毒气战"下山西民众身心受损情形、鸦片政策对山西民众及社会肌体的损害状况、"慰安妇"的人生际遇和身心伤害程度等。结语部分则从宏观意义上对山西整个抗战损失进行了综合性评估或概括。这种全面、精细和深度研究展现了该作丰满的面相。

为写作本书，作者用了9年多时间深入各地档案馆、图书馆或研究机构收集整理了中国第二历史档案馆、山西省及其所属各县市档案馆大量馆藏历史档案，以及各种已刊印出版的中外档案资料选编、研究著作、地方志书、报刊杂志，并数十次到全省各地进行田野考察和调查探访那些经历过战争的老人，力图使自己的研究建立在准确而丰富的史实之上。作者在论及日军入侵对民众身心环境侵害等论题时，还采用了为越来越多学者所重视的诸如歌谣等这些曾经被中国传统史学鄙视和认为"不可靠""不能登大雅之堂"的文学或口传资料。

真实是历史学的根本质性，史学失去真实就等于自断生命。故人们宁愿忍受史学的枯燥乏味而不能更不愿原谅它的失真。也就是说，在掌握可靠丰富的史料后如何解读或分析这些史料则要看研究者的态度和行为取向了，包括他是否具有科学的精神，是否能够完全抛开意识或观念形态方面的拘束，等等。德国历史学家兰克曾言，"事情是怎样发生的，历史学家就怎样叙述"，即史学家的任务就是据事直书。面对浩繁的史料，作者的处理态度无疑是相当谨慎和严肃的。仅以一例为据，该著涉及的一个重要方面就是对各种损失进行数量统计，而这些数据又散见于各种史料，如何使之浮出"史"面则是一项非常繁杂的工作。但作者以其敏锐的眼光，下了足够的功夫和耐心，对收集到的数据进行认真查核、比对、鉴别、筛选、解读,辑成各类数据表数十个并做了详细分析。这些虽似枯燥的数字却更显历史真实,折射出作者处理资料的内在功力。

社会是一个多元的、有机联系的综合的"系统",作者以此为切入点全面考察了抗战时期山西社会经济受损的基本景况,以及日本发动的规模巨大的集政治、经济、军事和文化为一体的"总力战"对山西社会经济"系统"所造成的冲击和震荡。通过这样的研究,可以尽可能地避免将各种因素割裂而单一进行分析所造成的偏颇之嫌。正是基于这样的研究视角,作者对山西社会经济"系统"中各元素受损情形均进行了综合考量。如在考察战时山西人口资源所遭受的掠夺与破坏时并非仅就人口谈人口,而是结合日军对工矿业、农业、商业、文化教育等方面的掠夺与破坏以及对民众身心侵害等进行综合考察,深入分析各种元素受损对人口资源的应时性与历时性影响;反过来,亦考证了人口资源的受损对整个"系统"中其他元素的相应影响,对人口资源受损情形给以准确估量。运用这种模式能更深刻地揭示战争与生态、战争与经济、战争与人口、战争与民生、战争与发展、战争与文明以及各种相关因素之间的互动关系,并增进了读者对战争给社会发展带来的深远影响的全面理解。

中日战争给中国社会经济发展所造成的隐性和久远性影响或者说间接的隐形性的损失,是难以估量的。实际的状况是,中国各种资源在日军侵华期间所遭受的损失和破坏不仅对战时社会发展造成极大拘束,而且亦增加了战后恢复与重建的困难。以人口资源为例,早在1944年学者陈定国就撰文分析了战时人口受损对战后人口复元的影响。他指出,战时"青年壮丁之减少,影响于二三十年内人口增加的数量及性比率的失调。而幼年人口的丧失,其影响更为长久,至少在六七十年内,中国人口不会复元,再进一步的下一代人口,亦无形受其限制"。人口如此,其他资源亦然。因而,要想真正彻底清算战时中国各种损失,就须既重视其直接的或显性的部分又不可忽视其间接的或隐性的部分,后者或许更有助于人们对战争的思考。该著以此为主旨,不再拘束于从表层上描述日军侵华暴行,而是通过大量数据的统计及量化分析从深层上挖掘战争直接损失、战争间接损失、战争对当时乃至社会发展的隐性和历时性影响,这样使人们能够更深刻地对那场战争进行检讨与反思。

在历史学的研究中,宏观的论述和微观的探讨是相辅相成的。只要微观的问题研究透彻明了,宏观问题就有了准确判断和科学评价的依据;否则,只能是不断地"克隆"旧话、空话甚至假话,无论如何都生产不出真实、宏观、全面和科学的中华民族抗战史。岳谦厚教授这种微观的研究是具有很高价值的。他选取山西这样一个战时受损严重的省份作为研究对象并就其所属各县乃至村的受损情形进行了全面、翔实、深入的描述与分析,真实地再现了抗战时期山西所遭受的巨大损失及灾难后果。

岳谦厚教授已走出了自己研究近现代史的路子。历史问题只有通过历史研究才能获得答案。中日两国以往遗留的问题多多,实证性的研究是一种好方法,中外学者携手共进,可以重创谎言者,缩小或使其失去传播的市场。这是可以肯定的。

原载岳谦厚等:《日本占领期间山西社会经济损失的调查研究》,高教出版社,2010 年

《苦痛的记忆——中条山战役难民口述史实录》序

　　杨君圣清,中共中央党校教授,余之挚友,近年多瞩目抗日时期中条山战争,研究颇有所获,得到学界赞许。近又与其同乡好友,走访中条山难民之方方面面,撰成《苦痛的记忆——中条战役难民口史述实录》征求意见稿,命余在该书出版前讲几句话,读之,令人惊心动魄,真个是字字血,句句泪。

　　1941年是中日全面战争的第五个年头,日军全力以其最毒辣手段灭华亡华,国家处于最危难时期。国民党政府执政者蒋介石及其幕僚仍坚持"今日本党的敌人不是日本帝国主义,共产党才是心腹大患",背叛国共合作共同御侮之诺言,认敌为友,以友为敌,置"两党之争是主义之争,中日之争是国家存亡之事"这一基本道理于脑后,以一切手段消灭、削弱抗日力量。在华南制造了皖南事变,在华北不断制造摩擦,在西北从1938年起就以大军包围了陕甘宁边区。

　　日军大举进攻中条山时,国民党方面不仅不增强该地实力,反而削弱该地守军。当时防卫中条山者有陕军、中央军(卫立煌部)、滇军(曾万钟第三军,实已中央军化)、晋军和豫军等。陕军由平民河防开往中条山的新编27师,原属杨虎城警备一旅,已数次与日军遭遇,均取得胜利。新任之中央军指挥官按照胡宗南旨意,撤掉一批能征善战之中下级军官,安插于要职者为黄埔七分校刚毕业之年轻军官。先父魏应中(字宜华)即是实例。此前他为重机枪连连长,是实战人员,却被安排为"营副"虚职。无权、无兵可带之中下级军官为数何止十数人。每日只以打麻将消磨时光。该师师长王俊亲口对先父说:"我想提拔你为营长,可新派来参谋长说:'他是杨虎城的残渣余孽,提他干什么?'"(摘自《魏宜华回忆录》手写稿)先父因情绪剧烈,被派回西安招兵,逃过一命。新编27师全军覆没,二舅父王焕新及该队中之乡亲,从此杳无音讯。

　　陕军防区,隔黄河的对岸渑池一带的防军,是胡宗南所部,这支部队在中条山激战时,隔岸观火,根据蒋介石早已下的命令,不准退军过黄河,过河者即以枪击之。战事失利,守军溃散。

更令人气愤的是,敌军伞兵已包抄后路,老百姓将敌情报于军方,中央军一些高级将领却听之任之,无动于衷。日军狂轰滥炸黄河渡口,以断绝国民党军退路。溃军和老百姓乱成一团,有的仅凭手牵手或以军人裹腿相连,相互牵拉过河;有人找来门板等凡能浮于水面的物件,放在水中趴在上面过河。如是情景,被黄河巨浪淹没、卷走者究为多少人,实无从统计。幸免于难之老百姓,即流为难民,过着流亡悲惨的生活。

中条山民众扶老携幼四处逃亡,远者直达新疆。而我所亲见者,为西安火车站附近和南关门外的马路两侧,各种废旧物件搭起的形形色色最简陋的窝棚。难民无衣无食,乞讨为生,稚子啼饥号寒,过往之当地人亦无力助之,徒唤奈何而已。

设如,中条山之中国军队采取八路军在太行山作战之方略,能以严密组织起各阶层群众,使每一个村庄都变为一个坚强的战斗堡垒,施行游击战,当不会付出如此惨重的代价。设如,以围剿、包抄、捕杀中国革命力量之兵力,放在抗日战场上,与共产党合力抵御强敌,那定能粉碎日本罪恶的大陆政策,中国抗日战争也定会出现奇迹。

日本帝国主义在中条山制造的惨案是中华民族全面抗战时期遭受的最大最残酷的惨案之一。日军集中使用了侵华一切非人性之手段,其惨无人道、无所不用其极的罪行,是人类历史上所独有。中条山难民之惨状,亦可视为当时难民之一缩影,这是一部血泪史、控诉书,应使之传之后代,永远根植于人民心际,永勿忘却。

这部书是作者以如实记录日军罪行为己任,令人感动的是对每一桩事、每一个家庭和个人都有鲜活之描述,而且它将不可再现,因为罹难之老人,以致其亲眷,已年近古稀,或已相继作古。

这部书是作者与口述历史者在痛楚悲愤、哭泣中完成的,为学界提供了丰富的正反面文化遗产。书中对人民生命财产的估算,这是以前书籍很少涉及的。

作者的思路是很广阔的,把握了难民问题,就能令人对这一战争有一完整认识。作者以对历史负责的态度,发掘整理中条山难民问题,深化了对难民的认识,这种研究方法是应该提倡的。

2010 年 8 月于天津锲斋

原载杨圣清主编:《苦痛的记忆——中条山战役难民口述史实录》,人民出版社,2011 年

乡村与区域社会史

《農民が語る中国現代史：
華北農村調査の記録》序

　　研究一个国家的城市和农村的发展脉络不仅有助于了解这个国家的过去和现在，而且还有利于探求人类文明的进步。无论是从人类学、历史学、社会学的哪个角度去研究，必将得到其应有的价值。

　　现在展现在读者面前的这本书记述的是中国华北地区某个村落在半个世纪中的历史变迁。中国是拥有悠久历史的大国，目前正处在发展阶段。特别是中国的农村在最近十余年的发展中，展现出其他国家所不具有的特征。因此，研究农村的变化对我们所处的这个时代而言是有其重要意义的。

　　三谷孝、笠原十九司、顾琳、内山雅生、浜口允子、末次玲子、中生胜美等日本学者和我及我的同事左志远、张洪祥在得到中国国家教育委员会的同意后，组成华北农村调查团，赴北京附近的村落进行了访问调查。《北京市房山区吴店村调查报告》是中日两国学者按照研究合作计划进行研究后所取得的成果。房山是五六十万年前"北京人"居住、活动过的场所，地形主要由平原和山地构成，开车到北京大约需 1 小时。调查的时间主要是放在 20 世纪 40 年代及其后的年代，调查的内容主要是吴店村在政治、经济文化等方面的变化。调查方式是以农村村委会座谈、访问农家等形式展开的，是完全自由、无任何限制的。本书所记述的内容是真实的，没加任何修饰，调查报告反映出了当地浓厚的乡土气息。

　　中国的农村正处在历史的变革时期，与 50 年前已完全不同。农民过着春耕秋收，往复循环的生活，土地依然是人们赖以生存的物质基础。但是新中国成立以后，实行了土地改革，现在土地已不再是农村财富和权力的象征了。特别是 1982 年在农村实行土地改革后，农村的面貌得到极大的改观。在吴店村，许多人或是打破了传统土地上的束缚或是从原来的模式中已脱离出来从事其他的工作。这些人中既有从事农业的，也有从事工商业的，还有从事其他工作的。吴店村的乡镇企业与其他村落相比并不发达,仅仅经营饭店、商店、旅店等行业。在土地规划方面,据房山区的农业责任人和吴店村村长说,在北京市政府的指导下,计划将在二三年内从原来的联产承包责任制转向农场制。

政治和经济的变革必将对社会进步带来很大的影响。而且,经济的发展所发挥的主导作用,必将引起生活领域中的各种变化,这种变化从衣、食、住、行中可以鲜明地体现出来。现在家庭中的妇女再不像以前那样整天围着锅台转,为日常琐事消磨时光。她们和男子一样到各地去参加各种工作,再也不会为吃、穿等事发愁了。每个家庭都有够吃二三年的余粮,现在人们已开始重视时间的效率了。每个家庭中都有自来水、电灯等设备。现在的年轻人追求的则是家庭电器化。据统计,全村有70%的农户购买了洗衣机,电视几乎家家都有。20世纪50年代初封建大家族制已解体,现在许多家庭是两代人共同生活在一起。孩子成年结婚后便另起炉灶与父母分院居住。吴店村的房屋布局从住宅建筑角度看和以前大致相同,但已找不到茅屋草舍,整个村的建筑物都变成了砖瓦结构。关帝庙还是在50年前的那个地方,但人们已不再迷信了。现在人们所相信的,一个是政府的政策和农业科学技术,另一个是只有通过自己的勤劳和努力才有好日子。

从这篇调查报告中可以看出著者所关注的问题及采用的研究方法。我想读者看哪一部分,翻开哪一页,都会有所收获,这收获就是对中国华北农村的印象更加真实,更加丰富了。本书也能在一定的程度上满足国外学者的需求。另外,本书对不了解中国过去的那些年轻人而言是很值得一读的。

原载 [日] 三谷孝主编:《農民が語る中国現代史:華北農村調查の記録》,日本内山书店,1993年

《社会的缩影——民国时期华北农村家庭研究》序

　　傅建成君的《社会的缩影——民国时期华北农村家庭研究》即将问世，嘱我作序。我当然愿意说几句话，祝贺他的成功。我和傅君相处3年，一起切磋琢磨，彼此了解颇深。这部书是他在博士学位论文基础上修改增补完成的，这样快地付梓，可喜可贺。

　　选择华北农村家庭作为研究对象，从这一基点上去认识社会和透视历史，是很有眼光的。中国社会是一个以农立国的社会，在走向现代化的过程中，从各个方面加强对传统中国农村社会和当代农村社会的研究，是相当有价值的研究领域，是近代中国历史研究的重要方面。人们每天都生活在各自的家庭中，每个人都可以讲出自己的家史，但对家庭这一社会细胞进行哲理的探讨，则是一个学术领域的课题。要揭示出一个时代一个地区的家庭生活状况、婚姻制度、伦理道德，特别是家庭与社会的关系及其相互影响，是一项复杂的研究工作。

　　傅君踏踏实实从治资料入手，查阅了大量县志、报刊、年鉴及档案，还走出书斋，到华北地区一些既具代表性又有典型性的农村调查访问，走的是一条不畏艰辛的治学道路。我知道，他曾长期在南开大学图书馆不倦地伏案阅读，摘录卡片。在冀东农村调查时，他认真地吸取养料，为获得更多的第一手资料，他起早贪黑，克服诸多困难深入过不少村落，和许许多多的老农、干部、农村知识分子交谈，追根溯源。他还到过山东邹平、章丘等地，去发掘资料，活动领域相当广泛，每有所得，便欣然雀跃。

　　读者会从这部著作中，看出傅君执着的研究精神。他构思细腻，对宏观对微观都没有忽视。他把20世纪上半期华北农村家庭放在近代以来中国社会大背景下来观察，始终注重于经济原因的分析，着眼于传统小农经济生产方式对农村家庭多方面的影响，充分展示了华北农村家庭所具有的时代特色与区域特色，对问题的探讨颇有深度，特别是对华北农村家庭成立过程中涉及的择偶方式、婚姻规则、婚龄以及家庭结构、家庭功能和家庭物质生活贫困化等方面的分析，不囿于成说，切实而深刻。傅君付出很大辛劳写就的这部学术著作，如果能得到读者的欣赏，那是我切切的期望。

原载傅建成:《社会的缩影——民国时期华北农村家庭研究》，西北大学出版社，1993年

《二十世纪三四十年代冀东农村社会
调查与研究》前言(代序)

　　《二十世纪三四十年代冀东农村社会调查与研究》是国家社会科学基金资助的项目。经过我们数年的努力,终于与读者见面了。

　　以农业立国的中国,农村是一个广阔的天地,农村的变化对中国历史的发展有着重大的影响。要全面了解中国历史,就不得不了解中国农村,不了解中国农村,也就无法完整、透彻地了解中国。把历史科学研究的视线投向农村,是探索中国文明发展史的必经之路。

　　在宽广无垠的中国农村,不同地区具有不同的文化背景,具有影响该地区历史发展变化的各种特定因素。从现有的实际工作条件出发,我们选择了在北方地区具有代表性的冀东农村进行调查。冀东接近平、津、唐等大城市,东临渤海,铁路公路均较发达,人烟稠密,物产丰富,有鱼盐煤金等物产。自帝国主义经济势力侵入冀东后,冀东的经济即成为半殖民地半封建的经济,高价输入工业品,低价输出原料和农产品,在经济上遂成为大城市的附庸。各县工业不甚发达,而商业、手工业、副业都很繁盛。冀东这些特点是很突出的。历史研究总是要从某一地区的生产力和经济关系的状态开始,冀东为历史研究者提供了绝好的客观条件,于是我们的目光自然就集中到这里。

　　一般说来,几千年来的中国农村是封闭式的,农民过着日出而作、日落而息的生活,其世界仅限于所在村庄方圆数十里。他们顽强地保持着自己的生活习俗和道德观念、家族宗族意识,每个村庄都具有牢固的稳定性和保守性。但到了 20 世纪初期,沿海地区因沿海城市经济发展的波及,农村经济也发生了变化,人口的流动也促使封闭状态有所突破。冀东这个地区当然不可能代表整个中国农村历史演变的全貌,但其所呈现的社会经济和思想状况有一定的典型性,因而是很值得研究的。

可资研究中国现代史的文献档案卷帙浩繁，资料堆积如山，研究者感到查阅资料没有尽头。然而当研究某一问题时又感到现有资料不足，也有不少事件没有留下文字记载，或者因为战乱频仍，一些已存在过的资料毁于硝烟。可庆幸的是三四十年代许多历史事件的当事人或见证人健在者尚不少，他们的记忆中尚有许多活资料。对他们的口述，经过细心推敲，如个人的口述与众人的意见相左，就根据相关联的史实做出推断，或者与各种已有的记载进行对照，以便做出可信的描述。我们涉足于冀东的山山水水，不仅对这里及这里的人民以及他们所创造的历史，产生了浓厚的兴趣，也大大丰富了我们的知识。冀东经济发展的历史和人们的经济活动给我们留下了深刻的印象。当地政府保存下来的不少珍贵资料，有的已沉睡了半个多世纪，现被我们发掘出来。

地理环境在不同的历史时期对经济的发展会产生不同的作用，譬如冀东山川依旧，只是到了近代，才有了显著的变化。城市工业化影响了社会的变动，乡镇农民相继离开世世代代所赖以生存的那块土地，拥向城市、港口和矿区，成为工人，或者亦工亦农，或者去经商。乐亭、滦县、昌黎、丰润等县的大批农村劳动力进入唐山、秦皇岛、山海关等地，这是具有时代特点的历史性变化。乐亭等县历史上有"走关东"的传统，日本占领东北后，"走关东"受到限制。冀东被肢解后，整个冀东工商业遭到更大的摧残，但乐亭等县人民的经商意识未曾稍减，他们以小商小贩和行商的经营方式，继续进行商业贸易。

冀东乡村的行商小贩特别多，如丰南县在土改平分前，有商贩3529人，平分后有商贩3931人。玉田县窝洛沽每集小摊贩1000余名。

冀东乡村的家庭副业也颇有特色，在人民生活中占有重要地位，如鸦鸿桥、窝洛沽、宝坻、小集的纺织，迁安的造纸、编桑柳条筐，兴隆、青龙的采药，丰润的榨油业，林南仓一带的织席，宝坻、玉田水洼地的养鱼。沿海一带的渔业、盐业等，也颇为发达。以丰润的榨油业为例，30年代加工花生油的作坊有十余家，分布于县城及沙流河、七树庄等村镇。迁安的造纸业，1933年较大规模的造纸厂有18家，纸业作坊约110家，从业人数6000多人，还有万余名妇女从事晒纸等辅助性劳动。其纸张不仅运销国内东北、北平、天津、烟台、济南等地，有一些优质产品如红辛纸、油衫纸还远销日本、南洋诸国。纸张年销量曾高达3万余件。

农业、手工业的发展是相互促进的。以榨油业为例,丰润等地榨油业的发展,促进了经济作物的栽培,当时的主要油料作物花生在冀东地区的播种面积和总产量约占河北省的35%左右。农业、手工业的发展,也促进了商品经济的发展。

冀东沿长城一线,东从临榆县山海关起,中经抚宁县城、抬头营、燕河营、卢龙县城、建昌营、三屯营、迁安县城,西到遵化县城、马兰峪、平谷县城、昌平县城等有许多商品交换的传统市场,集市贸易一直很兴旺。昌黎县城、滦县县城、丰润县城、玉田县城、鸦鸿桥镇、蓟县城、燕郊镇、邦均镇、通县县城是北通长城一线商品流通的转运站,也是北线商品南运的转运站,又是平、津、唐各城市运销工业品的中间站。这一区域的经济活动是很广泛的,其贸易商品包括工农业产品、畜牧业和林业产品。

冀东各地集镇形成时期不同,有秦汉以前的,也有汉、唐、辽、金、元时期形成的,更多的是明、清时期产生的,近代发展起来的也有,如丰润县的胥各庄镇、河头镇。从这个地区可以追溯中国商品经济的发展史。

就整个冀东来讲,工商业的人口仍然有限。农业仍是主体,居民主要从事农业生产,主要农作物有小麦、玉米、高粱、薯类、谷子、土豆以及棉花、花生、麻类等。20世纪30年代冀东的玉米、高粱、花生等产量居河北省之首。他们也从事畜牧业,饲养牛羊猪等。

我们的调查正是从冀东地区的这些特点出发,考察了冀东的地理环境,三四十年代以后冀东基层政权组织的演变,农业的发展,工商业和集市贸易,宗族家族的状况以及乡土文化。我们翻阅了冀东一些县的新旧县志,在唐山市档案馆查阅了有关档案和《冀东日报》,我们利用了一些县里已有的调查资料,并直接到村上调查访问,访问人数不下千余人次,这大大丰富了我们的思想,开阔了我们的视野。冀东人民淳朴,忠厚热情,对自己所走过的道路和要走的道路充满了骄傲和信心。我们从和他们的接触中汲取了大量的养料。

冀东在近代发展了起来,譬如说19世纪中叶还是一个渔村的秦皇岛,卷入了近代的浪潮后,逐渐形成为一个现代化的港口城市,在世界港口城市中占有重要地位。

农村基层政权结构的演变,是观察农村社会变化的重要窗口。我们着重调查了村政权各个时期的运作状况以及人民的参政意识。冀东经历了由国民政府—日伪—国民党的闾邻制及保甲制体系的沿革，还经历了中国共产党武装力量活动地区的"两面政权"—抗日根据地政权—解放区革命民主政权的产生与发展过程。村政权是社会的基础，赋税、徭役、摊派都是通过村政权来实现的，村民负担的轻重是社会安定与否的晴雨表。村干部办事是否公正廉洁，至关重要。农民对一个政党的向背，往往是从对村政权的态度反映出来。共产党民主革命时期所以不断整顿村政权，实行村长民选，公开村财政，其道理也在于此。

农业方面，我们着眼于农作物、生产工具、技术改良以及人口增长对于土地的压力的调查，没有花更多的力量于生产关系。因为土改时冀东行署、各县各村都有总结报告，《冀东日报》报道得也很多。就农具而言，20世纪三四十年代仍然沿用古代的工具，与14、15世纪农业手册上的农具草图相去不远，没有农业机械化。耕畜也缺乏，通常是人畜同耕。耕作技术落后，而人口却猛增。据《昌黎县志》记载，1864年（同治四年），该县人口为271742人，到1927年底，人口增至400746人，60余年，人口增加了13万，增长了47.3%。《临榆县志》记载该县1877年（光绪二年）人口为156971人，到1925年，人口已达240358人，不到50年人口增加8万多人，增长53.1%。其他各县也都大致如此。生齿日繁，而耕地数量依旧。乐亭县土改时，人均1亩3分地。中国农民中半数以上是佃农或半佃农，至少有3/4是负债的。他们的年收入额很低，几乎没有可供利用的资金。冀东自然条件相对优越，仍免不了濒于饥饿的边缘。改良品种是农民切盼和努力的。但从整体来看，农业改革进展是缓慢的。

城市商业和城镇集市，是商品流通和交换的场所，是人们经济活动的中心。每个镇都有定期的集市，有的两天一集，有的三天一集，有的五天一集。方圆二三十里的人都带着自己的剩余农产品和手工业品去赶集，城市工商业产品也到集市来推销，这就满足了人们的生活需求，促进了工商业的发展。我们调查了冀东几个重要城镇和集市的发展史，找出了它们各自的特点，对一些县城的商店和作坊的经济活动，都做了细致的考察。一般来讲，冀东沿铁路线各县人们的商品意识较山区要强得多。经济发达的地方，文化相应地也发展较快，如乐亭的经济和文化在冀东素负盛名，我们因此考察了该县经济领域的诸方面，包括"老呔儿帮"的源流及其活动。

族权是束缚农民的一条牢固绳索。从全国来观察，1927年湖南农民运动曾动摇了族权，尔后族权又复活。20世纪三四十年代，族权势力在中国各地普遍存在，只有中国共产党辖区摧毁了这一观念和制度。冀东的族权也趋向没落或消失，许多村庄已经没有族长，如对乐亭、滦县、滦南、迁安、迁西、遵化、丰润、丰南、昌黎9个县24个村庄的调查，无族长的村庄有18个，占总数的75%，有族长的仅6个，只占总数的25%。三四十年代冀东农村，续谱已不再是人们生活中的大事，续谱意识也较为淡薄，续谱的活动减少了。传统的用于约束宗族成员的宗规族训也相对松弛，即使族中成员犯有在过去被认为不妥当的言行时，宗族本身也缺乏应有的手段来制止。宗规族训中强调的礼教伦常，虽然写在纸上，但"谁也不把它当回事，一般人家哪有那么多的礼呢"。这种宗族观念的变化，原因是复杂的，但有一条最重要的原因，就是中国共产党所领导的革命对冀东地区宗族观念所形成的巨大冲击。其中最明显的是中国共产党领导的土地改革的实施，宗族祠堂的土地所有权，都列入被废除之列，包括宗族公地在内的所有乡村土地，都由农会接收，按乡村人口，统一平均分配。在土改的暴风骤雨面前，往日那些拥有相当土地和握有权力的族长，此时也完全变了样，他们的土地被没收，权势一落千丈。在不断的宣传和启发下，农民传统的对宗族的忠诚开始让位于阶级的团结，"亲不亲，一家人"的口号，开始被"天下穷人是一家"的口号所取代，族长失去了政治、经济的统治地位，成为一名普通的农民，这是农村社会的一大进步，几千年来的封建传统势力被铲除了。经济的发展影响着人们的思想意识，而政治和政策的作用，更是不可忽视，它推动着人们朝着进步的方向前进。

冀东的乡土文化存在于冀东人民生活之中，它和冀东人民有着血肉的联系。关于乡土文化的内涵，应该说是很广泛的，我们记述了文艺的种种形式，如乐亭大鼓、评剧、皮影等。农民的道德规范、宗教信仰、迷信活动，乃至风俗习惯和节日时令，可以显示农民的社会生活和精神生活。当时盛行偶像崇拜，如向偶像求签问卜，久旱不雨时向偶像祈雨，出门远行须选择吉日良辰等，现在看来这些荒诞可笑的行为，是科学没有渗透到人们的思想认识领域以前的必然现象。这是所有民族发展史上，差不多都经过的一个时期。我们也如实地记录下来。

20世纪三四十年代是冀东乡土文化新旧交替的时期，新文化在崛起,旧文化在衰落。因为土地改革和财产关系的变化,一切旧的意识形态都在接受挑战,凡是阻碍社会向前发展的东西都属排除之列,人们的精神面貌完全改变了。思想文化也是我们深入调查的一个方面。

我们希望透过这些现象,把 20 世纪三四十年代的冀东农村社会形态展现出来。但我们的能力有限,所提供的基本上还属于素材。这些素材是准确的,但不全面。研究者将会从这部书中获得思考,做出自己的判断。

原载魏宏运主编:《二十世纪三四十年代冀东农村社会调查与研究》,天津人民出版社,1996 年

《乡村集市与近代社会——20世纪前半期华北乡村集市研究》序

　　研究农村与农民问题,是研究中国社会发展的重大的学术课题。近代以来,涉足这一领域的学人数不胜数,成果卓著者亦不乏其人。正华同志的博士学位论文《乡村集市与近代社会——20世纪前半期华北乡村集市研究》,从乡村集市这一窗口着眼,审视近代农村与农民,探讨中国乡村现代化的艰难进程,是颇有学术价值的。

　　据我所知,正华同志对中国农村,特别是华北农村的关注和接触,为时已经不短。20世纪80年代以来,我由对华北抗日根据地的研究逐渐扩展到对整个华北农村的探讨,在国家社会科学重点课题经费的支持下,对华北一些地区进行了持续深入的实地调查。这一研究项目工程巨大,参加的人很多,包括我的同事,也包括我的学生,其中就有正华同志。他从1986年到1995年,先后有六年在南开大学直接或间接地从事这个课题的研究工作,其硕士学位论文、博士学位论文均直接以华北农村为重点研究对象,从农村吸取了大量的养料。屈指算来,正华同志接触华北农村研究已十年有余。"十年磨一剑",今天他的论文正式付梓,既是对他在该课题研究中辛勤耕耘的肯定和回报,也是一件令人高兴的事情。

　　全书的资料来源主要有二类:一类是实地调查资料,其中既有作者在调查中的亲见亲闻,也有许多其他学者和研究机构的实地调查报告;一类是地方志,作者翻阅了所有能找到的有关方志,对之扒梳剔抉,本书直接引用的方志达五十余种。这两方面的源泉,为全书的论点奠定了坚实的基础。

　　一部好的作品总是与作者的知识和思考分不开的。该书作者善于吸取和消化前人的研究成果,也勇于提出自己的不同见解。如他认为:近代乡村集市在发展过程中经济性逐渐增强,传统的社会内容逐渐回缩;庙会也是华北乡村集市的重要组成部分,但随着经济的发展,其以宗教色彩为显著特征的社会性逐渐消退;中国乡村现代化实际上是乡村社会城镇化,而乡村社会城镇化在很大程度上是由乡村集市城镇化来实现的,等等。诸如此类的颇有新意的见解在书中还有一些,且论之成理,给人以启迪。

历史研究仅仅满足于传统的历史研究方法是不够的,社会飞速发展的今天,对历史研究工作者也提出了更高的要求。该书在辩证唯物主义和历史唯物主义的理论方法指导下,除运用了传统的历史研究方法外,还吸取了社会学、民俗学、经济学、统计学等其他学科的相关知识。作者在研究方法上的尝试,开阔了研究的视野,也使研究主题得以深化。

作者以探讨中国乡村城镇化道路为主旨,对 20 世纪前半期华北乡村集市的形成、发展及存在形式等进行了系统的剖析,并将其与江南、西南等其他地区乡村集市进行了比较、分析。通观全书,作者那种对中国农村和朴实勤劳的中国农民的深厚情感跃然纸上,那种力图改变中国农村落后面貌、尽快实现乡村现代化的拳拳之心昭然。该书虽然只是对 20 世纪前半期乡村集市的论述,但其中的思想、观点,对今天中国乡村城市化道路、小城镇建设也有一定的现实意义和借鉴作用。

探寻中国乡村现代化的理想道路,是一个艰巨而复杂的课题,虽已引起了许多人的浓厚兴趣,但至今尚无一致权威的公论,见仁见智,众说纷纭。尽管这部书稿经作者多次修改和充实,但人的知识总是有限的,其观点只能算一家之言,而且一些论述也还欠充分,这些都有待继续完善和修正。

原载李正华:《乡村集市与近代社会——20 世纪前半期华北乡村集市研究》,当代中国出版社,1998 年

《借贷关系与乡村变动——
民国时期华北乡村借贷之研究》序

　　李金铮的博士论文《借贷关系与乡村变动——民国时期华北乡村借贷之研究》就要付印了。我作为他的导师、书稿的第一个读者,借此机会向其他读者说上几句话。

　　近代中国仍然是个农业大国,农民占总人口的80%以上,这一特点从某种程度上说决定了中国的政治、经济、社会以及文化的历史走向。可以说,要全面地了解中国近代史,就必须了解中国农村,不了解中国农村,就不能完整地、透彻地了解中国。农村问题理应成为学术界特别关注的对象。然而,由于资料零散、头绪纷繁,研究难度较大,选择农村问题作为研究对象者较少。中国实行改革开放政策后,随着农村经济体制的变革和农村社会的急剧变化,历史学界、经济学界和社会学界研究农村社会经济史的学者渐渐多了起来,有关论著也纷纷问世。我在 20 世纪 50 年代初曾涉猎过中共苏区和华北抗日根据地的某些问题, 在 20 世纪 70 年代末以后继续加深研究这一领域,编辑、出版了晋察冀、晋冀鲁豫两大抗日根据地的财政经济史料以及华北抗日根据地史专著。随着农村社会整体史认识的加深,我又将目光转向区域农村社会的整体探索,先是主持了 20 世纪三四十年代冀东农村的调查与研究,后又组织了同一时期太行山区社会变迁的研究。近十几年来, 我指导的博士生有不少人选择了农村方面的题目,如民国时期华北农村家庭研究、20 世纪三四十年代河南冀东保甲制度研究、二十年代至四十年代清苑县农家收支研究、二三十年代华北乡村集市研究、二三十年代中原农民负担研究、中共苏区土地问题研究、华北抗日根据地基层政权研究、天门会研究,等等。这些论文大多已经出版,并在学术界产生了较好的反响。

　　据我所知,李金铮早在 1985—1988 年就读硕士研究生时,就对近代中国农村社会经济史发生了浓厚的兴趣,其硕士毕业论文《二三十年代定县农家经济与农民生活之研究》曾受到有关专家的好评。在他就读博士生以前,我已看到他发表了不少关于农村社会经济,特别是晋察冀抗日根据地的论文。1996—1999 年攻读博士学位期间,他参加了我主持的国家社科基金重点课题《三四十年代太行山区的社会变迁》的部分研究工作。在考虑博士论文选题时, 李金铮决定继续做区域农村问题的研究, 我提出:一是研究区域可以在原有的基础上扩大到整个华北,二是选择一个学术界未曾探讨或较少探讨的角度。他多年来积累和整理了一套近代农村社会经济史的论著、资料索引,包括 1949 年以前、1949 年以后迄今两大类,1949 年以后又分为大陆、港台、外文等部分,这对其正确地选题有较大的帮助。经过反复的酝酿、思考和讨论,最后选定了民国时期华北乡村借贷作为研究课题。

借贷关系,是一种历史悠久的社会经济现象。在中国乡村借贷关系史上,民国时期有其突出的特色和历史地位。这一时期,借贷关系经历了传统、转型和暴力革命的演变,是一个承前启后、新旧交替、变化空前的时代,有着十分重要的学术价值。然就现有的成果来看,研究古代借贷关系尤其是高利贷的论著较多, 研究近代尤其是民国时期乡村借贷关系的论著却相当之少。已有的成果,对许多问题还没有涉及,或者提出了问题却仍未解决,至于区域性的精细研究,更有待于开发。就此而言,李金铮的选题是很有眼光的。

经过数年的努力,他终于完成了这篇颇有见地的博士论文,获得了李文海、丁守和等答辩委员会委员极高的评价。这篇论文给我印象较深的主要有三点。

其一,建立了民国时期中国乡村借贷关系的研究构架。由于这是一个学术界未曾全面系统探讨的新课题,因而创建一个内在联系紧密、逻辑性强的研究体系就十分必要了。著者将论文分为上下两篇,共八章,上篇首先对乡村借贷的基本状况做了定性定量的分析, 然后探讨了在农民借贷中一直占统治地位的高利贷,接着对民间互助借贷组织——钱会做了阐述,最后以合作社为中心研究了借贷关系的转型及其困难。下篇主要探讨了中共对传统借贷关系的暴力革命,包括中共对传统借贷政策的演变、传统借贷关系的变化以及农贷与合作社的建立与发展等。这一框架是建立在认真研究的基础之上的，充分考虑到了借贷关系作为金融活动本身的特点，更考虑到了借贷关系与乡村社会，借贷关系与整个中国历史发展的互动过程。这一比较合理的构架，为近代乡村借贷关系的继续研究铺下了基石或提供了参照。

其二，提出了一些令人信服的结论。恩格斯曾指出："只有清晰的理论分析才能在错综复杂的事实中指明正确的道路。"在历史研究中，我们也要坚持这一原则。对历史资料只有进行理论上的阐释，才能获得本质上的东西。著者非常重视理论学习，经常翻阅马克思主义经典著作，也注意相关学科的补习和运用，在这篇论文中就使用了信贷学、利率学、农村经济学、人类社会学的理论和方法。在史论结合的基础上，提出了个人见解。譬如，在上篇的研究中，作者认为：一般而言，贫苦农民是负债者的主体，但有些地区一反常态，贫苦农民负债者较少，实际上他们是一些借贷无门的潜在负债者；地主、富农、高利贷者和村政统治者往往是四位一体，相互支援的；有些普通农民也放高利贷，成为一般高利贷者的补充；受多种因素的影响，中国从未形成一个统一的资金供给市场，也没有形成平均利润率的社会经济基础，由此导致差别较大的高利贷利率结构；高利贷利率之所以形成，主要是由于资金的供不应求造成的；农民对高利贷者的"感激"与愤恨，反映了农民在高利贷盘剥之下的矛盾心态，也是高利贷社会经济影响的表现；钱会的运作方式表明，会首与会员、会员与会员之间形成了一种相对不公、利益结构复杂的债权债务关系；合作社的建立和发展，在个别地区一定程度地冲击了高利贷剥削，但由于其经营主要取决于外部资金的供给，总体力量还相当薄弱，故远未动摇高利贷在乡村借贷体系中的霸主地位，反映了乡村借贷关系转型与近代化之艰难。在下篇的研究中，作者提出：中共抗日根据地、解放区的减息与废除封建旧债政策，在中国借贷立法史上具有里程碑式的意义；抗日根据地的私人借贷利率政策分为前后两个阶段，1942年以前，不管新债旧欠一律减至1分或1.5分，1942年以后，新债利率允许借贷双方自由议定；农民所受高利贷剥削的大大减轻乃至彻底废除，是中国借贷关系史上亘古未有的巨大变动，但与此同时，农民又陷入私人借贷严重停滞的痛苦之中。如何既削弱和废除高利贷剥削，又能建立新的借贷制度，活跃乡村金融，是摆在中共面前的一道难题；中共发动"互借"运动，开展农贷，建立和发展合作社等,都是改善农村金融的重要手段,这些举措对于活跃农民借贷、发展农村经济都起了一定的作用,但在借贷过程中所发生的各种错误和偏差也是不容忽视的。上述认识,无疑可以加深我们对近代中国农村经济的理解。

其三,资料翔实。历史科学的大厦需要坚实的史料基础,任何一位严肃的史学工作者都会非常重视史料的挖掘、搜集和利用。这篇论文仅文末所列的主要参考文献就达数百种,包括1949年以前出版的图书资料、报刊资料、方志资料和某些档案馆收藏的未曾公开出版的资料;1949年以后出版的专题资料汇编、新方志资料、文史资料等,充分显示了作者扎实的史料功力,为其精密的实证分析提供了丰富的素材。为了做好这个课题,李金铮抄录了5大厚本资料,复印的资料装订成30多册。我曾在南开历史系资料室亲眼看到,他由于长时间集中翻检《大公报》《申报》《晋察冀日报》《晋绥日报》等,手指甲竟磨出了血,这给我留下了十分深刻的印象。尤其值得提出的是,文中还有一些珍贵的实地调查资料和信函调查资料。这些年来,我特别强调走出书斋,奔走田间地头,寻找源头活水,抢救口述资料。虽然有时耗费了很大精力,却没有得到多少资料,但至少可以获得一些感性认识,可以增强我们对历史问题的理解。对于未曾在所研究的区域内生活过的学者,尤其需要这个磨炼过程。李金铮是河北人,对华北农村比较熟悉,他不辞劳苦,利用一切可以利用的亲戚、朋友、同学关系,到农村搜集资料,通过信函调查资料。这种精神,是值得赞扬的。

当然,这篇论文仍有需要完善提高的地方,譬如:如果将华北乡村借贷的情况与中国其他地区做更多的比较研究,就可以凸显区域特点,但这需要多付出几倍的时间和代价,对一篇论文做这样的要求,似乎苛刻了一些。我更希望其他地区的学者能对本地区的类似课题做深入的研究,为不同区域的比较研究开辟道路。

李金铮与我过从3年,我深知他甘于寂寞、虚心向学、刻苦钻研、善于思考,始终痴情于史学研究这块学术阵地。学无止境,只要沿着自己所选择的道路,坚定地走下去,跨过障碍物,从历史和现实中获得坚实的研究基础,定会攀登到学科高峰。

乡村借贷是一个大有潜力的研究课题,既可在区域上继续拓展,又可在具体问题上进行更为深入的研究。20 世纪 80 年代以后,私人高利贷、钱庄、典当等各种旧式借贷形式又纷纷涌现出来,这是很值得注意的社会经济现象。要想对此给予科学的解释,并出台相应的对策,我认为既需要经济学家、社会学家的调查研究,也需要历史学家的历史研究。研究民国时期中国乡村的借贷关系,可以为当代学者、为社会现实提供一些值得借鉴的历史事实和研究结论,所以这个课题也具有重要的现实意义。李金铮博士毕业后,离开南开园,又负笈南下,到复旦大学做博士后研究,我期待着他以更优秀的成果奉献给学术界。

新的世纪、新的千年已向我们走来,值《借贷关系与乡村变动——民国时期华北乡村借贷之研究》出版之际,特书此数语,向读者推荐此书,是为序。

原载李金铮:《借贷关系与乡村变动——民国时期华北乡村借贷之研究》,河北大学出版社,2000 年

《二十世纪三四十年代的晋察绥地区》序

抗日战争研究是一个有着巨大、恒久魅力的课题。我曾在《抗日战争研究》杂志上说过这样的话："抗日战争是中国人民抵抗外来侵略战争中唯一的一次胜利。在那关系到中国存亡的年代,中华民族的凝聚力和抵御外敌的坚强意志充分地表现出来。中国人的智慧、勇气、力量和创造精神发挥得也很充分,精神方面遗留下来的财富是极为丰富的,中国人无不以此为骄傲,只要深入这个领域,就会发掘出更多有益的东西,我国文化遗产也就增加更多的内容。抗日战争时期历史研究,必将鼓舞民族精神,使我国人民对祖国的未来充满信心。"当"文革"结束,我又可以从事历史研究的时候,便将主要研究方向指向抗日战争。

近 20 余年来,我国的抗日战争研究有了长足的进展,一大批高水平的论著相继问世,尘封多年的资料被发掘、整理、出版。研究视野由军事、政治史扩展到经济、社会史和文化思潮史。但是,在抗日战争研究中,一直有几块"硬骨头"尚无人啃,也就是有几个难点等待研究者去攻克。伪蒙疆政权就属于这样一个难点课题。据我所知,以往对于此问题的研究也并不是一片荒芜,研究者已有涉及,唯其成果无法与对伪满洲国、汪伪政权的研究相提并论,这其中一个很大的原因是史料上的限制,以往可以利用的史料主要是回忆录、旧报刊和一些日文年鉴等。

祁建民博士是一个敢啃"硬骨头"的学者,我与祁君相识有年,共事多年,了解他学风朴实,思维敏捷,肯下功夫。他攻读博士学位时,以伪蒙疆政权为研究对象。我告诉他,要做好这个题目,必须掌握最直接的原始资料,特别是日文资料。祁君日文较好,与日本学者多有交流。后来他赴日留学一年,师从江口圭一教授,学习"十五年战争史",以从日本史角度观察抗日战争。在攻读博士学位的第三年,他再赴日本,由滨下武志教授指导收集日文资料,进行研究。

祁君在掌握资料上用力甚勤，他两年间六次到呼和浩特查阅档案和地方史资料，进行访问，并到张家口、大同、太原、北京等地调查资料，为搞清一份史料，他到军事科学院请教军事史专家。赴日后，到国会图书馆查阅金井章次回忆录，在防卫厅战史室图书馆查阅"驻蒙军"资料，在外交史料馆查阅"善邻协会"档案，在亚洲经济研究所查阅伪蒙疆政权的农村调查资料，在东京大学东洋文献中心发现"察南政府"会议记录，在东京大学社会情报中心查阅《蒙疆新闻》，还到天理大学翻阅旧杂志。

正是由于掌握了大量资料，其博士论文《二十世纪三四十年代的晋察绥地区》达到较高水平，同行专家评议为优秀论文，在答辩委员会上，李文海、朱汉国、侯建新、王永祥、刘景泉等教授给予高度评价，作为指导教师，我认为该文对于伪蒙疆政权研究多有突破，推动了抗日战争的研究，仅举出以下几点即可说明。

关于关东军的"内蒙工作"，以往抗战史研究中没有将其单列出来，是在研究"华北事变"时稍有涉及，日本制造"华北事变"，是实施其"华北分离工作"计划。而"内蒙工作"是与"华北分离工作"相平行的。关东军在镇压了东北人民的大规模反抗之后，为了肢解华北，为了巩固其将来对苏作战的左翼战线，便着手制定入侵西部内蒙古的计划，松室孝良、板垣征四郎、田中隆吉等是主要策划者，他们步步向西，制造了察东事件、张北事件、绥远事变和察哈尔作战，这就理清了日本入侵西部内蒙古的线索，与"华北事变"区别开来，作者还论述了日本军部内部围绕侵华步骤上的分歧，揭示了其侵华过程的缓急变化，令人耳目一新。

驻蒙军与关东军在伪满洲国的地位一样，是统治蒙疆地区的太上皇，以往缺乏对驻蒙军的研究。该文详细论述了驻蒙军的编成，编制，与关东军和华北派遣军的关系以及在蒙疆的统治地位，这对于研究华北抗日根据地军事史也有参考意义。

伪蒙疆政权是唯一建立在少数民族地区的伪政权，有许多特殊性。该文从20世纪二三十年代的内蒙古"自治"运动说起，论述了内蒙古"自治"势力与国民政府，蒙古王公与绥远、察哈尔地方当局，德王与关东军的相互关系，指出德王投靠日本有一个变化过程，伪蒙疆政权的建立主要是日本侵华政策的结果。由于伪蒙疆政权是日本扶植的，要服从于日本的整体侵略政策，德王的"大蒙古主义"未能实现。这种分析是恰当的。

伪蒙疆政权又是唯一由中国共产党领导的抗日军民消灭的傀儡政权，过去只是强调了苏蒙联军的作用，实际上是八路军首先解放张家口。该文用一定篇幅论述了在伪蒙疆政权范围内中共抗日根据地的建立、发展历程，强调了根据地由小到大，积极对日伪军作战，终于消灭了敌伪政权这条抗日战争的主线。这是符合历史实际的。

论文创新之处，不胜枚举。即使对那些以往研究较多的问题，该文也别出新意。例如绥远抗战，过去主要依据当时报刊和原绥远军人的回忆录，以傅作义的抗战活动为主线。本文在原有研究基础上，依据日文资料，较详地叙述了日军的编制、作战计划与过程，与中方资料两相对照，可以完整地了解战场全局。对于中方状况，也不只提到傅作义，对于阎锡山、蒋介石以及张学良的作用也有所提及。关于绥远抗战的后果，作者认为，一方面关东军受此打击，一直伺机报复，当卢沟桥事件爆发后，关东军迫不及待，组织"察哈尔作战"，入侵平绥线；另一方面绥远抗战的胜利，以及中日外交交涉的变化，打破了"华北事变"以来人们的消沉悲愤情绪，提高了中国人民的自信心和爱国热情，为此后的全民抗战打下民众心理基础。

当然，学无止境，该文还尚有改进、提高的空间。就资料来说，在台湾的民国档案中，其参谋本部边务组档案涉及蒋介石等最高核心的对蒙政策，在蒙古人民共和国有长时间审讯德王的记录，值得查阅。在研究中，关于国民政府的对蒙政策，中共对伪蒙疆政府内部的工作也有待充实。

对于伪蒙疆政权的研究，祁君已有多篇论文发表，曾在三次国际会议上报告有关研究内容。赴日留学期间又在日本中国现代史研究会、民国史研究会、日中关系研究会等学术团体中就此问题讲演，与日本学者进行共同合作研究，已有相当基础，希望他百尺竿头，继续努力，为抗日战争研究做出贡献。

原载祁建民：《二十世纪三四十年代的晋察绥地区》，天津人民出版社，2002 年

《二十世纪三四十年代太行山地区社会调查与研究》前言（代序一）

这部书是我承担的"九五"国家社会科学研究重点项目。

太行山曾是八路军和华北人民赖以抗日的坚实壁垒。当时没有哪个山脉像太行山那样引人注目，"我们在太行山上，山高林又密，兵强马又壮，敌人从哪里进攻，我们就要他在哪里灭亡。"这首歌曲激励着全国人民奋勇前进。我当时是青年学生，已说不清唱了多少遍，心里想着什么时候自己也能到太行山做一次实际的体验。

20世纪70年代末，一次偶然的机会，我和财政部科研所副所长星光相识，他们所正着手编辑晋察冀和晋冀鲁豫两个边区的财政经济史料，约我参加。我非常高兴，从此先后由许毅和戎子和领导，组成了编辑组，到太行山区各县去收集资料。我们到过五台、武安、涉县、黎城、左权、武乡等地去调查访问，参观了许许多多革命遗址、展览馆，和许多干部、农民交谈，在各县档案馆翻阅珍贵的档案资料，不仅了解到太行山的特殊地形，还知道了太行山区的文化背景，这是难以从书本中得到的。我们在大同、太原、石家庄、天津，开了多次研讨会。经过7个年头的努力，我们的知识丰富了，从几千万字的资料中，筛选编辑出版了《抗日战争时期晋察冀边区财政经济史资料选编》《抗日战争时期晋冀鲁豫边区财政经济史资料选编》两部大型资料书。在此基础上，我撰写了几篇文章，在欧美、日本和澳大利亚几个大学和学术会议上宣读，太行山的声名已远播海外。

任何人对以往某一阶段的历史真相的了解，总是逐步深化的。掌握的资料多了，所思联想随着丰富起来。我深感那时太行山社会是一新型社会，各阶级各阶层的人民都被组织起来，致力于一个共同的目的，一系列有计划有规律的变革，讲科学，讲民主，重视人的创造性，发展生产，改善人民生活，衍生出群众多姿多彩的历史生活画面，在中国近代史上占有独特的地位。它的确是值得探索的一个领域。

关于太行山的面貌历史,已有许多记述。曾经战斗在太行山的革命者已写了许多回忆录,有的学者也写出了太行山根据地的历史,许多县都出版了县史和县志。太行山的遗产是丰富的,应该说还有更多的遗产需要发掘,就像太行山所拥有的矿产一样,是采掘不尽的。生活在今天的人们,应该把那个时代所发生的一切壮观事情和社会变迁,都记录下来,这对今日进行社会主义建设是有深刻启迪的。这就是我之所以要承担这一课题,组织编撰这部作品的意义所在。

全书共分7章。

第1章介绍太行山的自然环境和社会制度,由我和田酉如共同写作。

第2章阐述农业发展状况。那时强调科学种田,兴修水利,引进优良品种,因地制宜,颇有历史借鉴意义。太行山的物产是丰富的。农作物多为一年两熟或两年三熟,重要的粮食作物有冬小麦,玉米在粮食中占很大比重,另有高粱、谷子、粟、马铃薯、豆类等。重要的果树和经济林木有苹果、葡萄、梨、柿、桃、杏、李子、核桃、花椒等。其中有些果品属特产,如涉县的土产品中以花椒、核桃、柿子等数量最大。抗日战争爆发前仅花椒就年产300多万斤,全县每人平均在这项收入上折米2市石。此外,太行山区还产毛皮、棉花、草帽辫、土布、白麻、党参等。花椒、核桃、皮毛等都是进入国际市场的产品。这部分农业总论由我执笔,左权、武乡、黎城农村经济由刘玉太撰写,武安经济由王昌兰、孙鸿撰写。

第3章论述农村的金融借贷网。借贷是农村中常见的经济行为,作为一种金融活动,它在整个社会经济中起着十分重要的作用。

这里对乡村借贷的基本状况做了定量性的分析,探讨了在农贷中一直占统治地位的高利贷,同时对民间借贷组织——钱会作了阐述。最后以合作社为中心研究了借贷关系的转型及其困难,以及当时根据地农民的债务。

一般而言,贫苦农民是欠债者的主体。而有些地区农民欠债较少。

抗日根据地与解放区的减息与废除封建债务政策,在中国借贷关系史上具有里程碑的意义。根据地的私人借贷率政策分前后两个阶段,1942年以前新债旧欠减少至1分,后为1.5分,1942年以后新债利率允许自由议定,农民所受高利贷剥削大大减轻乃至废除。这是中国借贷关系史上亘古未见的巨大变动。这一章由李金铮撰写。

第 4 章讲商业和集市贸易。

抗战前太行山区的商业领域主要被经商地主和大地主占领，还有一种形式的经商主体，即外出打工者和本地小商贩。抗战爆发后，以经商地主和中小商人为经商主体的结构发生了重大变化。原来的经商地主地位逐渐失去，取而代之是公营商店和合作社。这一转变过程，首先从牺盟会和八路军实际控制区开始，接着在被日军摧残后，又由抗日根据地恢复和发展到各县城乡，抗战胜利后，延伸到新解放区各县的城镇村庄。在土改运动中经商地主基本被瓦解。

集市贸易。抗战时期太行山区的一些中小城市和大多数县城被日军占领，日军对太行山抗日根据地的围攻、封锁和"扫荡"，使原以县城为中心的商品交易市场，收缩到农村根据地的一些较大集镇上。集镇和集市贸易逐渐兴起。集市贸易具有保证战时军需民用、调配余缺等功能，得到了抗日民主政府的培植和保护。抗战胜利后，太行山区全境统一，商业线路恢复，市场中心转移，集市贸易的重要地位逐渐失去。

抗战中，以集镇为主体的集市经济活动曾极为兴盛，成为支持革命战争的重要经济阵地。其中著名集市有：阳邑镇、洪水镇、索堡镇、河南店、桐峪镇、任村镇、西营镇、东鱼镇、偏城镇、云簇镇、荫城镇、彭城镇等。此外还有庙会，是指设在寺庙附近的集市。抗战前太行山区的庙会遍及大多数城镇村庄。抗战中，各地的庙会与集市备受战争的冲击和破坏，许多庙宇被日军炸毁或拆转为军事设施。20 世纪四十年代中后期将庙会改成骡马大会或百货大会、物资交流大会等。庙会以一种新形式相传下来并发挥重要作用。

城市的商业也经历了巨大变化，如和顺城，不仅是历史悠久的古邑，而且是商贸发达的场所。抗战前该城城关有大小商号、作坊、饭铺、旅店和各种手工行业百余家。1939 年被日军占领遭践踏。1945 年 4 月解放后，属太行区第二专区管辖，商贸活动迅速得以恢复和发展。武安城是邯郸西北的一个商业城市。1912 年至 1926 年，这里社会稳定，市场繁荣。1926 年至 1936 年，因日本在华大量倾销商品，武安商业凋敝。1937 年日军初占武安，商业开始畸形发展。1939 年至 1945 年因日伪实行统制、封锁和掠夺，武安商业再陷困境。1945 年 9 月获得解放，商贸又重新发展。邢台城是华北地区著名的中等商业城市。抗战前，邢台城虽屡遭劫难，但经过几年的复苏，坐商仍达 1270户。日军侵占邢台，商业遭遇空前灾难。1945 年 9 月，邢台城解放，工商业有了较大的恢复和发展,到1946年,工商业户总共达到2927户。长治城,抗战前是晋东南的经济文化中心。抗战爆发,日军围攻占领了长治城,从此该城的商业市场为日伪所操纵,在其压榨下商业破产,1945年10月,长治城解放,获得了新生。这一章由李茂盛和宋河星撰写。

第5章论述太行山工矿业的盛衰和发展。这一地区有丰富的煤矿,品质优良。部分地区的铁矿、陶瓷业也极发达。山脉西侧构成一个平孟潞泽煤区,武乡、左权、昔阳、和顺、襄垣,煤铁埋藏量均甚丰。30年代,规模较大的采煤公司有长治的裕晋公司,潞城的德华公司,襄垣的鼎新公司。山脉东侧及南缘,平汉路西,由北而南也是一个煤藏带,井陉、临城、内邱、武涉、磁县、安阳、汤阴、汲县、焦作都有大中型煤矿。30年代中期已闻名国内外的煤矿有:河北省井陉矿务公司所属的井陉煤矿、河北省邯郸西南部的峰峰煤矿及河南省焦作、六河沟的煤矿等。

这些煤矿铁矿在七七事变后,相继沦陷敌手。敌人疯狂开采,以"协力皇军""增产报国"等欺骗口号役使工人做工,以供其侵华战争之需要。矿工生活苦不堪言,如井陉矿工战前每天领取白面1斤,小米1斤,1941年领不到2斤玉茭面,而工作时间却延长两三个小时,整天整天地工作,只挣到几角钱,自己的衣服鞋袜都不能购置,更不必说维持家庭生活了。阳泉采矿工工资每天1.5元,买小米只能买一升多一点,也难以维持家庭生活。他们吃的是掺了沙子和鼠屎的小米和玉茭子。住的则和囚犯住的监狱一样,30多个人挤在一个长2丈、宽8尺的屋子里。为了反抗这种残酷的压迫,各地不少矿工或怠工,或逃离虎口,或加入八路军游击队。敌人曾招募工人,但无人应招,敌人便到处强拉,抓捕人民,用刺刀将成千上万的老百姓送进黑暗的地狱里。各矿都屡次发生惨案。最严重的一次是1940年3月25日夜,井陉红庄村新煤矿起大火,敌人施毒手封住井口,矿工1200余人惨遭烧死。日本对矿业的摧残和对矿工所采用的非人的剥削方法,是历史上所未曾见的。

抗日民主政府在自己所能管辖及收复的地区,极力改进工厂矿山管理,如襄垣煤矿经过了曲折的发展过程,1943年煤矿生产几乎全部停业,工人处于失业或半失业状态,半就业者也拿不到工钱。1943年2月28日,该县15个煤窑经理开会,讨论矿山建设,要求政府制定矿山保护法,并采取了股份的或合作社性质的煤业联合社,襄垣煤业于是复兴起来。长治荫城镇是全国著名的产铁区,战前铁货遍销全国19个省,曾有"千里彭城、万里荫城"之说。一年可产 1500 万斤铁。抗战期间被敌人垄断摧残,以后随着解放战争的胜利,才逐渐走上繁荣。此时各地铁业和煤炭业曾出现过无政府状态,及侵犯工商业利益的现象。只是经过整顿,实行正确政策,才使工矿业有了大的发展。这里选择了几个大矿,叙述其盛衰和复兴状况。井陉矿由张殿兴撰写。阳泉矿由刘玉太撰写。磁县、六河沟煤矿及彭城陶瓷业由王昌兰、孙鸿撰写。

第 6 章是村落、家庭和家族变迁的调查。抗战时期,这方面的变化最大。由于战争和各种群众组织的出现,家族和宗族组织发生巨变。抗战和生产成为衡量一切事情的标准,推动着古老的社会向前迈进。我选择了 7 个家庭家族和村落,请其家族成员或村落的人撰写,原稿是第一人称的,改为第三人称,我还在文字上稍有改动。这里有富有的,也有贫穷的,有的有家谱,有的根据一代一代的传说,或自己亲身经历而记录下来的。资料是很珍贵的,他们是:

1.灵丘孟国祥家史,是由高风山撰写的。

2.易县白马张家,由张国栋、张鸿宾、张进清撰写。

3.平山大岭沟村社情调查,由刘凤城撰写。

4.赞皇县赵秀山家史,由赵本人撰写。

5.赞皇县阳泽乡任家洞村,由任吉东撰写。

6.涉县何兴元家族,由其家族撰写。

7.涉县李喜所家史,由李本人撰写。

第 7 章是新文化新风尚的概述。当时开展的新文化运动,和改变旧俗的春节活动、放足运动,产生了巨大的效果,提高了人民的素质。用先进的思想战胜淘汰落后的思想与事物,是很艰难的事情,政府的政策和行为在改变旧社会不健康的东西中,起着导向的作用。这一章是由我执笔的。

这部书是在调查的基础上完成的,有许多方面资料不足,需要进一步发掘。我期待将来再去实现。

感谢涉县文管所,武乡档案馆,武安图书馆郭素琴、李一太,长治市市委党史研究室乔雪江,易县计划局张进清,忻县地区财政局韩成贵等单位和个人,对我们调查的支持。

在成书的过程中,邓丽兰、王同起、文松、赵金康、刘永祥等学友给予了极大帮助。对他们,我表示深深的谢意。

原载魏宏运主编:《二十世纪三四十年代太行山地区社会调查与研究》,人民出版社,2003 年

《二十世纪三四十年代太行山
地区社会调查与研究》序

  新中国是在人民革命胜利的基础上建立起来的。中国革命曾经历许多曲折和挫折,到了抗日战争时期,得到了发展的良机,从此就迅猛地发展起来。

  民族灾难使中国人民团结起来,国共两党捐弃前嫌,携手抗日,中国工农红军改称第八路军,由陕西三原、耀县、富平等地开赴华北抗日前线。毛泽东选择恒山、吕梁山、管涔山和太行山作为基地,将八路军三个师分散部署,这是很有远见的,特别是以太行山为前进阵地,开展游击战争,对中国以后的发展影响极大。有了太行山根据地,陕甘宁边区就有了屏障,中共的抗日救国战略就能顺利地展开。

  太行山战略地位极为重要,有人以"千里太行贯神州,沧海碧波一巨龙"来形容这座山。八路军扎根于此,开辟了晋察冀、晋冀鲁豫等根据地,前者是敌后第一个根据地,后者是敌后最大的一块根据地。八路军总部和中共中央北方局曾先后设于武乡城东 40 公里的丘陵山区王家峪和左权县的麻田镇。太行山的确对中国革命做出了不可磨灭的贡献。

  说太行山哺育了中国,丰富了中华民族的文化传统,绝非过誉。

  中国共产党为什么以太行山为依托,并取得了革命的胜利?这是因为太行山战略地位极为重要,它直接威胁着日军在华北的统治。山地是日军机械化部队难以活动的场所,日军的兵力有限,只能占领点和线,要占领广大的农村是不可能的。一旦八路军出师,各种力量都被动员起来,便会很快地在群山中打下游击战争的基础,使日军坐卧不安。这是一。第二,在民族战争中,各阶级阶层极易团结,共同御侮。为了民族生存,不当亡国奴,所有爱国的中国人,都会参加到抗日行列中来。第三,共产党善于动员群众,组织群众,把青年人、老年人、妇女和儿童都组织起来,成立农救会、工救会、青救会,妇救会、儿童团。这些组织宣传爱国主义,宣传抗日救国道理,群众的民族意识普遍得到增强。第四,共产党制定了一系列符合实际的政策,改革社会,把农民引向进步和幸福,这是以往历史上所没有的,因而获得农民的拥护。太行山的革命精神遍布于华北和全国,太行山因此变得更加有魅力。

八路军始终和人民同呼吸,共命运,这是革命立于不败之地的根本原因。1941年至1943年日军数次侵入太行山腹地,虽然许多山村被毁,人民惨遭杀害,公私粮食遭到损失,但太行山每一个山头,都使日军望而生畏,日军终于被赶出太行山。抗日民主政府立即领导人民重建家园,组织灾民积极生产,合理减轻负担,给灾民以贷款,把敌人的破坏变成建设的推动力。集市贸易与人民生产生活紧密关联,这一点最能反映当时的社会状况。从太行山反"扫荡"后的集市贸易,可以看到太行山人民的物资力量和心理状态。其时,几乎所有的集市不是萧条而是繁荣起来。凡是农家所需要的东西都可以在集市上买到。据载,那时每集之粮食交易量约在百石左右。一个镇就有几家杂货铺,每集营业收入,都在二三千元上下。在艰苦的战争条件下,根据地人民对自己的未来抱乐观态度,不断奋力,开创了前进的局面。

共产党把握着历史发展的方向,已经懂得建设的极端重要性,那时他们提出的以经济建设为中心的指导思想和政策,是促使社会进步繁荣的主要原因。晋察冀抗日民主政府1942年2月召开的矿农贸易联席会议,决定发展小商品经济,晋冀鲁豫抗日民主政府颁布的1942年行政方针,以财政经济建设为中心任务,保证本年不再增加人民负担,采取开源节流办法,争取收支平衡,如实行清丈土地、登记财产、统一累进税、厉行节约、肃清贪污浪费、整理村财政等。

在中国这个封建主义浓厚存在的国土上,要把农民从贫穷和愚昧中解放出来、走向现代化是一个长期的历史任务。中国共产党一直为此而努力,即使在敌人严密封锁的环境中也在追求改革,把科学引向农业,使技术和群众相结合。譬如推广优良品种,引进比一般玉米多收二成至三成的美国金皇后玉米种,引进西红柿,使其成为根据地的新品种。已有的材料证明,政府非常重视发展农业,发展家庭副业,植树造林和养殖业。当时的口号是"谁有了粮食,谁就有了一切"。各级政府采取一切办法争取农业丰收。为此,许多县、区、村都修了水渠,推广新式农具。譬如涉县修建了漳南大渠,全长15公里,使2000多户的3600多亩旱地变成水浇地。左权县的拐儿镇、桐峪等地8个村庄设立了农具站,廉价给附近农民修理农具,并制造新式农具以供需要。

只要把那时根据地生活和国民党统治区农村生活以及敌占区人民的生活做一比较,人们就会看出革命产生了多么良好的影响。中国农村进步的历史从根据地开始,这一点是毫无疑问的。

社会改革是多方面的。在敌后,中共从减租减息和建立抗日民主政权入手。减租减息打碎了束缚在农民身上的枷锁,崭新的政权机关和农民心心相连,保证了抗日政策的执行。它是廉洁的,有权威的,那时如果发现党政军官员营私舞弊,贪污行贿等腐化现象,就立即予以罢免撤职或更严厉的处分。法令执行很严肃,任何人也不能违抗。那时政府官员和工作人员是不准经商的。部队运输营业机关人员外出时必须接受政府税务缉私单位的检查,如查出有违禁物,就要受政府法令的制裁。

存在于群众中根深蒂固的陋习和愚昧无知,也因人民文化知识的提高和政府法令的教育,有所克服或消失。在灾难面前,人们不再问神烧香、磕头、祈祷,而是组织起来寻求自救之道。早婚、重婚、纳妾、溺婴、蓄婢及童养媳等现象都被克服。信仰是自由的,教堂、庙宇都受到保护,任何人不准侵占。人们的眼界从狭小的范围中解放出来,他们关心国家大事和世界大事。1941 年太平洋战争爆发,各级抗日民主政府积极推进反法西斯运动,召开反法西斯运动大会、座谈会,举办运动周等,山村的农民也知道世界局势的发展,不再被崇山峻岭遮住自己的眼睛。

经过 8 年的抗日战争,太行山已变成一个新社会。无论用什么尺度来衡量,它都在中国历史上谱写了光荣的一页。它直接影响中国以后事态的发展和方向,影响着中国革命的命运。

抗日战争结束后,形势的发展不断向有利于共产党方面转变,中国的经济濒临崩溃,国民党给人民带来了极大的困难。中国解放区却日益兴盛。1948 年战局突变,被分割的晋察冀和晋冀鲁豫两大解放区连成一片。中共晋察冀中央局和晋冀鲁豫中央局及两个军区合并成为中共华北中央局与中国人民解放军华北军区,两个边区政府也合并组成华北人民政府。这个广大地区有 4500 万人民,与 1937 年开始立足于太行山之时,简直不可同日而语。

华北的战略地位特别重要。它联系着其他各解放区而成为各解放区的中心。中共中央和毛泽东、周恩来等也由延安转到太行山脚下,准备胜利进军北京。中华人民共和国成立前夕所进行的辽沈、淮海、平津三大战役,以及中共七届二中全会决定工作重心由乡村转向城市, 都是从太行山脚下的西柏坡村放出的光芒。中华人民共和国中央人民政府就是以华北人民政府为蓝图而建立起来的。原中共华北局机关报《人民日报》,成为中共中央的党报,今日的中国人民银行就是抗日战争时期的冀南银行发展起来的。太行山哺育出来的各方面的人才,进了北京,也有不少人走向全国。

从革命的角度来研究太行山,这条山脉的确有迷人的魔力,现在中国人一提到太行山,就想到革命,想到它在革命中的价值和地位。我们从太行山的研究中,可以看到中国革命的轨迹。

原载魏宏运主编:《二十世纪三四十年代太行山地区社会调查与研究》,人民出版社,2003年

《日伪统治下的东北农村(1931—1945年)》序

李淑娟的博士学位论文《日伪统治下的东北农村(1931—1945年)》即将成书面世,在恰逢抗日战争暨世界反法西斯战争胜利60周年之际,是值得祝贺的。

这一论文题目是作者和她的导师刘景泉教授几经讨论后确定的,其目的旨在揭露日本占领中国东北,在农村实施罪恶统治的真相。

对此问题,日本一些学者根据侵略者的资料,总是渲染日本如何"建设东北",说东北已是"王道乐土",有的还带着怀旧的思想,大发议论,极力歪曲历史,掩盖日伪殖民统治的残酷暴行。而事实上,富饶的东北农村,变成了人间地狱。作者正是带着恢复历史本来面目的使命进入这一课题研究的。

在研究时,作者尽一切力量充实自己的知识和思想,肯下功夫,阅读了大量有关日伪统治方面的书籍;到档案馆、图书馆查阅了不少省志及县志、档案和文献,收集复印了很多资料,每当发现珍贵资料时,就欣喜若狂;她还拜访过一些研究伪满洲国史的专家和学者,向他们请教;她也曾在黑龙江的寒冬冰天雪地中,到经历过伪满时代的老乡家中调查采访,在采访中尽量以研究者的理性对待这一问题,每当听到那段悲惨的历史回忆时,总是生发悲愤之情。有一段时间,她因劳累过度腰痛,必须卧床,即使在病痛中,仍然坚持读书思考,审慎筛选和梳理感兴趣和有用的资料,犹如蜜蜂,采百花而酿蜜。她的追求和毅力促使她完成了这部论著。

这部论著通过对日伪统治下的东北农村政权组织、统治方式的分析,揭露了伪组织协和会在农村的活动与日军建立"集团部落"和"无人区"的罪行;通过对土地产权结构的研究,揭露了日伪"地籍整理",百万户移民计划对农民土地的劫掠以及租佃关系发生的新变化;通过对农业生产考察,剖析了农业危机的原因和强令农民种植鸦片的危害;通过农民负担透视,展现出在日伪农业统制、劳工摊派和金融搜刮下,东北农村的衰败和农民的悲惨境况。该书深刻地揭示了日本殖民统治的残酷性和反动性,应该说,这种全方位、多视角研究,展示了论题的全貌。

本书的写作,使读者懂得了思想开阔与历史研究的关系。在研究方法上,注意把个案研究与全面论述结合起来,把日伪统治下的东北农村放在历史的大环境与大背景中考察,注意对日本侵华及伪满洲国的政治、经济、思想文化侵略政策背景的介绍,同时也应注意日伪对东北农村影响的典型事例的分析。书中列举很多生动案例和图表,给人以殖民地生活的真实和具体感,很有说服力。

可以说,完成这样一部论著,是要花费很大精力的,这其中有苦有乐,我想作者的感悟是颇多的,希望作者走自己的研究道路,出更多的研究成果。

原载李淑娟:《日伪统治下的东北农村(1931—1945 年)》,当代中国出版社,2005 年

《陕甘宁边区乡村的经济与社会》序

　　陕甘宁边区现在已成为历史地理名词，它在中国现代史上有着重要的历史地位，1935年10月，在南方失去根据地的各路红军经过艰苦的长征先后到达陕甘宁根据地，使这里成为红军长征的落脚点；全国抗战爆发后，集结在陕甘宁边区的红军改编为八路军，开赴华北抗日前线，这里成为敌后抗战的出发点。毛泽东在中共七大召开前夕说："我说陕北是两点，一个是落脚点，一个是出发点。"中共中央在陕北待了13年之久，1948年始离开东去，进了北京。这一历史进程，反映了我们民族的灾难和兴盛。研究陕甘宁边区历史，不论对中共党史还是中国现代史都是很有意义的。

　　学者总有一种追求，黄正林同志多年一直致力于陕甘宁边区社会经济史的研究，发表论文20余篇。今年，正值中国人民取得抗日战争胜利60周年之际，他结集了17篇已发表的论文，取名为《陕甘宁边区乡村的经济与社会》。书中的论文分为三个部分：第一部分3篇论文是关于陕甘宁边区经济立法的研究；第二部分9篇论文是关于陕甘宁边区经济的研究；第三部分5篇论文是关于陕甘宁边区社会的研究。

　　我最初从《近代史研究》和《抗日战争研究》上读到他的研究论文，了解到他是专门研究陕甘宁边区历史的。他在甘肃庆阳师专任教时，我们还通过信，2002年我到河北大学访问，经李金铮介绍始见面，知他已受聘到了河北大学，我们彼此之间的交往也就多了起来。在这本集子出版之时，他让我说几句话，作为书的序言，我当然是很高兴的。

　　关于陕甘宁边区的历史，不少中外学者都在研究，已出版了不少书籍。正林同志这部集子展开了对陕甘宁边区经济社会史的研究，涉及边区的经济问题包括经济立法、农村经济、财政税收、金融、手工业、森林、盐业；涉及边区的社会问题包括社会变迁、妇女问题、社会教育、社会风气以及体育事业等。如《抗战时期陕甘宁边区的经济政策与经济立法》《抗战时期陕甘宁边区农村经济研究》《抗战时期陕甘宁边区农业劳动力资源的整合》《抗战时期陕甘宁边区的农业税》《论抗战时期陕甘宁边区的社会变迁》等都是前人未曾注意的问题。在《边钞与抗战时期陕甘宁边区的金融事业》《抗战时期陕甘宁边区税收问题研究》《抗战时期陕甘宁边区的乡村妇女》等问题比前人的研究都有所深入。

资料扎实是正林做研究的一个特点。知识来自勤奋,据我所知,他先后多次到北京、西安、延安及当地的出版社、书店、图书馆、档案馆购买、查阅、复印资料,甚至不惜重金购买边区时期出版的报刊的影印本,耗时数年,收集了大量的陕甘宁边区史的资料,为他的研究奠定了资料基础。严谨的学者在写作过程中,总是以翔实的资料作为基石,这是治学的根本态度。正林同志在资料上下了苦功,所以在研究的面上有所拓展,在点上有所深入,文章厚实有力,这样的治学方法,是应该赞扬的。

陕甘宁地区现在已发生了巨大变化,探讨过去,是为了现在和未来。我们总讲历史是一面镜子,研究陕甘宁边区的历史,对今日总是有借鉴意义的,希望正林同志继续研究下去。

原载黄正林:《陕甘宁边区乡村的经济与社会》,人民出版社,2006 年

《战争·革命与乡村社会》序

　　区域史的研究方兴未艾,就以张玮博士的研究而言,不久前我就读到她和岳谦厚教授合著的《黄土·革命与日本入侵》,写的是 20 世纪三四十年代的晋西北农村社会,现在她的博士学位论文《战争·革命与乡村社会》又要付梓刊行了。这是她几年来在晋西北乃至山西省各地档案馆劳苦奔波以及在南京大学历史系不懈追求知识的成果,是一部具有很高学术价值的著作,亦展示了她的研究风采。

　　社会是一有机体,包含着诸多内容,而各部分内容又是相互关联的,有人从地理环境中去研究,有人从政党与社会变迁中去研究,有人从人口方面去研究,有人从乡村结构变化中去研究,有人从宗教信仰和风俗习惯上去研究,等等。历史学者总是将社会发展和进步过程中具有重要性的问题拿来探讨,张玮博士选择了那个时代的租佃和高利贷问题,这是旧社会非常普遍的现象,而研究地区则很有自己的特性。

　　农业为中国立国之本, 农村问题历来是关系中国社会全局的根本性问题,国家的兴衰存续,社会的发展变动均与农村休戚相关,从历代封建王朝到国民党政府再到共产党执政,无不致力于农业的发展和农村的进步。中国共产党之所以能够战胜国民党就是掌握了当时农村问题解决的主动权和发言权,并通过革命的方式改变了原有的农村社会经济结构,使农村社会发生了翻天覆地的变化。

　　中华人民共和国成立之后, 经过多年社会主义实践, 既取得了巨大成绩,又发生了诸多失误。1978 年国家实行改革开放政策,各个领域都出现了史无前例的变化,农村面目亦日新月异,向小康社会迈进。在学术界,近代乡村史遂成为备受人们重视的一个新的研究领域,已有大量研究成果问世。

　　华北农村社会经济史的研究向来为国内外学术界所重视。不过,在已取得的一系列成果中,山西农村社会经济的研究却相对较为滞后,多数研究将视线集中于华北腹地农村且将重心放在冀鲁或冀鲁豫地区，而边缘地区农村诸如晋西北地区之类的偏僻农村则似乎被从中"省略"或"剪裁"了。这可能是地理环境和阎锡山实行"锁省政策"与外界隔离所致。但从整个华北区域史来讲，中心地区或沿海省份并不能完全反映华北农村的实际状况。张玮博士选择晋西北农村社会经济来研究，既可补充先前有关华北农村经济研究的不足，又可加强对华北"小区"类型的研究，亦十分有助于理解华北腹地农村与边缘地区农村在多大程度上相似又在多大程度上不同，或晋西北农村与华北其他地区农村的社会经济关系怎样等诸多问题，进而准确地把握华北农村的全貌。

8年的全面抗日战争，改变了中国的历史命运。日军入侵和八路军开赴华北前线这两大因素使晋西北农村发生了变动，而此前阎锡山实行的"土地村公有""物价证券"等政策弊端百生，行不通，无形停顿了。中国共产党及其领导的八路军为应对日军入侵，整合了乡村原有的资源配置，改变了乡村原有的社会结构，引起了农村社会经济与生产关系的巨大演变，其中租佃关系、借贷关系、雇佣关系及与之相联系的土地制度等变化最为剧烈。张玮博士的研究成果刻画了"常态"下变化缓慢的农村社会的主要经济关系——租佃制度和借贷关系，使人们对那时底层阶级的家庭和社会生活有了真实的了解，这种研究成果是弥足珍贵的。

历史研究者总是多方发掘资料以充实自己的论述，张玮博士从各地图书馆、山西省各级档案馆搜索资料，特别是收集和阅读了长期以来为中外学者高度关注的张闻天"晋陕调查"之兴县二区14个村的原始调查资料，经过认真的梳理和思考，提出了自己对晋西北租佃体系与借贷关系演变的历史性解说。

张玮博士在整个研究中，始终以"传统制度"和中国共产党减租减息政策的表述与实践作为中心线索，并通过对该政策两个层面的实证性分析，充分再现了减租减息政策所面临的现实困境以及减租减息过程的艰难曲折性，阐明了减租减息政策在表达与实践层面所存在的颇多距离，亦生动地描述了中国共产党与地主和佃户以及中国共产党与高利贷者和负债者三者在此过程中关系"互动"的基本图景，或以生动而翔实的资料刻画了地主和高利贷者对共产党政策的"反制"及共产党在此情势下的因应之策。

通过对各种资料的缜密考证和研究，张玮博士提出了一系列十分中肯的判断或结论。例如，在上篇研究中，作者认为战争影响及中国共产党减租减息等政策的实施使农村土地开始发生"均化"现象,这种土地转移在表层上似乎是通过自由买卖实现的,而其实却带有外加的强制因素,亦即张闻天所称之为的"迫"(对地主之"迫")。农村社会阶层剧烈分化,出现"两头小,中间大"的"中农化"走势。在地权变动之时,与之相应的租佃关系也经历着重大变化,地主和佃农围绕减租与交租及其相关的问题展开了激烈的较量,某些已经逐渐退场的租佃形式以及原本存在的宗族血缘认同再次强劲反弹,其或经过多次"改头换面"而以新的形式出现。下篇则认为该地区私人借贷虽有友情借贷和高利贷之分,但大都属于后者。借贷性质多为非生产性的"糊口借贷",反映了农民生活的贫困和对债务的依赖。应指出的是,中国共产党所推行的减息或限制到取缔乡村高利贷的政策与实践,暂时减缓或解决了债户的高利贷重负,但未能从根本上解决农民的借债问题,以致甚而出现了农民重新"呼唤"高利贷的现象。高利贷在乡村社会是与传统小农生产等社会经济组织相适应的一种经济制度,具有存在的某种合理性。上述认识无疑十分有助于我们对革命中的中国近代乡村社会经济关系进行精确解读。

历史学者要使自己的著述站得住脚或经得起时间的检验,最重要的是判断客观公正。张玮博士以适应现代学术发展的新话语形态和"价值中立"或"实事求是"的学术原则,详细讲述了晋西北农村在 20 世纪三四十年代所经历过的那些"故事"。或者说,作者始终尽最大可能地避免任何价值预设以及由此引起的以价值判断代替事实判断的结果,而以理性和实事求是的精神做到了言必有据、事皆可证,在翔实的史料和充分实证的基础上将革命中的晋西北农村社会发生了什么及其如何发生的"实相"描述出来,并以此微观的考察为诸多宏观的研究提供了细密的实证依据。

乡村史研究大有可为,尤其是近代中国边缘地区的农村社会研究则有更大的拓展空间。据了解,张玮博士已申请到了 2006 年度国家哲学社会科学基金项目"20 世纪三四十年代吕梁山区农村社会的考察"课题,这对涉入学术殿堂不久的青年学者而言乃是一种令人兴奋的鼓励,相信她会沿着这条道路一直前进。

我祝愿张玮博士在已有研究成果基础上创作出更多更优秀的历史学著作!

原载张玮:《战争·革命与乡村社会》,中国社会科学出版社,2008 年

《近代河北乡村天主教会研究》序

李晓晨博士的《近代河北乡村天主教会研究》是一部较全面系统研究近代河北乡村天主教会的著作。作者从区域社会史的角度,探索乡村教会发展,揭示天主教对中国社会形成的客观影响,使这部论著具有颇高的学术价值。

天主教传入中国,自元朝迄今已有七百余年的历史。天主教于其长期的传播历程中,1840—1949年期间为其在中国一些地区被广泛接受的阶段,也是这一宗教从依靠外国强权保护到本地化的演变时期。从现有的这一领域研究成果看,明清时期的论著较多,近代研究的论著相当的少。至于近代河北天主教会的区域性研究更有待探索。就此而言,作者的研究是很有意义的。

研究学问是要付出巨大的劳动的,要有知难而进的精神。晓晨决心在这个课题上付出自己的心血,透视天主教的文化现象。为收集资料,她多次赴北京、天津、上海、石家庄、保定、沧州等地的图书馆与档案馆,获得了大量有价值的档案资料、教会文献资料、地方志及当时报刊杂志资料,并通过调查访问,收集到一些宝贵的口述资料。这些年来,我一直强调实地调查资料的重要性,尤因文献资料之不足,更需要一些有价值的调查资料来弥补。晓晨曾随同我去河北省昌黎县侯家营村、天津静海县冯家村等地进行田野调查,积累了一定的田野调查经验。她颇重视历史实证的准则,到各地追寻天主教的遗址,收集村民的历史记忆。收集资料期间,她利用一切可以利用的亲戚、朋友、同学关系,不辞劳苦,多次到河北农村访问调查,获得了对天主教的感性认识,增强了对天主教问题的理解。经过数年的辛苦和努力,她终于完成了这部专著。

与以往的研究相比,这部专著特色在于,从区域社会史的角度,全面系统地研究近代河北乡村天主教会的历史,在吸收和借鉴相关研究成果的基础上,提出了自己的创见。

第一,作为区域史研究,没有孤立地探讨河北乡村天主教会,而是将河北乡村教会与其他省区教会加以对比,考察其在全国天主教会中所处的位置,同时兼顾河北一省内部各乡村教会发展的差异性。通过对比研究可知,在新中国成立以前,河北天主教会在教堂、教徒、传教士的数目等方面均遥遥领先全国,教会所兴办的教育及文化事业也居于全国领先地位。这样一来,其对于河北天主教会区域研究的意义更具有典型性。

第二,改变以往简单的单向考察模式,强调从多层面、多角度考察义和团运动与乡村教会的冲突,对天主教基层团体在直隶西南代牧区已被接受、各代牧区损失大小与民教冲突成正比等偏颇评价做了合理的纠正,有助于更加客观、如实地揭示近代中国天主教会的发展历程与作用。

第三,对乡村天主教徒皈依动机作了深入细致分析,突破传统史学"吃教""仗教"的分析模式,依据宗教心理学和社会学的理论,把河北乡村教徒的皈依动机归为八种类型,每个类型既有具体生动的案例,又有综合的分析和概括,读后有新鲜感,也令人信服。

第四,引述资料丰富,图表和统计数字贯穿全文,以翔实的统计数字和图表,向读者直观展示了各乡村教会教务及社会事业等方面的发展状况,使其叙述建立在史论结合的基础之上,大大增加了论证的力度。

当然,这部专著仍有需要完善提高的地方,就资料来说,因法语等语言文字障碍,这方面的书籍文献阅读不多,还有大量的教会档案,等待研究者去翻阅。如果能在更广阔的范围内考察信教民众所形成的影响和后果,就更能凸显区域特点。

晓晨在南开四年多,无论为人、读书、做学问,都踏踏实实、勤勤恳恳。正是这种虚心向学、刻苦钻研的精神使她有了今天的一些收获。学无止境,我希望她能沿着自己所选择的道路坚定地走下去,在自己学术生涯中取得更大的进步。

原载李晓晨:《近代河北乡村天主教会研究》,人民出版社,2012年

《理想·历史·现实——毛泽东
与中国农村经济之变革》序

　　中外许许多多的学者,都在研究 20 世纪中国的农民问题,特别是中国农村的经济变革,撰写出不少有价值的书籍和文章。有的学者还深入农村,调查一个地区或一个村庄。有的在沿海,有的在内地;有的在北方,有的在南方。中国农村的变革逐渐成为研究的热点。本书作者温锐出生于江西南部农村,对农民问题有着特殊的感情。他从事研究工作之后,便以农民问题作为研究的主要课题。他撰写的《理想·历史·现实——毛泽东与中国农村经济之变革》一书,是他长期致力于农民问题研究的重要成果之一。该书选题好,角度新,学术价值显而易见,从书名也可看出,作者重视课题研究的理论价值和现实意义。书中指出,毛泽东创造性地运用和发展了马克思主义的理论,提出了一整套具有中国特色的农民问题和农村经济发展的理论,形成了解决农民问题与推动农村发展的方略,领导了中国农村的经济变革,既创造了辉煌的功业,也发生过严重的失误。作者把毛泽东推动中国农村半个世纪经济变革的历史,分为三个时期四个阶段展开研究,对每个阶段的内容、特点及各个阶段存在的问题与相互之间的联系,做了实事求是的系统考察,能从历史发展的脉络中抓住规律性的东西,将毛泽东与中国农村经济变革这一时空跨度大、内容纷繁复杂的问题系统起来,将毛泽东的农村经济变革理想、实践的发展逻辑作为一个整体。层次清晰、前后呼应,阐述符合逻辑。对理想、历史、现实之间的矛盾,作者既论述了现实校正理想,理想成为现实的历史,也叙及理想成为空想、空想左右现实的困惑,给人以一新的感觉。

　　全书的指导思想贯穿着社会主义市场经济理论,强调和突出了商品经济、市场对个体农民的影响。本书的许多论点,如对中国个体小农经济的特点、平均主义思想、个体农民作为劳动者与私有者的关系、传统重农政策、农业集体化运动一哄而起的根本原因和"一大二公"体制与干部"五风"关系问题,以及对整个农村经济变革各个阶段中的许多重要史实,等等,均展现了作者个人的思想火花。作者的研究,观点鲜明,论述有据,分析深刻,见解独到,不囿于传统观点,也与近期许多同行研究的结果有异。可以看出,在确定建立社会主义市场经济体制的今天,作者的研究对深化农村改革,促进农村经济发展,为人们提供了历史的启迪。这种不为传统束缚,又勇于探索现实的研究态度是可贵的。

温锐在南开攻读3年,获得史学博士学位,我们朝夕相处,他思想活跃,善于思索,想象力丰富,经常提出一些发人深思的问题。在历史研究中,掌握资料当然是基础,但能提出问题,比发现资料似乎更为紧要。温锐勤勤恳恳、不倦地读书,具有一种韧性。他翻阅了大量现、当代农村经济问题的资料专辑、报刊资料、地方志及档案资料。还先后到冀东、河南、安徽农村和多次深入江西农村做社会调查,使自己的研究工作建立在坚实的基础上。在南开期间,他出版的《中央苏区土地革命研究》一书,其学术观点受到国内外许多学者的称赞,他在该书基础上修订和增补而成的《中国苏维埃的土地革命——毛泽东·共产党·农民》一书,已蒙纽约州立大学的 Mark Seldon 教授译成英文,也即将在美国出版。现在,他的学位论文《理想·历史·现实——毛泽东与中国农村经济之变革》又要和读者见面了,这真是喜中加喜。该书的问世,读者如能从中汲取一些启发,那将是对他的最大鼓舞。

原载温锐:《理想·历史·现实——毛泽东与中国农村经济之变革》,山西高校联合出版社,1995年

《中国農村変革と家族・村落・国家
——華北農村調査の記録》（第一卷）序

出于对近代华北农村研究的浓厚兴趣，我们几十名中日学者制定了一项共同研究计划，同赴华北农村进行调查访问，获取了研究的第一手资料。

华北地区地域广袤，村落密集，逐一访问每个村落进行调查是不现实的，只能从中选择几个村庄。我们最终选择了抗日战争时期"满铁"曾经调查过的几个村落。毋庸讳言，"满铁"是日本侵略中国的重要机关，但它也出版了不少记录那个时代历史的书籍资料。"满铁"调查后，几乎所有的华北农村都历经苦难迎来了解放，那些动荡和波折无疑将充实我们的调查。

我们的调查是动态调查，纵向是历史的变迁，横向是社会的延伸。调查的内容是全方位的，包括村落的自然环境、村政权的变化、耕地状况和农业生产、村镇企业的出现和发展、村民和商品市场的关系、村民的政治意识及他们参加政治活动的情况、初等教育、家族风习、民间风俗习惯，等等。访问对象有早已卸任和在任的村干部、一般农民、农村的商业从业人员和工人、小学教师等，其中有经历过几次战争饱经沧桑的高龄老人，也有出生在新社会的青年，男女老少、各类人等。调查中，询问和应答诚恳，相互没有感情的隔阂，更没有掩盖事实的情况。同时我们参照了过去的相关资料和各县出版的最新资料，保证了此次调查的真实准确。

历史的发展有它的连续性。但各个时代又有各时代的特点，许多旧的观念和用语已经成为历史，一些带有新时代特征的意识和观念应运而生。例如，过去的村落调查往往首先明确村子里地主和富农的数量，通过调查他们的土地占有量和雇工人数等判定其财富。现在，我们则主要考察全村的经济发展过程、农业机械化的水平、村办企业的情况、农民平均收入的增加速度等。对村里的农民，仅以土地为基准已难以判定他们的财富，还必须要看他们的经营内容、住房、储蓄额、交际范围等。过去旧的思维方式、调查方法已经不能准确了解现在农村的发展变化。

本书列举的两个村落是北京市顺义县的沙井村和河北省栾城县的寺北柴村。这两个村在半个世纪的发展过程中有很多相似之处。过去，土地都集中在少数人手中，粮食亩产量在 200 斤以下，自耕农只能勉强维生，许多长工短工到村外谋求生计，而天灾人祸更是加深了农民的苦难。寺北柴村曾流行过一首歌谣："有女不嫁柴村人，淘够了米，拉够了磨，吃够了糙米饼。"新中国成立以后，两个村庄与中国的其他农村一样，都走过了一段曲折的道路。改革开放后，农村体制改革和商品经济的发展为各村庄带来了巨大的变化。这两个村庄也以不同的形态呈现出繁荣景象。沙井村的耕地采用农场规模经营的方式，七八户人家通过机械化电气化作业管理土地，粮食亩产量超过 1000 斤。这个村的农民还投入大量时间和劳力从事运输等副业，收入远比那些一般的民工要高。该村还投资数十万元兴办服装加工、汽车修理、鸡肉加工等企业。由于村的经济开发进展迅速，村政建设也很引人注目。例如村民委员会投资 60 万元兴建幼儿园和小学，投资 15 万元改造水道和道路，进行绿化。同时村内推行退休制度，每年支出 3 万元用作退休金等。寺北柴村则采用联产承包制，耕种收割都已机械化，主要生产小麦和玉米，亩产量均超过千斤。这个村没有集团企业，但个人从事商业、运输业和服装加工业的不少，还有养殖和蔬菜栽培专业户。村政建设虽然比沙井村要慢一些，但也有一个长远的发展计划。从这里，可以看到半个世纪以来的变化，尤其可以看到经过所有制的改革，社会生产力的大幅提高在这两个村落发生的巨大变化。"满铁"调查时期的状况对这两个村庄来说已经成为过去。

从以上两个村落来看，地理环境和村干部等人的因素与其发展有很大的关系。沙井村比邻顺义镇，依托北京这个大城市，村子里出外谋事的青壮年很多，这个村也因此成为改革开放的前锋，变成了一个富裕村，他们向农村现代化迈进的步伐要比寺北柴村快得多。寺北柴村距离石家庄东南 25 公里，自然和社会环境都不如沙井村，但如果村干部认真研究制定计划措施，领导和鼓舞全村农民齐心合力改善现有面貌，村里的经济状况一定还能有更大幅度的发展，这样向现代化进军的步伐也能够更快。

现在农村的经济活跃，农村商品市场繁荣，各省各城市间的商品流通和人口流动频繁。例如现在寺北柴村的鸡蛋不仅销往河南，还运到山西贩卖。沙井村有数十家从福建和浙江来的家庭，他们在当地建设了百余亩的木材市场,形成了一个新的居民区。同时由于顺义镇的扩建和道路建设,该村的耕地面积被削减,城市化倾向明显。新时代产生的诸多新现象和新问题引起了我们的兴趣,不仅丰富了我们的知识,也为我们的研究充实了新的内容,引发了我们新的思考。可以说这次调查是成功的。当然,我们的收获和成功,少不了以上这些地区的各级政府的大力协助,以及那些接受我们访问的农民朋友的真诚配合和鼓励。在这里向他们表示深深的谢意。而日本学者每到一村便表明"日本过去侵略中国,使你们蒙受灾难……"的诚恳态度,也是我们这次调查得以顺利完成的一个重要因素。

在中国历史的舞台上,农民始终是社会最主要的中坚力量。了解农民的生活,记述他们的耕作,展示他们对社会的贡献及他们的将来,是一件非常有价值的事情。

原载[日]三谷孝主编:《中国農村変革と家族・村落・国家——華北農村調査の記録》(第一卷),日本汲古书院,1999 年

《中国農村変革と家族・村落・国家 ——華北農村調査の記録》(第二卷)序

　　调查研究是了解中国近代社会的一个重要手段。尽管诸多的历史文献、书籍和新闻杂志上都记述了大量的近代史实，但不可能囊括历史上发生过的所有的事件。特别是有关基层组织和社会的资料显得格外缺乏。而通过调查研究却可以补充和充实这方面的知识和认识。尤其是那些通过细致精密的调查获取的资料具有相当的学术价值。我们这十几名中日学者对此有深刻的体会。20世纪90年代初的几年间，我们利用寒暑假几次奔赴华北农村的一些地方进行考察，获益良多。通过这些调查，我们不仅对华北农村加深了感性上的认识，还取得了很多翔实的历史资料，挖掘出了大量被淹没于历史风尘中的事实。

　　本书展示的正是这些调查访问的成果。调查对象主要是津浦铁路沿线的两个村庄：隶属天津静海县的冯家村和隶属山东平原县的后夏寨村，这两个村均属于华北地区。在当前的行政管辖上，平原县应归属华东地区，但它的地理位置、文化背景和风俗习惯则更多地与华北地区同类，因此我们把它作为华北的一个村落进行考察。

　　华北社会于近代史上可算历经风雨、饱尝战乱之苦。在经历了军阀混战、日本的侵略和蹂躏、国民党的统治后，在共产党的领导下迎来了解放。新中国成立以后，又经历了一连串的苦难折磨，现在终于能够大步踏上阳光大道。通过与当地老农的谈话，我们能够深切感受到他们经历的辛酸，而且，从他们的谈话中还能对中国近代史的大致轨迹有一个真实的认识。

　　1940年至今的半个世纪里，华北农村一直处于变化之中。这个变化在某个时期趋于平缓，而某个时期又如狂风巨浪，绝少有静止状态出现。现在，虽然还残留有不少旧的风俗习惯，但人们的观念和信仰随着时代和社会的变化也发生了巨大的改变。过去，穷苦的农民把自己的苦难当作命运的安排,听从天命,靠天生存,一遇到天灾人祸,就向天神祈求帮助。后来的大锅饭政策又把每户农家绑在一块土地上进行集体耕种,农民的积极性和创造性受到了极大的限制,从而滋生培育了平均主义,农民不可能再有更多的需求和愿望。现在,由于农村体制改革和多种经济的发展,农村呈现出了崭新的面貌。各地的农村都在用科学振兴农业,艰苦创业以各种形态迈向富裕。各家有各家的目标,经济充满活力,生活充满朝气。村与村之间、家与家之间的差异为人们带来了竞争,也带来了希望。

经济的发展是社会进步的杠杆,各个村都有自己的以经济建设为中心的发展计划。这种计划是在县乡镇各级政府的指导下制定的,相信会逐步一一实现。

各村庄自然条件的不同又使得各村的发展呈现出不同的特色。例如冯家村和后夏寨村,过去非常贫困,几度发生村民因为饥荒外逃的事情,生活极不安定。现在,冯家村变成了半工半农的村子。村子里有机器加工厂,村民在工厂工作的同时,又在自家承包的责任田上种植粮食和蔬菜。家家有余粮,户户有积蓄。据农民跟我们讲,他们现在储备的粮食可以吃上两三年。村子里的每户人家都通上了自来水,砖瓦房整齐漂亮,一幅欣欣向荣的新农村气象。而后夏寨村在20世纪40年代土地改革之前,659人只有2180亩土地,其中中农占多数,占有64.22%的耕地,由于干旱和洪水的侵害,粮食生产量很低,小麦亩产量为80斤,棉花是30斤,花生还达不到三四斤。60%的村民外出乞讨。现在,耕地面积尽管减少至大约1800亩,但由于最近20年间实施了诸如农田的基本建设、水利灌溉的电气化、种子革命、农业科学化、精耕细作等措施,粮食亩产量达到500多斤。近年来又广植果树,开拓新的经济资源,收效显著。现在已有各类果树1万多棵。在这个村,柳条编织的家庭手工业由来已久,现在开展得红红火火。村子里有56户编织专业户,其产品种类繁多,样式新颖,远销京津和海外。一些农民还长途贩卖黄牛等家畜,从事运输、建筑、商业等行当。农民通过实行多种经营,充分发挥了主观能动性,创造了舒适的新生活。

在乡村建设中,这两个村都非常重视学龄前儿童教育和小学教育的规范化。虽然我们的访问只是管窥了这两个村一段时期的状况,但他们的改革在不断前进的情形,以及已经取得的丰硕成果却是实实在在摆在我们的眼前。

感谢各级政府对我们的支持，感谢村民们对我们的热情招待和鼎力协助。正因为有了他们的帮助，我们才有可能获得了如此积极的成果。而日本友人每到一个村庄便首先表明"日本过去侵略中国，使你们蒙受灾难……"的诚恳态度，也是我们这次的调查访问得以顺利完成的一个重要原因。

历史如长河没有尽头。立足于历史长河中间，能回顾过去，审视现在，还能更清晰地看到未来。

原载［日］三谷孝主编：《中国農村変革と家族·村落·国家——華北農村調査の記録》（第二卷），日本汲古书院，2000 年

《二十世纪华北农村调查记录》总序

这份华北农村调查资料是中日学者学术合作的结晶。

1990 年 8 月,经国家教育委员会国际合作司的认可和批准,由我牵头的南开大学历史系中国近现代史专业部分教师和日本一桥大学学部三谷孝教授牵头的数校教师共同组成的"华北农村调查团",先后到北京市房山县吴店村、顺义县沙井村、静海县冯家村、栾城县寺北柴村及山东省平原县后夏家寨村考察访问,这一学术活动从 1990 年 8 月开始,一直持续到 1995 年 9 月,6 年余时间,多是安排在每年学校寒暑假期间进行。因为我们都是高等学校的教师,平时有教学任务,不可能集中一段时间专门调查。

我们调查取得了圆满的成果,日本学者出版了《农民が语る中国现代史》(内山书店 1993 年 3 月)32 开本, 是专门记录吴店村的;随后又于1999 年 2 月,以《中国農村変革と家族·村落·国家——華北農村調査の記録》为书名,出版了寺北柴村及沙井村的访问记录,16 开本,汲古书院出版;2000 年 2 月,以同样的书名,出版了后夏家寨和冯家村的访谈录,仍由汲古书院出版,都由三谷孝主编,我在每一册前都写了序言。这 3 本书的陆续问世, 以口述资料的形式展现了中国近现代农村社会发展的历史画卷, 在日本学界引起了巨大反响。他们认为这是继 20 世纪 30 年代"满铁"《中国农村惯行调查》之后的一项巨大工程,当然,和"满铁"调查的目的截然不同。"满铁"在中国东北和华北进行了许多调查,是为日本侵华服务的。今日中日学者的调查是在于展现 20 世纪 30 年代以来华北农村的社会变动。1994 年我在欧洲几个国家讲学时,丹麦哥本哈根大学和德国特立尔大学都让我讲华北农村调查的方法和结果。

现在这一学术活动的中文版成果,在南开大学历史学院刘泽华、张国刚和李治安的呼吁下,纳入了"211"工程,就要面世。王黎协助我,花费了许多精力根据访问时的中文录音记录，参照日文版，对人名、时间和话语做了核对和订正，由社会科学文献出版社出版。第 1 卷包括寺北柴村和沙井村。第 2 卷包括后夏家寨村和冯家村。可以这样说，中文版比日文版有些地方化更丰满些，也更准确一些。

有组织的中日学者联合起来，是我国改革开放政策实施后的新鲜事物，有的部门对我们的学术考察不理解，他们说了不负责任的外行话。我认为农村调查是一件好事，20 世纪中国农村发生了巨大的变革，在中国历史上是空前的，将其记录下来，是有历史意义的。这种文化的寻求和积累，是中国近现代历史内容的重要组成部分，是中华民族的精神和思想财富，是有学术价值的。正是出于学者的使命感，我是满腔热情地参与这一工作并和日本学者合作的。日本学人的严谨态度，也是我应该学习的。人的知识总是有限的，向他人学习，抱着科学态度将国外学者的研究方法吸收，融合到自己的研究工作中，这是一个人学术前进所必需的。

我们所以以这几个村为对象，并不是因为其在华北有典型性，而是因为有"满铁"的调查为基础，容易对比地看出社会发展的脉络。譬如"满铁"调查中关于村中的人口、耕种面积、工具的使用、人们的生活，都是具体的记载。半个多世纪以后的今天，其情况又如何呢？本书称华北农村调查，这种称呼又确切又不确切，因为 5 个村庄都是河北省、北京市和天津市所属的，没有山西省的。后夏家寨村所在的山东省在行政上现在属于华东地区，不过从历史和文化背景上来说，更接近于华北地域。

调查之初，左志远、张洪祥、王黎和我四处奔走，和有关方面多次联系，感谢朋友们的帮助，为调查铺平了道路。

所调查地区的县、乡、村各级政府给予我们很大的支持和帮助，使我们的计划得以实现。

进村之前，我们预先熟悉各个地区的情况，看了地图和村的位置及旧县志。日本学者还印刷了"满铁"调查的基本情况，包括谱系、住宅方位等极具体的材料，准备工作做得很周到，很细致。及至我们进入县境，各级政府有关人员，介绍其县的历史和现状，给予我们很多知识。这是书本上没有的，这是我们认识一些村庄的生活和社会现实的前提。我们以小学生的态度认真地听取和记录。

我们是历史地考察，寻找记忆，寻找过去，如实地将村民的经历和见闻记录下来。从抗日战争时期的 40 年代开始，到 90 年代中国农村的腾飞，时间跨度达半个多世纪。这期间华北人民经历了日本的侵略和统治，这一事实根深蒂固地印在我们民族的记忆中。日本投降后又经历了国内战争、土地改革、集体化道路、"大跃进"、人民公社、三年困难、"四清"运动、"文化大革命"，改革开放后的联产承包到包产到户，现在正在奔向小康。从土地所有制来讲，土地改革是一次大的变革，消灭了几千年来存在的地主阶级，集体化是一次大的变革，将土地所有权转变为集体所有制。现在仍是集体所有制，是以家庭生产为主的集体所有制，这和以往是不同的。从经济制度发展来看，我们长期计划经济的历史，有成功之处，也有失败之处。现在进入市场经济，一切都发生变化。在这几次大变革中，中央政府的政策是怎样影响最基层群众的，群众的意识是怎样转变的，其生产和生活的变化又是如何？从访谈记录中可以看到人们的心态。

我们调查的内容极为广泛，包括地理环境、人口政策和人口状况、计划生育的执行、村政权的理念，农业生产类包括种植面积、种植的品种、肥料、水利、农具、农产品的价值等，副业的生产，销售的渠道，家族延续和沉浮，婚姻状况，妇女在家庭和社会中的地位，中小学教育，人口的流动，道德风俗习惯，以及村民的生活等。用现在最普通的术语，是一种全方位的调查，而不是单一问题的调查，这样的调查可以构成一个村全面完整的历史画面。调查资料的根据：一是县档案馆的档案文献；二是县、乡、村政府领导的情况介绍和历次运动积累的材料；三是社会各领域人物的谈话记录。在采访中，如谈话投机，常常激起被调查者沉睡的回忆，他们所回答的问题，多于所提出的问题。我们多次发现农民手中保存着自己祖先代代相传保留下来的地契、借贷契约之类，这是意想不到的收获。如在寺北柴村，我和滨口允子访问一位老农，他打开了自己床头上陈旧的小匣子，取了一张用布包裹的乾隆时期的地契，其他调查成员也看到了不少地契，其中有雍正年代的地契。吴店村村民保存有民国二十五年六月河北省财政厅的土地税执照和中华人民共和国成立后兄弟分家的证书。契约文书对研究那时的社会情况是非常珍贵的资料。

因为是挨家串户，面对面的问答，被访问者的叙述意识是至关重要的。我们总是预先告诉他们来意、采访目的和内容，让他们心中有数。日本学者每到一村讲话时，总是先说一两句道歉的话："日本过去侵略中国,使你们蒙灾受难……"就是这么一句话,对访谈是极为重要的,这就扫清了交谈的障碍,为访问打开了大门。在顺义县,我们要访问一位抗日战争时期的中学教师,这位教师民族意识很强,他说"怎么日本人又来了",并拒绝接待。后来经过左志远解释,坚冰打破,他不仅热情接待,双方谈得还很投机。

村民是否说的是真话、心里话,根据我们的接触,他们毫不掩饰自己的观点和看法。他们对过去所发生的事有清醒的认识,并且能够用一条叙述线索将其连贯起来,论人论事,直言不讳,对大的历史事件有着深刻的回忆。

村民对自己生存和生活相关的问题,从不躲躲闪闪,譬如谈到集体化道路,开始时人们满腔热血,很积极,产量增加了,生活改善了,对前途抱着强烈的热望。但到了公社化时期,社会上弥漫着说谎话、说大话、搞浮夸,媒介整天宣传"人民公社是天堂""人有多大胆,地有多大产",搅浑了人们的意识,粮食扔在地里,任其腐烂,无人去收拾。人们都被强制性地去大炼钢铁,烧焦炭,挖水库。人们的精力消磨殆尽,毫无一丝独立性,结果弄得物资极度短缺,出现了严重的灾荒。人们以瓜菜充饥,尚且不足,各村都出现了饿死人的现象,精神上备受痛苦,而又不能不三缄其口,没法说的话,只能在心里翻滚着,什么都大一统,生活也没有保证了。他们回忆这一段历史时,心情是很沉重的,应该说这是真实的。到了中共十一届三中全会以后,政策接近群众,中央连续颁布了有关农村改革5个"一号文件",人们的思想和心态逐步发生了变化。我们如实记录了各村的实态,有的走得快,有的走得慢,相继冲破了旧的束缚。任何运动总是有一部分人先行动起来,有一部分人则在等待观望,等时机完全成熟时,才开始行动,这就是华北农村社会与经济变动的生动情景。1984年人民公社解体后,以农业生产为主导,出现了各种各样的个体户。譬如1990年访问沙井村时,该村7户农民承包全部土地,他们农闲时还搞运输,其收入大幅度增加,村中也出现了一家私人医院和药铺,还有个人经营的涂料厂,原来的供销社也由私人经营了,村中妇女80%都到设在该村的服装加工厂工作,服装销售至欧美和日本等国,生意兴旺。还有各汽车修配厂,是为北京市的中央民政部修配汽车的。1994年第二次访问该村时我们发现,村里耕地面积减少了,出现了由福建商人组成的"福建村",全是经营木材的，出租土地成为村中的一大收入。村中盖起了村政府大楼和宽敞的幼儿园，开始实行养老保险金制度。山东平原县后夏家寨村，距离大城市较远，村民生活较苦，几十年来变化很少。几家农民做饭烧锅时所拉的风箱，还是几十年前我在农村见到的那样。农村新政策出台后，人们恢复了传统的手工业，用柳条编织筐笼之类和用麦秸秆编草帽，由天津外贸公司收购，运销海内外。贩运牲口特别是耕牛，也是该村的特长，不少农家又经营起这行业。我们还到附近的牲口市上去实地考察了一次。引黄灌溉，种植茄子之类蔬菜，远销日本，这是一种全新的植物种植，茄子大小均匀，农民们掌握了技术，有了新的观念。栾城县寺北柴村的农业在河北省是很出名的，他们有一宗稳定的收入，就是种植的玉米，供应华北制药厂做原料。20世纪80年代后，大部分农户除了耕种土地外，还开展多种经营，有的经商，有的搞副业，有的搞服装加工，还出现了养殖专业户，种植专业户，养鸡专业户。搞运输在"文化大革命"时被视为投机的"二道贩子"，现在成为人们向往的行业。该村部分农户由山西运煤，制作煤球或蜂窝煤来卖。蛋品销路广，河南客户定期收购。乡政府为了发展养鸡业，还请北京的农业专家来讲养鸡技术，各村居民四面八方拥向乡政府所在地去听课，我们亲眼看到了这种场面，各村都在根据自己的地理条件进行生产，创造财富，创造生活，都在各奔前程。

一些商人，直言他们卖东西时，短斤短两，他们认为这没有什么大惊小怪的。

村中已呈现出贫富两个群体的差距，富户拥有运输汽车和拖拉机。1994年寺北柴村就有各种拖拉机100多辆。富户还盖了新房，有的盖的是楼房。

人们的观念发生了变化。现在论财富，看其农副产品在市场上销售量如何，拥有几台拖拉机。耕牛和骡马，不再作为财富的象征。现在人们都很注意信息，看哪一行能赚到钱，就趋向哪里。

农村中重男轻女的现象还是比较普遍。他们愿意要男孩，一是传宗接代，二是可以增加家中的劳力。计划生育很严格，但有的农民宁愿接受罚款，也要多生一个孩子。妇女怀孕，生育儿女是最重要的事情，受到尊重，否则就被看不起。从这一点上看，几千年的传统观念是很难转变和根除的。

旧的不良的风俗习惯又泛滥起来，如敬鬼神、迷信风水等。婚丧嫁娶也很铺张，村民讲，现在没有几万元给孩子是成不了亲的，必须盖新房，买电视机、洗衣机，家里还得有沙发之类摆设。

我们访问时，各村均有民办公助小学。发动社会力量办学，这是办学的一种方法。小学教育是国民教育的根基和基础，有的村小学的教室很整洁，从表面上看，文化气氛是很浓的。寺北柴村的教室则是危房，日本学者捐赠了2000元，希望能够改变一下学校环境。

村民对村中干部私下议论得很多，何人好，为村里办实事，就得到尊敬；何人私心重，作风不好，群众中微词就颇多。不敢说话的时代已成为过去。

中国数十年来所走过的是曲折多艰的道路。这种情景在每个人的心中都留下深深的烙印，他们说的是实实在在的心声，反映了历史和时代的特点。这部书是记录性的，没有抽象的概括，没有理论的阐述，没有文学家的描写，没有富丽的辞藻，语言朴实无华，所能看到的是普通村民的生活足迹，是华北地区农村历史沿革的缩影和农民生活与生产变化的实态，包含着坚挺的历史骨骼。

从社会发展的角度看，一切事件和人物都是历史的、暂时的，而历史的进程则是永恒的运动。我们的访问考察结束后的10年，各地又有了许多新变化。如沙井村已变成隶属北京市的一部分，村中已没有耕地了，"福建村"面积扩大了，占地已达200多亩，占该村土地1/6，村中的面貌已城市化。原来到服装厂做工的村民，已不再去了，现在工厂六七百人多是外地和外村的，法人代表成为私人名义。天津市静海县冯家村也和1993年我们访问时大不一样。那时村民种地以外，还给天津市一个工厂做部件，现在大部分青壮年到附近一个日资企业去打工，月薪1000多元，留在村中种蔬菜，如茄子、西红柿、芹菜之类，秋冬都是大棚菜，用机井灌溉，村里有信息员，时刻掌握着市场行情。关于山东省平原县后夏家寨，我们最后一次访问是1994年8月，如今也发生了诸多变化。现在编织副业基本上没有了，几个木匠在村中创办了家具作坊，年生产量大约2000多件，获利在2万元以上。恩城镇的牲畜市场，比过去大得多，上市量约千头左右。后夏家寨村民有2010户养牛，繁殖小牛，每头可卖千元，有的用300多元买个小牛或驴、骡、马，喂一年长大了再买，也可以得到1000—1200元。村中增加了十多眼机井，使85%的农田得以灌溉，小麦、玉米亩产量约 800—1000 斤。30%农户有了拖拉机,村民盖新房的多了,都是砖石结构。约 50%的青年男女都外出,到北京、天津、青岛等城市打工,月收入在 800—1200 元之间。

因为出生率低了,各村小学校的孩子少了,如今几个村合并办了一个小学校,这样学校的教学质量也提高了。

值得深思的是,各村村民都出现了"向钱看"的倾向,过去数十年来培养和形成的集体观念淡薄了,很少有人再有奉献精神,这对建设社会主义新农村是不利的。

历史是一面镜子,可以照过去,照现在,也可以启示未来。关于研究华北农村的著作,市场上已有不少,这部书则有自己独特的文化形态,是认识华北农村、了解华北农村最好的素材,也为研究者提供了丰富的资料,可以引起更多的思考。今日中国农村的进步是付出了巨大的代价取得的,我们应该珍惜今日,使小康社会早日实现。只有农村获得革命性变革和农民生活得到彻底的改善及提高,中国才配得上现代强国的地位。

2006 年 8 月于南开园锸斋

原载魏宏运、[日]三谷孝、张思主编:《二十世纪华北农村调查记录》,社会科学文献出版社,2012 年

人物研究

《罗素与中国》序

罗素是现代西方一位著名思想家。我国学界对罗素其人并不陌生。"五四"时期,他曾来华讲学,拥有不少信奉者。他的演讲被辑成《罗素五大讲演》出版,也发行过单行本。我们在讲马克思主义三次论战时,总要谈到罗素,作为对立面。

从整体上全面地研究罗素,是历史研究中的新课题。冯崇义在英国里兹大学留学期间从大英图书馆特别是加拿大罗素档案馆,查阅了丰富的未发表文献,首次对罗素的生平、思想、在中国的讲学活动及罗素与中国的复杂关系进行了系统深入的探索,写出了这部颇有深度的《罗素与中国》,表述了自己独特的见解。

这部书的最大特点,是以新思路、新方法阐述了过去未被人探索的问题。作者不囿于别人成见,以其所掌握的翔实材料为依据,揭示了罗素终身关心、支持中华民族的独立与进步;"五四"时期支持先进的中国人对现代化的追求和对社会主义道路的选择;学术和思想方面对现代中国产生过的积极影响,等等。从复杂的现象中找出实质性的东西,是罗素研究中的突破。应该说作者是有勇气和远见的。

罗素在英美报刊上发表了许多关于中国问题的文章,还出版了论述中国问题的专著《中国之问题》,实为西方的一位汉学家。但1920年罗素几个月的中国之行,不可能深知中国,他的中国观难免有欠妥之处。作者也指出了罗素的局限性。

这部书的另一个特点是作者的视野比较广阔。研究中西文化交流是很艰难的工作。让中国了解世界,让世界了解中国,架设这样的桥梁要求作者既了解中国,也了解西方。近代中国的思想文化,其历史源头很多来自西方。改革开放以来,我们对西方文化了解得越来越多,对西方文化各个领域可以获得一个完整的图像。该书作者接触了许多中外学者,发掘出许多鲜为人知的中外资料，考察了罗素的学术生涯及其历史背景，使得他的研究别开生面，更具有科学性。当然，罗素涉及的知识领域很广，思想很丰富，他与中国的关系也是多方面的，研究罗素及其中国观，还仅仅是个开端。

人总是要有远大的抱负和追求的，历史工作者如果没有这一雄心，自己的研究工作就很难有进展。冯崇义锲而不舍，做了有益的尝试。他在处理材料时所具有的观察力是值得赞赏的。我读了他的书稿，感到思路敏捷，文笔流畅，引人入胜。

这部书原是作者的博士论文，我作为他的博士学位导师，在他的著作即将问世之际，写了这么几句卷首语，也借此表达对青年一代的期望。是以为序。

原载冯崇义：《罗素与中国》，三联书店，1994 年

《临时大总统和他的支持者
——孙中山英文藏档透视》序

1994 年 7 月到 1995 年 3 月，《团结报》陆续刊登了邓丽兰同志撰写的关于孙中山的几篇文章，内容新颖，行文流畅明晰，引人入胜。最近我又阅读了她即将出版的《临时大总统和他的支持者——孙中山英文藏档透视》全稿，觉得她的研究的确独辟蹊径，别具风格。

孙中山是中国近代历史上的伟人，其思想已成为中国人的精神财富。有关孙中山的文献资料都已整理出版，如《孙中山选集》《孙中山全集》《孙中山藏档选编》等。研究孙中山生平及思想的书籍，如年谱、传记、史观之类，已有好几种。从各个侧面和角度所撰写的文章，也不可胜计，可能是近代历史人物中涉及最多的一位。要在这样丰富的成果上，有所突破和创新，是很不容易的。历史研究中足以引起人们注目的，一是理论阐述的深度，一是资料引用的适当和新颖。邓的著作，在这方面颇具特色。

邓是一位颇有雄心抱负的青年学友，她在南开读了 7 年书，获得了学士和硕士学位，毕业那年，她没有到大城市去工作，而是选择了翠亨村。翠亨村的名字深深地吸引着她。她立志要在孙中山研究中有所建树。她成功了，源于一种事业心的推动，她以自己扎实的英文基础，把多年来束之高阁的英文藏档，逐一整理，经过拣选、翻译、定名、研究，令其突出了自身的历史价值。一个人的书信往来，反映出一个人的性格和思想，那里包含着一个活跃的精神世界。作者发掘了新资料，并首先使用它们，这就为一些研究者过去尚未解决的问题，补充了可贵的依据，提示人们尚有忽视的领域。这是一大贡献。我相信，研究孙中山的国内外学者，会从这部书中汲取进一步研究这位伟人的养料。

在中外学术交流过程中，我感触颇深的是：许多国外的研究者能够为一部著作读万卷书，行万里路，在占有大量史料基础上进行有创见的研究，而国内的研究者却缺乏这一条件。孙中山研究的突破，有赖于在进一步发掘史料的基础上提示出新的研究角度。该书作者在这方面已经注意到了,她对一些与孙中山有关的人物与事件,做出了令人信服的再考订,并能将此次新发现的史料与其所能看到的国外公开的档案资料结合起来,大胆地提出了自己的看法。作者对孙中山与外国传教士丁义华往来的研究、对孙中山与美国法律顾问那文往来的研究等,虽然是片断的,却是开创性的。

　　这是一部成功之作,辛勤的汗水已灌溉出丰硕的果实,希望作者继续努力不懈。学海无涯,浅尝辄止不可取,做学问需要的是绳锯木断,水滴石穿,愿与丽兰学友共勉。

　　原载邓丽兰编著:《临时大总统和他的支持者——孙中山英文藏档透视》,中国文史出版社,1996 年

《蒋介石与国民党腐败》序

当年国民党在大陆的统治"其兴也勃焉,其亡也忽焉"。短短 22 年即由兴而亡。何以如此?这是一个很吸引人的问题,国内外许多学者都在从各个方面探讨这一问题。王彦民博士所撰写的《蒋介石与国民党腐败》,也是研究这一问题的一份成果。

该书采用的资料,有国民党方面的,也有共产党方面的;有中国的,也有外国的;有官方的,也有民间的;有新闻记者的,也有专家学者的。可以说,所收集的资料丰富,具有各方面的代表性。这些资料记录了蒋介石与国民党腐败的种种问题,成了该书的养料。

作者研究过程中,将各种资料互相参照,实事求是,并将文献资料与调查访问相结合。在那个时代生活过的人,对国民党的腐败无不有所感受。作者访问了许多人,将所得和文献记载相印证。我也是那个时代过来的,对国民党的腐败记忆犹新,也谈了一些活资料。我感觉到作者对问题的研究,是求实认真的。他能够从不同的视角方位观察思考问题,以便尽可能系统、全面、深入地进行研究。现在他把国民党的腐败景象呈现在读者面前,并给以哲理的分析,研究成果是有学术价值的,其学术观点也有新颖之处。

作者认为,政治腐败是以公共权力谋取私利,但不限于以权谋私。"侵权,越权,兼职过多,不负责任,行政失去效率,有法不依,执法不严,法律面前不平等,遇事推诿,消极怠工,敷衍塞责,袒护低劣管理,官僚主义……"这些并非以权谋私却使权力职能变坏的现象,也属政治腐败。专制独裁本质上是最为要害的政治腐败,并且导致其他腐败。腐败有多种表现形式:在经济方面,不限于贪污受贿。敲诈勒索,非法摊派,非法募捐,滥用公物,挥霍浪费,违法收税,走私,与外国人非法交易,套取外汇,扰乱金融,擅提公款,截留公款,索取回扣,等等,都是腐败的表现形式。腐败在军事方面亦有许多表现,其中"视军队为己有和军队风纪败坏"是要害所在。腐败还表现为官商结合。官吏滥用职权,经商谋利。官商勾结,给社会造成严重危害。军商结合亦是腐败的表现。国民党统治时期,其军队经商成风。各级军官强迫下属和士兵运货,甚至与敌人做交易,严重破坏了军队的士气和战斗力,影响极坏。腐败不限于权力和物质,更涉及精神。精神状态中的腐败,尤当注意。而且并非只有当权者才腐败。国民党政府中的职员和军队中的士兵及社会上的其他一些人也腐败。只是腐败的性质和程度有所不同。那时的确出现了一个腐朽的社会,正直的人们无不切齿痛恨。作者的论述是符合历史事实的。国民党党政军的腐败遍及各个领域。

作者还明确提出蒋介石是最大的腐败者,是腐败的导演者,并用事实说明,蒋介石不仅腐败,而且导致国民党党政军腐败。作者认为,"蒋的腐败,不同于一般的腐败。我们不能用一般贪污腐败的标准衡量他。蒋介石以权谋私非谋一般人之私,而是谋据天下为己有之大私。"这与过去人们对蒋介石的认识,亦有所不同。

蒋介石和国民党腐败有多方面的根源。作者从政治、经济、军事、战争、思想、文化、社会和历史等方面进行探讨,认为其中政治上的专制独裁是腐败的最大根源。从蒋介石和国民党腐败的历史状况看,这种观点不无道理。由于蒋介石国民党专制独裁,人民群众不能参与管理,也无法起到监督和批评的作用。社会因此缺乏公正,生产力得不到应有的发展。各种腐败现象即应运而生。

蒋介石和国民党,原本未必想到自己会腐败。腐败发生后,他们有所认识,试图加以防治。然而事态的发展往往不以人们的意志为转移。腐败既已产生,就会有所发展。而腐败又是腐败者的利益所在。他们受利益的驱动,陷入腐败而不能自拔。尽管他们曾大喊要防治腐败,事实上他们却在继续腐败,并且日益严重,终于不可收拾。腐败者是防治不了腐败的。共产党领导人民推翻南京政府,蒋介石和国民党在大陆的腐败才被消除。这方面,作者也有明确的见解。

防治腐败,是一个大问题。作者认为,防治腐败,就像大禹治水一样,需要疏导,创造条件,使腐败自然流失、自然消亡。如发展经济,使人人都富足;实行民主,人人都参与管理;提高文化教育,规范社会道德;尊重法律,人人平等……有了这些条件,腐败就会自然减少。蒋介石和国民党没能创造这些条件,还凭借强力维护了腐败。结果腐败犹如洪水,愈积愈多,最后溃不可收,自食苦果。历史就是这样的有情和无情。

作者王彦民,1953 年生,安徽宿州人。1980 年以来,一直在中国近现代史领域耕耘,专著有《徐树铮传》,已发表论文几十篇,有《试论孙中山的革命雄心和性格》《关于辛亥革命的性质和领导问题》《略论历史研究的一般方法》《徐树铮与传统文化》《抗日战争时期国统区的灾荒及其人为成因》《传统文化与现代化的关系》《安徽辛亥革命与北洋军阀》《废除不平等条约与抗日战争》等,合著有《安徽近代史》《安徽现代史》《民国政坛内幕》《皖系北洋人物》等。他很勤奋努力,在南开大学攻读博士学位期间,我作为他的导师,深知他是有抱负的,他的写作精神是应该称赞的。

《蒋介石与国民党腐败》是在他的博士论文基础上形成的。我为此书的出版而感到高兴。

我期待他取得更多更好的成果。

是为序。

原载王彦民:《蒋介石与国民党腐败》,安徽大学出版社,1998 年

《蒋介石研究》序

庹平的《蒋介石研究》这本书，是由他几年前在南开大学所写的博士论文修改、补充而成的。到目前为止，它是国内第一本从思想角度全面、细致、深入分析研究蒋介石的专著。对于它的出版，我感到十分高兴。

蒋介石曾独裁统治中国长达 22 年之久，是中国近现代史上显赫一时的政治人物。研究蒋介石，无疑是近现代中国历史中的重要研究课题。庹平选择了蒋介石研究中的难点，试图就蒋介石的思想言行来探寻他的政治动机和目的，以加深人们对蒋介石的认识与做出客观的评述，这是一个新的视角，新的领域，而且是一个深层次的问题。同时，出版评介蒋介石思想的著作，尤其大量引用蒋介石言论的研究著作，具有较强的政治敏锐性。作者敢于涉足这一政治敏锐性较强、理论难度很大而又很有学术价值和现实意义的课题，知难而进，勇于探索，精神可贵。虽然研究蒋介石的文著已有不少问世，但像本书一样全面解剖蒋介石思想灵魂者，尚属首次。与以往的研究相比，该书具有新颖、全面、细致等特点。

蒋介石的思想自成体系而又混乱庞杂，集古今中外反动思想之大成。可它又以革命名词作掩护，戴上一项三民主义的帽子，蒋介石还以孙中山的"忠实信徒"自居，这就迷惑了不少人。因此，揭开蒙在蒋介石思想上的面纱，还其本来的面目，并不是一件十分容易的事。该书对蒋介石的言论进行了系统的研究与分析，归纳为伦理、民众、民族、政治四大观点 12 个论点，既综合评析蒋介石思想全貌，又着重探讨蒋介石的政治思想本质。同时，作者以"听其言，观其行"为准绳，把蒋介石的言论和他的行动对照起来，用他的行动来检验他的言论，从理论到政治，从观点到政策，从言到行，层层进行分析，贯彻理论联系实际的原则，既有蒋介石的言行史实作为写史的根据，又有作者对问题的分析看法，其中不乏一些开拓创新的能言之有理的独立见解和观点。这种重点和全面结合，突出重点；重点之中，又主要抓住蒋介石的政治思想本质的科学与清晰的写作方法,较之前人的研究颇有新颖别致之感。

以往台湾地区的国民党史研究专家,都把蒋介石的思想看得高于一切,视之为孙中山思想的忠实继承,具有把中国传统文化与近代社会实践相结合的特征,因而也是民国时期国民党及其政权的理论指南。国民党的失败被认为是没有真正贯彻蒋介石思想的缘故。而以往大陆的国民党史研究者,却过多地侧重于对蒋介石的反共思想及"不抵抗主义"的批判,较少论及蒋介石思想的文化根源和政治特征,从而影响了对蒋介石思想的全面认识。庹平的《蒋介石研究》,把蒋介石放在时代的大背景下,条分缕析地解剖蒋介石思想的起源、发展和矛盾,较为客观地理解蒋介石思想的复杂之处。该书在逐步细致地分析蒋氏伦理观、民众观、民族观和政治观中,揭示蒋氏的伦理观、民众观、民族观和政治观都是其政治行为的铺垫,是装饰其政治行为的色彩斑斓的光环,无一不是为其政治行为服务的。只有透过政治行为的烟幕,才能理解作为大政治人物的蒋介石。这就在全面研究中抓住了蒋介石思想的核心。

该书忠于事实,坚持真理,立场鲜明,观点明确。作者对收集的大量档案和书刊史料进行去粗取精、去伪存真、由表及里的分析与研究,按照实事求是的原则,对蒋介石的错误观点进行严肃的批判。书中深刻地揭示了蒋介石的思想与孙中山的思想及戴季陶主义的关系,提出蒋介石刻意利用戴季陶主义儒化三民主义,不过是借孙中山三民主义之名而还其儒家伦理道德之实;蒋介石有时发表一些与孙中山三民主义相对接近的言论,其主要目的是在防止政敌之攻击或在扮演"信徒"之身份。作者在论述蒋介石由强调服从孙中山到强调服从蒋本人的演变过程中,联系蒋介石的所作所为,生动地勾勒出了一个深藏极端追逐权欲与利欲而又道貌岸然的伪君子灵魂。作者把蒋介石的"信仰领袖"论与法西斯主义对领袖的极端崇拜进行了比较,认为蒋介石的"信仰领袖"论把民众对领袖的服从单向化和绝对化,是一种非民主的封建性的盲从,从根本上是对现代民主政治的一种曲解和反动。作者剖析了蒋介石的"革命的人生观",认为蒋介石在黄埔军校时期企图利用"革命的人生观"将黄埔军校学生培养成"蒋家军"之基干;在内战时期又企图利用"革命的人生观"要求部下官兵战死于"剿共"战场上。因此,驱使他人为维护蒋的权势赴汤蹈火、"杀身成仁"的"革命的人生观",在思想范畴上与儒家伦理道德是"亲爱的两兄弟"。同时,作者又以实事求是的态度和一分为二的方法,在指出蒋介石的思想言论总体上是错误的、落后的和反动的同时,对蒋在某些特定条件下做出有利于民族和社会的言行,不论其主观愿望如何,都给予了恰当的肯定。如对"革命的人生观"两重性的分析,"安内攘外"政策与思想的评析等。

该书着重评析蒋介石的言行对于中国近现代历史的发展演变所起过的重要影响和作用。尤其是作者能够从长期作为指导国民党行动根本理论的角度,揭示蒋介石推行封建伦理道德的一个最重要的影响和作用,就是使蒋介石控制的国民党,实际上成为一个以封建伦理道德为指导思想的、具有浓厚封建性的政党。"仅此一点,就基本上决定了国民党在中国现代历史舞台上的生命力是不会太强的。"作者还能够从动态研究的角度,把蒋介石的言行放在不同时期和阶段来评价其维护蒋介石国民党政权统治的作用。如认为蒋介石的民众观观念是因时和因需要而异的。当蒋介石自认为需要民众帮助时,他就会称民众是主人,并要求部下官兵想尽办法来解救民众的穷苦;当蒋介石取得全国政权和形势稳定时,他就会抓住民众生活中的某些弱点不放,把民众说得一无是处,其教民、用民都是以维护其统治为目的。如认为蒋介石的民族意识虽然随对敌斗争形势变化而有所变化,但是,蒋介石总是视领导人民进行解放斗争的中国共产党为主要敌人,并相应制定的"安内攘外"的错误政策,也是从维护其独裁专制政权出发的。蒋之"以党治国"和"信仰领袖"论的政治观也出于此。

该书行文平实活泼,论述客观公允,资料翔实,思路开阔,脉络清晰,不仅对蒋介石这个人物的刻画很深刻,而且有较高的学术价值。因此,我希望该书的出版不仅能唤起一般读者的极大兴趣,还能在学术界有力地推动蒋介石研究的深化。

原载庹平:《蒋介石研究》,团结出版社,2001 年

《蒋介石与日本的恩恩怨怨》序

　　近代以来中国的历史，与此前中国数千年的文明发展历史全然不同了。其中重要一点是，近代以前中国基本是独立发展的，就其活动地区而言，主要在东亚、东南亚范围之内，对这个范围之外的"世界"的联系虽然有，但很不经常，也很不密切。当时，世界其他地区间文明主体的联系也大概如此，整个"世界"是分散的，彼此孤立的。然而，近代"资本主义"这一生产方式、生活方式乃至文明方式在西欧产生、崛起并迅速向"世界"其他地区扩张后，形成了"世界性"的资本主义体系，这一体系打破了各地区之间原本孤立、隔离的状态，有史以来第一次真正形成了将各个地区的人类结成一个互相联系的、再也无法分开的整体世界。从人类发展的历程看，这无疑是一个巨大的进步。不过，伴随这一进步的实现，人类也付出了极大的代价。这就是资本主义体系所具有扩张性、侵略性，把统一了的世界事实上又分裂了：一方面，资本主义国际体系内部为了争夺市场、领土和优势资源而相互发动空前规模的超地区性甚至世界性的战争；另一方面，资本主义国际体系以"文明"者姿态对处于前资本主义形态的国家和地区进行野蛮的侵略、掠夺和奴役。这两方面分裂性的战争都使人类蒙受了空前的灾难，而后一方面，形成了作为资本主义的殖民—帝国主义的侵略与受殖民—帝国主义侵略的殖民地半殖民地国家和人民反抗侵略和反奴役的斗争。在这些战争中，殖民地半殖民地的国家和人民是最大的受害者。为了反抗这种不公平、弱肉强食的国家秩序，殖民地半殖民地国家进行了长期艰苦的民族解放斗争，使资本主义的殖民—帝国主义体系受到极大的打击和破坏，到第二次世界大战争结束后，殖民地半殖民地国家追求民族独立、国家平等、世界和平的斗争取得了巨大的成功。因此，近代殖民—帝国主义国家对殖民地半殖民地国家的侵略、奴役与殖民地半殖民地国家的反侵略、反奴役的斗争，是近代国际关系发展、演变的重要内容。近代中国与日本的关系，就是在这一背景下展开和发展的。

当近代资本主义东来之时，日本和中国一样，本来也是受西方列强侵略和奴役的国家。但日本通过明治维新改革后，成功地发展了资本主义的经济和军事力量，一跃加入了正处于对外扩张阶段的殖民—帝国主义体系，并乘西人屡次大败中国之势，通过甲午一战而大败邻邦中国，由此日本开始了对中国的步步侵略，直至抗日战争结束，中国与日本56年的恩怨由此而始。

翁有为教授等著的《蒋介石与日本的恩恩怨怨》一书，不是就蒋介石与日本的关系而谈两者的关系，而是将之放到近代以来的国际关系的大历史的背景下，来探讨和认识这一问题，因为，近代以来，中国就与世界联为一体了。国际社会中的其他国家尤其是某些强国对中国大局的影响极为明显。中国和日本的关系，蒋介石和日本的关系，与国际关系的变动是紧密相连的。因此，从国际关系的视角来解读蒋介石与日本的关系，不仅是必要的，也是至为恰当的。应该说，这是蒋介石研究的一种新的思路和新的探索。

蒋介石与日本的关系，从一开始就反映了国际关系变动的特定内容。正是由于甲午之战中日两国国际地位的逆转，在中国兴起的"留日潮"把处于中国偏远山村的青年蒋志清——蒋介石卷入留日生的行列。不过，蒋介石早年与日本的关系，虽然从一个侧面体现了中国与日本的关系，但主要是蒋介石个人至多包含有蒋介石政治上所隶属的同盟会—国民党—中华革命党与日本的关系。而在1927年蒋介石南京政权建立到1949年国民党政权溃败退出大陆前这一时期，由于蒋介石及其所代表的国民党政权居于国家的统治地位并得到国际社会的承认，蒋介石与日本的关系代表不仅反映了蒋介石个人及其所代表的国民党与日本的关系，也在很大程度上代表了中华民族与日本民族、中国政府与日本政府的关系及其恩怨。蒋介石及国民党集团败退台湾省后，尽管蒋介石仍固守其"正统"观念，但国民党政权是已被中国共产党领导人民推翻的政权，蒋介石已经失去了代表中国政府和中国人民的合法资格，蒋与日本的关系自然不再代表中国政府和中国人民，而且，随着国际形势的变动，蒋介石与日本的所谓"国交"关系也就走上了绝路。蒋介石与日本关系的这一历史，本书进行了详细的解读。

本书是国内第一部专门系统探讨蒋介石与日本关系的著作，内容翔实，史料丰富，分析透彻，语言甚为流畅，在一些问题上提出了自己的观点和看法，当然，有的观点和看法可能还有不同的意见，但这些观点和看法对我们进一步研究这些问题仍是具有启发意义的。应该说,本书是一部学术性、思想性和可读性结合得比较好的优秀史学论著。学术性、思想性和可读性三方面结合说起来容易,而在实践中却是并不容易做到的。

　　翁有为教授与我交往有年。1988 年 5 月我应李光一教授邀请到河南大学给中国近现代史助教进修班讲学,当时他正在读中国近现代史专业研究生,曾听过我讲的课;1992 年,河南大学校庆 80 周年举办"中华人民共和国史学术讨论会",时任河南大学校长的"国史"专家靳德行教授邀我与会,时为河南大学历史系青年教师的有为同志受命由开封到郑州接我和其他由郑州火车站下车的与会专家。此后我们有了学术往来。后来,他到《史学月刊》工作,我们来往就更多了。他时常用电话向我请教,我嘱他做好编辑工作之余要多读些书,他确实去做了。他是一个肯踏踏实实做学问的人,在中国近现代史研究领域已经取得了不俗的成就,现被聘为河南大学特聘教授。他的合作者也是学有所长的中国近现代史研究的专家。因此,这部书稿清样寄给我后,他向我求序,我欣然应允,写下以上的话,权作为序,并特向读者热心地推荐这部优秀的书稿。

　　原载翁有为、赵文远:《蒋介石与日本的恩恩怨怨》,人民出版社,2008 年

《周恩来与大国关系的变动(1945—1975)》序

周恩来是 20 世纪伟人中最杰出者之一。他给人类留下了丰富的遗产，不管是友人还是敌人，无不称赞他的才能。人们从各个角度来研究他的生平和思想，已出版了各类书籍和发表了各种文章，其中有的是很具权威性的。

多年来，米镇波君一直潜心研究周恩来的外交思想和政策。去年，他将《周恩来与中国外交》一书赠予我。今年，新年伊始，他和三名研究生完成了国家社科基金课题《周恩来与大国关系的变动(1945—1975)》。该书吸取了近年人们研究的精华，将近 30 年来周恩来处理对苏、对美、对日关系的来龙去脉，中国与这三个国家关系的互动过程；在这个过程中周恩来所表现出的机敏和智慧，以及在这近 30 年外交活动中，毛泽东—周恩来体制所发挥的重要作用等，都给予了较客观的评论。书中论述了周恩来外交战略的内容、其理论基础和历史地位，将周恩来外交战略中"依靠谁、团结谁、打击谁"的思想清楚有力地展现出来，反映了这个战略的时代性和中国文化的背景。对于在这个总战略涵盖下的对苏、对日、对美具体政策，也给予了合适的概括，所有阐述尚属精当。

我与米君共事十有余年，我们经常交换研究心得。一个人的才能是要靠知识来营养的。在我们的接触中，我感到他很努力地扩大自己的知识领域，有锲而不舍的精神。对于他的学术成果我不想借用套话来给予介绍，我希望读者亲自去细读，定会获得教益的。

原载米镇波主编：《周恩来与大国关系的变动(1945—1975)》，南开大学出版社，2000 年

《远见卓识——周恩来知识分子
思想研究(1949—1976)》序

　　1996年,我参加过继昆同志的博士论文答辩,以后又读过他的著作《国统区抗日知识分子研究》,看过他的一些文章。在21世纪的第一年,他的新作《远见卓识——周恩来知识分子思想研究(1949—1976)》又将问世。这是很有历史意义和现实意义的。

　　知识分子是我国社会发展的一种重要动力。胡耀邦曾讲,推翻旧世界,需要知识和知识分子;建设新世界,更加需要知识和知识分子。征诸中国共产党的历史,正确执行知识分子政策,则事业兴旺发达,反之,则革命和建设就受挫折。周恩来从共产主义事业的高度出发,新中国成立以后在关键时刻,总是要阐述中国共产党的知识分子政策。我曾聆听过他关于这一问题的报告,多次学习过他在1956年中共中央召开的知识分子会议上所做的报告和1962年他和陈毅、聂荣臻在广州科学和文艺会议上的讲话。我们这一代人都直接受到他的思想影响。至今他的许多讲话,仍是我们的座右铭,牢记在心头,激励我们在社会主义现代化的征程中奋勇前进。曾在旧社会生活过很长时间的人,旧的观念和习俗较为浓厚,对新社会、新事物有许多不了解,感到困惑,是他的讲话,解除了人们精神上的痛苦。当“左”倾错误损害着党同知识分子的关系时,他以自己的智慧调整着这种关系,让人们丢掉身上的包袱。他很能体贴知识分子的心灵,譬如,1957年“反右派斗争”扩大后,知识界是很沉闷的。1962年他讲了话,人们无不喜悦于心头,他教育中国知识分子永远走真理的道路。当时不少同志说:“周总理的心和我们息息相通。”周恩来留给我国的遗产是具有长久活力的,对周恩来知识分子思想的研究是很有价值的课题。为了永不忘记,继昆同志将自己的研究目标集中于这一方向,这不是一件小事,而是大事。

　　继昆同志在马克思主义唯物史观的指导下,对周恩来关于知识分子的各种文献及其有关资料,广征博采,精心取舍,深入探讨,条分缕析而后撰写的这部书,是颇具特色的。

我认为,此书是对周恩来的社会主义时期知识分子思想内容的梳理与概括。作者在充分占有材料的基础上,较为全面、系统、深入地阐释了周恩来关于知识分子的地位、功能、素质等内容,同此前的某些论著相比,该书确实有许多精湛独到的见解;关于周恩来、邓小平的社会主义时期知识分子思想之比较研究更是引人注目的课题,作者全面而深入地概括与分析了二者的异同点,并在此基础上,揭示了二者的内在逻辑联系。我认为这可以说是该书最深刻的部分。

此书探讨了周恩来关于知识分子思想与实践的诸多方面,中心突出,重点明确,纲举目张。例如在纷繁复杂的知识分子问题中,作者重点抓住了社会主义建设与知识分子的相互关系问题,围绕“建设尤其需要知识分子”这一鲜明主题,分别从历时性和共时性的视角,清晰地阐明了周恩来社会主义时期知识分子思想的轨迹和内容。这清晰的思路,严谨的逻辑,是很值得称道的。我们会从这部书中得到启示的。

金无足赤。此书自然也存在着不足之处。如书中对周恩来与毛泽东的知识分子思想关系的探讨还很简略;对于周恩来尊重知识分子内在动因的揭示还显不够。然而瑕不掩瑜,总的来看,此书仍不失为一部研究周恩来的好作品,深信它一定能够受到广大读者的欢迎。

原载魏继昆:《远见卓识——周恩来知识分子思想研究(1949—1976)》,文津出版社,2001年

《顾维钧外交思想研究》序

岳谦厚在南开研读 6 年，致力于顾维钧之研究，硕士学位论文《顾维钧与抗日外交》由河北人民出版社出版，引起学界的注意。博士学位论文《顾维钧：民国职业外交家个案研究》答辩时深得李文海、丁守和等有关专家好评，答辩委员会一致认为论文开拓了民国外交史研究之新视野，具有较高的学术价值。

鸦片战争之前，中国并无近代意义之外交。礼部和理藩院乃是以居中驭外之"天朝"或"上国"为理念，为接待藩邦、属国或外国贡使而设立，其本身是以"上国"与"夷狄"之间不平等关系为前提，此种格局至道光咸丰年间为东来的西方人两次以炮舰所破毁。西方列强用炮舰向中华帝国表明：他们不是贡使，他们是执行其国家之使命，通过外交途径订立不平等条约，使中国丧权失土，铸成百年之痛史。与此同时，西方近代外交知识的输入，促成中国近代外交意识之萌芽，逐渐超越了只有朝贡而没有外交的传统观念，走向同国际政治接轨的道路，遂有总理衙门、外务部，直至外交部之成立。此乃中国政治制度亘古未有之大变局，无疑为历史之一大进步。

清季总理衙门创立与运作，及相继遣使出洋，产生了中国近代第一批外交官。而这批外交官中虽不乏像郭嵩焘、曾纪泽、张荫桓等"不可多得之才"，但一般既未受过专门训练，又不精通近代外交知识，也不习外文，对外交涉仅取西方知识之皮毛，掉市井之油腔滑调，美其名为外交辞令，即使丧权辱国，亦云"欣然同意"，不知外交为何事，国耻为何意。①这些人从整体上讲，乃为封建官僚阶层之一部分，素质低劣，愚昧无知，民族意识淡漠，封建的习俗、腐败的官风在其身上不时地表露出来，当时外交失败他们应承担一定责任。对此，洪钧培有言："今日之世界，一外交的战争之世界也。一国有特出之

---

① 王尔敏：《晚清外交思想的形成》，载台湾《"中央研究院"近代史研究所集刊》第 1 期。

外交人才,其国之外交,往往博得胜利。否则其国外交,无有不败者。我国闭关数千年,对外素少往来,外交学识,素不注重。是以对外通商之后,对外他国不发生交涉则已,一旦发生交涉,无不败于外交官之手,故考我国外交失败之原因,一言以蔽之曰,缺乏外交人才而已。"①其论虽有以偏概全之嫌,但从另一角度亦能见合理成分。历史学家孟森评论道:"外使之来,苟非崩角稽首,而与为姑容,其耻甚于亡国。宁以社稷为殉,不使夷虏踪迹相浼。得正而毙,虽败犹荣。此当时之舆论然也。"②其论可谓能中肯綮。这种传统的夷夏之见曾主导了晚清相当多的外交官之思想或中国的外交主张。

民国创立之后,中国外交体制经历了一次革命,同化于现代国际政治之中,中国外交官之素质获得大幅度提高。新制度确立了一套有机的外交官遴选与任用原则,使大量拥有近代外交知识,通晓国际政治与法规之专业人才投身外交事业。特别是数目可观的接受西方教育的归国知识分子被引入外交机构,外交人员之整体素质大为改观,形成了一支职业化的外交队伍。而相当多的外交官又长期服务于外交界,中国第一代职业外交官(家)群体遂由此产生。

考察民国一代职业外交官(家),以服务年限和成就论,当以顾维钧为最。其从事外交工作达55年之久,近世罕有其匹,是为真正职业外交家。其在国内职位高到国务总理(北京政府时期)和外交总长(或部长)等职,在国际上则历任国联理事会主席、联合国海牙国际法庭副庭长等要职,以著名的国际政治家身份参与了诸多中国和国际重要事务,是为现代国际政治与外交发展之历史证人。基于此,研究顾维钧,是对民国外交史、政治史,乃至于国际关系史进一步理解和深化的基础。

岳谦厚博士多年来独自伏案钻研,博览群书,探索顾维钧这个中国近现代史上的大人物。他的研究把握住了时代的脉搏,其论述颇有独特见解。从研究方法观之,以下几点最为突出:

一、作者没有将眼光局限于顾氏一生之历史再现,而将其主要精力集中于顾氏在特定的历史环境中思想与行为、个性品格与政治心态等核心要件的解释与分析。对顾氏思想与行为之解析,则将其置于近现代国际政治变动

---

① 洪钧培:《国民政府外交史》,上海华通书局,1930年,第5页。

② 《清咸丰十年洋兵入京之日记》,《第二次鸦片战争》(卷二),上海人民出版社,1978年,第146页。

及国际关系发展的大环境、大气候中加以操作,同时又兼顾了国内政治等方面的现实境遇,是一项宏观、微观兼而有之的全面性研究。其既便于从中探讨它们之间的互动关系,又可避免产生以偏概全的谬误,亦体现了作者立论与观察历史现象的水准。而作者在此项研究中,采取一种理论的与案例的分析方法,则使之目的明确,重点突出,广度与深度愈益彰显。

二、顾氏为民国外交乃至于政治的历史证人,研究其政治走向、外交思想与行为,不能不牵涉到对整个民国政治与外交的考察,而民国政治变动的过程亦不可能不在顾氏身上留下印痕。反过来,顾氏本人的思想与行为又必然对民国政治与外交发生某种影响。二者之间的关系是互相的。这一点正是作者研究之一大中心脉络。

三、作者在以历史学研究方法为主的基础上,引入了国际关系理论、国际法学、外交学及国际政治学等学科理论及其方法,将中国近现代外交史或民国外交史研究推之于更广更深的层次,亦拓展了该领域研究的理论视野,并据此做出了诸多的客观判断,提出了自己新的论据和新的看法,这无疑对推动多门学科的综合性研究大有裨益。

研究学问是要经过一段艰难的历程的,可能会遇到各种各样难以解答的问题,但不能知难而退,只要孜孜不倦,总会达到自己向往的真理。岳谦厚博士的研究已经取得成果,我祝愿他以自强不息的精神继续走下去。

原载岳谦厚:《顾维钧外交思想研究》,人民出版社,2001 年

《李维格的理想与事业：
拯中原于涂炭，登亿兆于康庄》序

清朝末年，西学东渐，成为近代史一大思潮。所以出现这种局面，一是帝国主义侵华，随之带来了西方文化；一是有识之士认识到西方文化知识和科学，走出国门，学习西方，以寻求强国之道，使沉睡的灾难中国振兴起来。李维格先生就是这一时代的奋进者。那时，一批批爱国知识分子满怀报国的理想，踊跃投身拯救华夏民族的伟大斗争，或厉行维新变法，或推广实业救国，或开展武装斗争。无论哪一种方式，都是从救国的立场出发，顺应和推动了近代历史的发展，都是有益于社会和民众而弥足珍贵的。

李老先生幼年接触西学，立志效法欧美以求民族自强。以后，赴英美日留学、游历。归国后，毅然赞成变法，投身维新运动，曾参与主编当时颇有影响的《时务报》和《湘报》，与梁启超同赴湖南时务学堂分任西文和中文总教习，还在南学会发表了讲演等，尤其是为启迪民智、推动变法，大量翻译西方政治、经济和科技方面的文章，增进了国人对外部世界的了解。维新变法失败后，他又满怀激情踏上实业救国的道路，积极引进先进技术和设备，挽救了濒临破产的汉阳铁厂，以后又将其联合扩展为汉冶萍煤铁厂矿有限公司，成为当时全国规模最大的官督商办企业。即使在辛亥首义、民国甫定、战争不息的情况下，该公司在其主持下亦未完全停产，不能不说是个奇迹。他终生关注教育的发展，热爱教育，捐助教育，笃信教育救国，晚年将大量心血倾注于教育事业，多次为交通大学等捐款，临终前夕又将全部家产的三分之一捐献给东吴大学，再度表现了其"拯中原于涂炭，登亿兆于康庄"的宏伟志愿和救世济民的高风亮节。他的一生孜孜以求的，就是把自己的才能贡献给中华民族。

自20世纪80年代以来，我国史学界借鉴西方"新社会史学"的方法，逐渐兴起一股研究历史的新潮流，即努力挖掘历史上曾被湮没或未被重视的人和事,以再现历史的真实社会生活。李老先生的救国之举虽不及康梁之深刻和孙黄之壮烈,却代表了当时爱国知识分子坎坷求索的救国潮流,是历史研究的重要内容,应当引起广大史学工作者的关注。可惜的是,经过"文革"十年动乱,迄今能够保存的资料已经很少。近年来,苏州大学、南开大学和天津师范大学一些学者付出了艰苦的劳动,从上海、北京和湖南等地多方搜集和整理了一些主要的资料,进行研究并汇集编纂成书,以此作为对李老先生的纪念,也殷切地盼望引起史学界的共鸣,使更多的人参与开发这一尚未被认识的广阔领域,进一步推动史学研究深入开展。我想,李老先生对此九泉有知,一定会深感欣慰。是为序。

原载王同起、瞿冕良编著:《李维格的理想与事业:拯中原于涂炭,登亿兆于康庄》,中国档案出版社,2000年

《原延安大学校长李敷仁生平》序

我国近现代杰出的教育家、学者、报人和无产阶级革命家李敷仁(1899—1958),乳名蒲咸,学名文会,字敷仁。笔名老百姓、咸贞、劳百星、富韧、护仁、村长等。

新中国成立前后,历任陕甘宁边区延安大学校长、西北人民革命大学校长、西安市军事管制委员会委员、西北军政委员会文化部副主任、陕西人民政府委员、西安市政协副主席、全国人大代表、中国人民外交学会理事、陕西省对外文化协会会长、陕西省中苏友好协会会长、中国对外文化协会理事、中国民间文化研究会理事、民盟第一和第二届中央委员等。

先生祖籍蒲城李家村。根据李家先祖墓志铭,其先祖在宋代由陇西郡迁来,代代耕读相传,至第十四世祖李荫秋,为秀才,是先生的祖父,执教渭南。1877年(光绪三年)关中大饥馑,祖父被狼吞噬,祖母白氏饿死,时其父李祖培年仅12岁,笃志好学,为寻求命运改变,背井离乡,逃荒避难至富平、咸阳一带,于流亡生活中亦手不释卷。历经种种磨难,最后落户于咸阳北杜镇,成家立业,与杜潇湘结为伉俪,生育三男。先生为长男,对父母感情至深,曾以白话文撰墓志铭,记述其双亲的高尚品德和生计之清贫,此碑文曾被教育部门编入小学课本。

先生诞生于戊戌变法失败之翌年,逝于新中国"大跃进"时之1958年,生命旅程58个春秋。经历清末、民国和新中国三个时期,一生跌宕起伏,多次"虎口余生",却于万难中,锐意进取,追求理想,善于并敢于挑战与冒险。

19世纪与20世纪之交,我国社会动荡不安,辛亥革命推翻帝制,建立民国,然徒有民国之名,而无民国之实,有识之士忧国忧民,奋起寻找救国之道,先生以各种途径,为国效力,他的人生信条是追求真理、求取进步和公平之社会,誓为振兴中华而奋斗终生。

先生于清末之际,就学私塾六七年,又曾为本村私塾教习。民国后,再就学于县办高小与中学,也任教过高小与中学。曾两度投笔从戎,一次系加入陕西督军陈树藩办的模范营骑兵科,一次是 1925 年任驻军何经纬部文化教员,旋即退出。1920 年考入陕西省立第三中学,1925 年毕业,1928 年 3 月任国民党陕西省党部宣传部助理干事兼《中山日报》校对,并负责书报部邮件检查,后任《中山日报》总编辑,曾写社论《帝国主义进了潼关》,批判"中日亲善"和《地皮将透的咸阳》,揭露军阀、官僚的残酷剥削,被陕西省主席宋哲元指示枪决,后经宣传部长解释,免予死罪。先生不畏强暴,再投入农民运动,为老百姓拥有民权而呐喊,成为老百姓的代言人。在诸多领域都发出自己的声音,显示了强烈的为国效力的理念,他对中国社会的认识,也与时俱增。

先生的敬业精神,赢得乡亲的赞扬与敬仰。1930 年杨虎城主政陕西,选派一批青年出国学习,先生入选,1931 年东渡日本深造,先在东亚预备学校学日语,后入东亚高等学校,接触阅读众多的日本社会科学名著,思想大进。"九一八"日本大举侵华,留日学生聚会示威,先生被选为革命学生会监察委员,奉命回国开展抗日救亡运动。

先生的箴言是对历史负责。他决定以教育为阵地,以报纸为武器。从1932 年始,先生大展宏图,先后在陕西凤翔省立二中、汉中省立五师、西安女师、西安师范、固市中学、省立兴国中学等校担任训育主任、教务主任,兼授最难讲授的公民课。

1937 年 7 月,全国全民抗战开始。先生经历了西安事变,接触了红军,10 月,加入了中国共产党,11 月办起《老百姓》报,从此坚定了自己的信仰与志向。他有政治思想家的思维,认为教书育人,有时空限制,办报纸、刊物影响深远。于是在教书育人的同时,尽最大的努力于新闻事业。此为先生革命生涯的里程碑。

先生的声名饮誉海内外,源于《老百姓》报。他任教西安师范时,和武伯纶、田克恭、郑竹逸、何寓础、张寒晖诸同仁集资创办这份小报,每周一期。《老百姓》报以人为本,用老百姓的语言为老百姓说话。先生公开申明办报的宗旨是:"宣传抗战,反对投降,反对封建,宣传民主,反映劳动人民的痛苦生活。"

因为以新思想新风格说真话,立即获得海内外的称赞。国内行销至多个省区,从近距离的河南远至边陲的新疆,发行数达到千份以上。发行到晋南、河北坚持敌后抗战的一些部队中,特别是流传于原西北军的一些队伍中。在陕甘宁边区和晋绥根据地也受到欢迎。在海外远销美、英、苏、加、匈、法、瑞典等国家,拥有长期的国外订户。创刊不到一年就突破万份大关。这是中国近代文化史上一大奇迹。为此,引起了国民党顽固派的切齿痛恨。当时主持陕政的反共专家蒋鼎文采取分化、收买、秘密禁止发行、检扣稿件、逮捕编辑人员入狱等手段来封杀。1940年4月17日《老百姓》报出版至113期,"奉命"停刊,敷仁先生挥泪写下"与读者告别"。

先生是一位倔强的学者,始终以最高的道德作为自己言行的准则,从不随波逐流,即使自己遭到迫害,也在所不惜。执政当局对先生软硬兼施,1937年7月和1942年两次被点名到庐山暑期训练团和重庆中央训练团受训,以"规范"其言行,蒋介石还亲自接见、留影、赠剑,先生不为所动。在重庆,他乘机至中共代表团驻地会见周恩来,还同陶行知、郭沫若畅谈抗日救国大业。1944年,先生又创办《农村周刊》,人们欢呼《老百姓》报又复活了,再次遭封杀时,仅刊至第6期。

残酷的暴政,摧不毁先生的坚强意志。1945年先生进入陕西省民众教育馆,于5月21日又创办了《民众导报》,继承《老百姓》报的传统,揭露国民党的黑暗统治,披露革命从最下层猛烈飞腾的真实状况和道理,把各阶层的人都团结起来,引导人们向往着新社会的到来。

先生孜孜不倦地寻找振兴中华的文化资源,执教中,他广泛涉足于民风、民俗、歌谣、谚语领域。他认为民谣是政治的一面镜子,表达着人民的思想、感情、意志、要求和愿望,具有强烈的现实性和战斗性,于是发动群体开展这一学术活动。开始在西安,随后扩展到全关中,乃至全陕西,甚至各省逃难至陕西的青年都参加进来。在如此深厚的沃土上,他撰写出《歌谣起源论》《谚语起源论》《中国歌谣》(上下两集)、《抗战歌谣》《古今谣》《关中歌谣集锦》《中国谚语》(六集)、《郢上天籁集》(上下两集)、《老百姓语汇考》(上下两集)、《中华民族革命歌》等著作,丰富了我国文化遗产。他在这方面的研究工作深受郭沫若的赞赏,成为我国最光辉的学者之一,毛泽东称其为"民俗学专家",是当之无愧的。

作为教师,先生始终坚守自己的阵地。当时,国民党执政者实行专制的党化教育,不允许不同声音存在,先生则在课堂上给受业者以新的思想,介绍诸如《国家与革命》《帝国主义论》、摩尔根的《古代社会》、郭沫若的《中国古代社会》及《群众》《西北》《抗战三日刊》《世界知识》等刊物。他讲授公民课,从不按照官方的说教,而是自编讲义,将抗日民族统一战线和抗日救国的各项主张，融汇其中。他特地用群众喜闻乐见的顺口溜形式编写了《中国共产党起根发苗歌》置于讲义中，说唱讲解，产生了深远影响，使受业者逐渐认识到自己的道德使命。

革命是众人的事，先生每到一地，就团结一批进步人士，开展民主运动。为隐蔽真实身份，他于1942年与杜斌丞、杨明轩等在西北建立民盟组织，后又与武伯纶、王维琪、张光远、郑竹逸组成民盟青年会，任主任委员，发展盟员，撒播革命种子，形成一股动摇统治者执政的政治力量。

先生以自己的谋略在复杂的政治风云中航行，国民党执政者把他视为西北的心腹大患。1946年4月30日，蒋介石发动全面内战，巡视西安，做出两项罪恶决定：一是查封民盟机关报《秦风·工商日报》联合版；二是枪杀李敷仁。5月1日刽子手于西安绑架先生，至咸阳距离北杜镇二十多里的陈老虎寨附近的一深沟侧，射击两枪，但未打中要害，先生倒在血泊中，刽子手仓皇逃离。在生命危急时刻，当地老百姓群起拯救，护送先生至其老家，刽子手闻风，又来追杀，村民严密封锁消息，多次冒险转移先生居所，随后在老百姓掩护下，中共陕西省工委派人将其护送至延安，虎口余生，大难未死，成为中国历史上一大传奇，先生赋诗一首：

> 知尔杀人救不清，焉知民力大无穷。
> 一滴鲜血一抔土，杜鹃血染麦浪红。

电视剧《三十四个日日夜夜》，生动地再现了这段历史。

1946年7月，先生进入陕甘宁边区，延安中央医院院长徐根竹前往马栏为他治疗、护理，取出嵌在体内的那颗子弹。7月17日先生到达延安，7月23日陕甘宁边区政府召开盛大欢迎会，林伯渠、谢觉哉、徐特立、陆定一、习仲勋等多位领导人出席，赵伯平报告脱险经过。8月，毛泽东、周恩来、刘少奇等中央负责人先后接见。毛泽东说："李敷仁同志，你胜利了，我向你祝贺。"

1946年9月，先生被任命为延安大学第4任校长。延大创立于1944年，是解放区最高学府，先生任职3年，正值国共决战、新中国成立之际。国民党军胡宗南部曾一度占领延安，先生坚定不移地率领延大师生转战陕甘宁边区和晋绥根据地，将教育与劳动生产相结合、社会教育与学校教育相结合、教学内容与战时生活相结合。在残酷的战争环境中，延安大学在前进、在发展,规模迅速扩大,1948 年规范为政法系、教育系、财经系、文学系 4 个学科与一个新闻班。新闻班是 1946 年先生刚到延大时提出设立并聘请范长江为班主任。在洛川还设有分校。自 1948 年夏至 1949 年春,来延大总校和分校学习的国民党统治区青年达千人以上,他们接受了延安精神的洗礼和熏陶,成为解放事业的中坚力量。

形势发展比预料的要快,1948 年 4 月延安光复,延大迁回延安。1949 年5 月,西安解放,延安大学和分校陆续迁到西安,更名为西北人民革命大学,先生任校长。以胜利者的喜悦回到西安,继续为国家培养人才。

以先生的德高望重,又系老关中人,中共西北局决定其以社会活动家身份活跃于社会,兼职颇多。他是位具有革命思想的实践家,对任何事务均报以认真态度,饱含着延安精神,如 1951 年冬担任中国人民赴朝慰问团第一分团团长,在朝前线,不怕牺牲,迎着美帝炮弹翻山越岭,到连队慰问中朝战士。回国后,深入农村、工厂、机关、学校做汇报讲演达 50 多次,每场听众少则数千人,多则上万人,他的心声表达了对祖国的热爱,与听众共呼吸同情感。1954 年任全国人民慰问解放军西北分团副团长,慰问了中央军委和西北军区司令部,以及青海军区所辖各部队。先生在自己生命最后的日子,参加第一届第五次全国人民代表大会时,还竭尽全力为汉语拼音的实施和推行西安航空工业技术学校的勤工俭学经验,贡献自己的智慧和力量。

1958 年 2 月 19 日,先生病逝,毛泽东主席称其为"革命烈士"。

先生留下了难以尽数的有形和无形的文化遗产,为我国文化教育事业增添光辉。

山高水长,先生思想之树常青。

2010 年 3 月于天津铘斋

原载魏宏运:《魏宏运书序书评集》,当代中国出版社,2011 年

论文集

《史河初涉集》序

社团活动是开展学术活动的一种好方式。中国近代历史上社团最光辉的榜样，是五四新文化运动时期的社团，他们为中国革命和传统增添了无限光辉。创立于1919年的南开大学学生的社团活动，一直是很出色的。即使在国民党的白色恐怖下，进步的社团活动也没有中断过。各个时期的社团，都有自己时代的特点。

20世纪70年代末，中国改革开放开始，南开历史系的一些同学，为活跃思想，推进学术，创立了史学社，后来中断了一个时期，到了90年代又复兴了，或者说重建。他们的活动是很有意义的，举办了读书讨论会，史学基本问题问卷调查，系列讲座，系列访谈，并出版社刊《春秋》，内容极为广泛，有历史基本知识，有学习方法，有综合分析，有个案研究，有当前史学研究热点等，的确丰富多彩。从其活动中，可以看出这一代年轻人对进入史学大门的向往及其志趣和所思考的问题，给人很多启示。

如今，南开历史系即将走过75个春秋，在系庆之际，史学社的青年学人联合系研究生会，共同编辑了这份《史河初涉集》，献给学校，这是值得高兴的。

愿青年朋友肩负起时代的使命，汲取古今中外的成果，做自己的养料，奋勇、刻苦前进。历史学科是大有作为的。

原载《史河初涉集》，南开大学铅印，1997年

《南开史学家论丛》第二辑序

《南开史学家论丛》第二辑，即将问世。泽华、范曾认为我在南开园已度过 55 个春秋，算是老南开了，让我说几句话。我和诸学友相处数十载，对他们的学术研究成就和生活方式是了解的。

环境对于一个人的成就影响极大。南开历史系在 20 世纪后半期，教师多来自海内外各名校，而以西南联大师生为主体，得以吸收了西南联大的优秀学术传统，融合了各校的学术特色，并形成了南开自己的独特风格，饮誉学界。学习工作生活在这里的人，耳濡目染，受益匪浅。

这里，像许多著名学府一样，学术气氛特别浓厚。请进来，走出去，海内外的学术交流异常活跃。

这里，师生们不断开阔自己的视野，怀着强烈的求知欲，孜孜不倦地追求先进的知识和学问，树立起美好前途的信念。

这里，教学科研并重，新老教师认真执着教鞭，几十年如一日，传道授业解惑，而其作品也不断出现。他们最大的兴趣就是探讨历史的真实。

在这样的历史学术语境中，学人以几位大师为楷模，尽情地发挥自己的才智。

南开的确铸造了许许多多卓有成就的历史研究者。

这一辑论丛的著者，是在南开园成长起来的，是人民共和国培养出来的。他们进入南开时，风华正茂。如今两鬓都有了银丝，成为耆年的学者。他们的学术研究领域和风格各异，各有特色，依年龄顺序为：

张友伦，原先专门研究国际共运史，后专治美国史，这一《孔见集》包括史学、国际共运史、美国工人运动史、美国社会制度史、美国西部史和农业史等诸方面的内容。

俞辛焞是研究日本史的，其《躬耕集》包括两大方面的内容，一是 20 世纪二三十年代日本的外交政策，如"九一八"事变前后的外务省、李顿调查与外务省;一是日本与孙文、辛亥革命的关系。

冯尔康,专攻清史,是改革开放后,致力于社会史研究的复兴首倡者之一。这一《顾真斋文丛》包括4个方面内容,即社会阶层和社会经济结构、群体、区域社会、社会问题。

王敦书曾研究过日本史,后集中精力于世界古代史。这一《贻学堂史集》包括日本史、外交史、太平洋战争史、世界古代史、希腊罗马史、亚细亚生产方式方面的内容。

刘泽华专治中国古代政治思想史,这一《洗耳斋文稿》包括3个方面内容:一是论述中国思想史的,一是论述战国阶级与身份的,一是论述历史认识论的。

陈振江先研究中国古代史,后改治中国近代史。这一《发微集》包括传统文化与文明转型的历史轨迹,从洋务新政到立宪政体改革的历程,义和团运动和中国社会的变迁,古代文明觅踪等。

范曾集学者、画家、诗人于一身,是画坛巨擘,又是诗、词、赋、散文和书法的能手。这一《怀冲斋丛谈》,涉及非常广泛的领域,如人和自然,人文关怀,美学、绘画的内在规律,历史人物和治学心得等,其文字极为优美。

文如其人。各文集都反映了作者的个性和学术历程。可以说,每个人都经历了几十年的磨炼。学如聚沙积薪,在学术道路上是要付出心血和精力的。我认为他们一个共同的特点,就是认真读书,勤奋探索和思考,真实严谨地做学问。比如,范曾习惯于早晨5时起床,即伏案读书、画画、写字。这是1994年我到欧洲讲学,住在他的巴黎别墅所亲眼看到的。治学总得有敬业勤奋精神。

关于学术问题,总会有不同的看法。这7部书,其中有的观点已得到共识,如刘泽华论战国时期授田制,其论点已为学界所公认。范曾的《庄子显灵记》,获得了广泛的赞许。而有的论述可能有异议。这是正常现象。我想不管怎样,论丛的出版,是有利于文化积累,对历史研究有启迪和推动作用,不知识者以为然否。

南开历史系创建于1923年,今年恰是80周年,长江后浪推前浪,我期望一代一代的年轻人继承南开的优秀学术传统并发扬光大。

原载《南开史学家论丛》,中华书局,2003年

197

我的书屋——《锲斋文存》代序

我给自己的书屋命名为"锲斋"，那还是 20 世纪 80 年代初的事。当时我还不敢堂而皇之地自称"锲斋"主人，觉得脸红，不好意思。有个像样的书屋，拥有一批心爱的书，再冠以有意义的命名，是我国大文豪大学问家的独爱，诸如刘禹锡的"陋室"，纪晓岚的"阅微草堂"，梁启超的"饮冰室"，鲁迅的"三味书屋"……若浅学到我这样程度的人，也来个书斋名，岂不有附庸风雅之嫌，岂不贻笑于人？

我之所以选一个"锲"的想法，已非一日了。还在幼年读书时，荀子"锲而不舍，金石可镂"的名言，即已铭刻于心，它时时鼓励我前进，使我受益颇多。及至学了历史，成为一个史学工作者，不少事与物，都使我与"锲"字结缘。"锲斋"二字总是挥之不去。记得 1950 年，吴廷璆先生率领我们几位同学，到北京东厂胡同近代史所拜访范文澜先生时，范老讲，做学问一定要有坐冷板凳的精神，这句话，我一直记在心里。我不是聪明人，但相信自强不息，就可有所作为，取名"锲斋"，正可借以鞭策自己。

我在南开园生活已超过半个世纪，算是"老南开"了。20 世纪 50 年代初，学校在六里台分给我一间十四五平方米的房子，屋中的全部"家当"是一张床，一张两屉桌，一把椅子，一个书架，还有不多的书。后来多次搬家，住过八里台西村、天津大学一村(南开地势洼，难以立即盖起宿舍，两校协议，南开部分教师住天大校园)、东村和北村。每搬一次，条件就改善一次，条件一有改善，我就增加购书。在较长的时间里，我家读书、吃饭、会客的地方是三位一体，书架在房间四周，每次吃饭时，总要把书桌收拾成餐桌，实在有些不便，心想什么时候书桌和餐桌分离就好了，有自己专用书房的奢望也时时出现于脑际。

20 世纪 80 年代初，托福于改革开放，学校的教师宿舍大为改观，我分配到校园内北村约 80 平方米的房子，妻子讲：现在可以给你单备一间书房，免得读书受干扰，从此我有了书房。我们将书房布置一番，买了一张大书桌，增添了许多书架，墙上挂着著名画家江凡和范曾的画，苏州一位 91 岁高龄的书法家赠予"锲斋"二字，刻成木匾，悬诸门楣之上。不久，范曾先生题赠"云津宝筏"四字，我也将它装裱挂在墙上。这就是我的书房。

80 年代开始，学术繁荣，朋友赠书特多，我买书的兴趣再次高涨，很快，我家再次书满为患。为此，学校在我住宅附近楼上又分给一间 15 平方米的房子，我将其辟为书库，虽然与书房分开，但我终于有了自己的小书库。21 世纪初，住宅再次得到改善，我家迁到西南村，住上 140 平方米的新房，我的书房和书库也搬到一起。当中华书局出版《南开史学家论丛》第一辑时，约定各自选集均以作者书斋作为书名，我便将自己的选集命名为《锲斋文录》，这是我首次公开使用"锲斋"二字。我 80 岁生日时，将自己所写的书序书评等汇集成册，书名为《锲斋别录》，此时，"锲斋"已成为一个特定的符号。

学人各有属于自己的读书空间——书屋，各书屋均有自己的特点和风格，其共同点是不变的，那就是其藏书和自己的专业爱好紧密结合。个人藏书有多有少，任何人也不可能将和自己业务有关的书全部搜罗到，但如果能拥有一些有价值的书，那就足以自豪了。

我的书屋中藏有 20 世纪各个时代出版的书，我所有的书都有一段可资回忆的历史。

早在 20 世纪 30 年代末，我在西安西师附小读书时，就常常到学校附近的竹笆市生活书店和南院门一个巷子内的旧书摊，那里是我游之不倦的地方。我在那里购置了至今都很觉得意的一些书籍和几本零星刊物，如施存统、刘若诗译注的《辩证法浅说》，三内房吉著、魏得山译述的《社会思想解说》，刘文典译的《进化论讲话》，拉法格著的《思想起源论》及何干之著的《中国社会史问题论战》《中国的过去现在和未来》，潘梓年的《逻辑学与逻辑术》，艾思奇的《大众哲学》等。后来还买到程始仁编译的《辩证法经典》。这些书记述了我的学程和父亲为保护其存在而付出之辛苦。1949 年国民党胡宗南军溃退时，骚扰我的家乡，乱抢滥捕，父亲惊恐中急急返乡，将这些书藏匿起来，才免遭劫难。否则，书被毁，还要被扣以通"匪"之罪。后来，我在南开毕业后回西安老家，特意将它们取了回来。但这些书刊因为经不住时间的磨难，已变了颜色，脆弱得不敢碰一碰，一碰就掉碎末，有的字迹已经模糊，看不清了，成了货真价实的老古董。

我喜爱逛书摊,旧书摊对我有极大的吸引力,我的不少知识是从逛书摊中得到的。20世纪50年代常去北京开会,一有空我就逛琉璃厂、东安市场、西单、隆福寺等书摊。在天津,我常去天祥商场和劝业场二楼书摊,左找右翻,寻之觅之。有一段时间,每星期两三个下午,我都在天祥商场书肆中。当发现并买到几本有价值的书时,我总是喜形于色。妻子讲:看你得意这个样,一定是又丰收了。

因为研究孙中山,就购置了新中国成立以前各种版本的孙中山全集,如《中山丛书》《中山全集》《中山全书》《孙文全集》《总理全集》以及新中国成立以后出版有关孙中山的书籍。因为研究毛泽东,就购置了新中国成立以前出版的《毛泽东选集》各种版本,如1944年5月晋察冀日报社出版的《毛泽东选集》、1945年苏中出版社出版的《毛泽东选集》、1946年大连大众出版社出版的《毛泽东选集》,以及新中国成立以后几次出版的《毛泽东选集》。因研究周恩来,就搜罗有关周恩来的各种著作。因研究华北根据地,就不惜高价买下这方面的资料,其中有的还是用解放区生产的毛边纸印刷的,如此等等。

我的书就是这样逐渐积累起来的。这些书滋养了我,我和它们结下了不解之缘,而且一看到其出版年代,我就不由自主地想到书出版的那个时代。

书是我的命根子,学如逆水行舟,不进则退,我每天总要读点书,觉得这是最快乐之事。我有时也到图书馆去读书,查阅资料,但朝夕和自己相伴的,始终是自己的书屋。

有的书,我是经常翻的,有的书,我则有些冷淡,几年才翻一次,如果书有生命的话,它会有怨言的。

一些国内师友和海外朋友相赠的书,是不是不朽之作,只能由历史来判定,对我来讲,这些都是珍品,因为这表达了文化交流和友谊,友谊是长存的。譬如,明史专家谢国桢,1957年离开南开去北京社会科学院历史所,这位长者离津前,赠送他著的《黄梨洲年谱》,上面有他的题名和年月日。我们相处7年,彼此谈得来,如今斯人已去,他赠我之书则成为永久的留念。李何林先生也作古了,他赠我的《鲁迅的生平及杂文》,也是很好的纪念品。他在南开时,我们经常在一起,谈天论地。国外朋友赠送的书籍也都是很有价值的,以笠原十九司为例,他撰写的关于南京大屠杀事件的多种书籍,都赠我一本,其中《南京事件资料集》,在国内是少见的。

我最惋惜的是,一部分书和我的命运一样,在"文革"中被抄走,被示众,被批判。遭此不幸的书籍大约有 2000 册。"四人帮"垮台后，学校归还了少量的被抄书，大多数都不翼而飞。其中也有落入他人之手的，比如我重价购买的《西行漫记》和《续西行漫记》，是复社出版社印的，大 32 开精装本，已为他人所有。有一位好心朋友告诉我这两本书的下落，然我怎能去讨还呢？还有一本书，上面有我写的批眉和圈、点，不知怎么"跑"到某博物馆的书库中，好多事真让人难以捉摸。

"文革"中丢的东西实在太多了，即使还残存有"只言片语"的东西，我都尽量保存着。

我的一些书还遭了一次水灾，邻居的水管破裂，殃及我的书屋，一堆又一堆书的最底层全让水泡了，我十分心疼，只能压抑怒火，痛惜而已。

有不少书是所经历过的那个时代营养最丰富的精神食粮，到了今天已成为无用之物。有的朋友说，把它们处理好了，我说还是留着好，可以暂时束之高阁，如研究过去的时代，还是难得的资料呢。

我的书屋有点乱，不像其他学者书屋那样齐整，我自己知道，什么书放在什么地方，要看什么书，可以立即拿到。

相当多的朋友和同学来到我家，总要看看我的书房和书库。他们看到稀有的，中文的或外文的，往往借去复印。传播文化嘛，我是很高兴的，只是嘱咐他们，复印时要多加小心，可别把书弄脏了，弄破了。

我的书屋已经营几十年，算得上是个小图书馆，我就是馆员，在这一小天地中，一切杂念都会被抛诸脑后，所想的是获得更多的知识，知道更广的道理。人非生而知之，都是靠艰苦地学习成长起来的，只要不是死读书，读书死，对问题的联想就会层出不穷，就会得到启迪，得到有益的学养。

我给自己的书屋命名为"锲斋"。我给自己的画像是：守愚而能苦学。"锲"字是符合我的实际的。

原载魏宏运：《锲斋文存》，人民出版社，2008 年

《心向往集》序

这部书是陈克智慧的记录。人都是随着历史潮流涌动而前进,根据客观环境规划自己的生活,走自己的路,写自己的历史的。1977年中国社会处于大变革前夕,震撼社会的一件大事是恢复高考。有远大志向求知若渴并有所准备的青年,获得这一绝佳时机,他们相信有学问有能力,才能为社会和国家做出贡献,于是一大批人选择了投考大学,再造自己的人生路,勇猛地走下去。陈克即是这一群体中的一分子,他的兴趣是历史专业,目标是进入南开大学,他的愿望实现了。

这批学生有人工作多年,有人下乡多年,有较丰富的社会经验,读起历史来多能触类旁通,有"允公允能"的教诲和教师的引导,努力奋进,潜心学习,进益相当迅猛,特别表现在思想解放及放眼世界上。陈克是年级中的佼佼者,在我的记忆中,他的英文和国学基础扎实,每每受到大家的称赞。

从毕业到现在三十多年,陈克在诸多学术领域和行政领导岗位上都展现了他的才华。

最初,他分配到天津市历史博物馆,研究中共天津党史,后来逐渐转入天津地方历史的研究。20世纪80年代初,西方各种学术思想理论传入中国形成高潮,他兴奋地发现,西方城市史研究的许多方法可以借以开辟天津地方史研究的新领域,于是他利用自己英语专长,翻译发表了施坚雅等人的专著,得风气之先。随后,发表了若干城市史方面的论文,许多观点在当时有着拓荒的意义。他的《沿海城市发展在中国近代史上的意义》《十九世纪末天津民间组织与城市控制管理系统》,第二篇被当年《历史年鉴》重点介绍。他后来又参加民俗学家顾道馨等人主持的《中华民俗小百科》和系列丛书项目,完成了《中国语言民俗》一书,显示了文化人类学的理论背景和史料功底。作品显现他的文化精神,其新知新见,跃然纸上。

陈克同志三十多年来一直在博物馆这个园地中辛勤耕耘,这是他的兴趣所在。1995年后他相继参与了平津战役纪念馆、周恩来邓颖超纪念馆、天津博物馆的建设，又担任天津博物馆党委书记，令他有机遇充分发挥他另一方面的即管理工作的才能。他工作认真，并有一种科学精神和辩证思维，这是成绩卓著的源泉。对他主持的天津博物馆的基本陈列《中华百年看天津》，文物界有极高的评价。相识们曾为他画像："南开大学历史系毕业生中有学术专家、商界骄子，也有政界精英。陈克是个复合型人才。"他对这一评价是认可的，我也认同这样的描述是真实的，贴切的。

学海无涯。人的生命是有限的，客观历史的现实是无限的。任何人的研究都有一定的局限，向社会、向前辈，向同辈学习，可以使自己的思想常青，可以超越自己的局限性。陈克今年60岁，俗称一个甲子，就一个人的研究能力讲，这是学术上的成熟期。天行健，君子以自强不息。希望他能再接再厉，完成他"心向往"的未了愿望。

原载陈克：《心向往集》，天津古籍出版社，2009年

《林树惠史学文集》序

　　林树惠先生仙逝五周年之际,先生的哲嗣延清将其论文结集出版,以资纪念。先生出生于山东莱州,是一好学深思之士,1940年毕业于燕京大学历史系,继又在该校研究所攻读两年。他的学术经历非常丰富,先后在齐鲁大学、燕京大学、中国科学院近代史研究所和南开大学等高等院校和科研机构任职任教。1954年到南开至1987年退休,对学校有深厚的感情。

　　先生对明清史和近代史料之搜集和整理不遗余力,功力良深。早在20世纪50年代,即在著名史学家翦伯赞、齐思和等先生旗下,参与编纂《中国近代史资料丛刊》,先后出版了《鸦片战争》《第二次鸦片战争》《捻军》《中法战争》《中日战争》《戊戌变法》《义和团》7种,三百余万字。这套资料惠及学林,极大地推动了近代史学科的发展。先生辛勤钻研官方和私人档案,涉猎诸多外文资料,并亲自译成中文,数量相当可观。这本史学文集就收了11篇涉及鸦片战争、中法战争、中日战争、戊戌变法和义和团等的译作。英人威廉·亨德所著《广州番鬼录》和《旧中国杂记》较为具体生动地记叙了清朝乾嘉道时期广州中英贸易、行商制度、鸦片走私等情况,先生将这两书相关部分译成中文,给研究这一时期中英关系的学者提供宝贵资料。改革开放后,先生还应广州中山大学之邀,担任马士著《东印度公司对华贸易编年史》中译本的校正工作,也曾协助郑天挺先生进行二十四史中的《明史》点校,与付贵久先生合作,点校蒋良骐《东华录》,以及主持编辑《天津租界史料选编》。这些都为明清史和天津地方史研究奠定了坚实的史料基础。

　　先生的著作展示了许多新的事实,对义和团运动史和天津近代史有独到之建树,1956年发表《义和团在直隶省的斗争》一文,运用丰富的地方志资料,全面阐述义和团在京津和河北省地区所进行的反帝反封建斗争。在20世纪80年代撰写的《试论义和团的几个问题》一文,则以义和团起源于乡团为基点,全面阐释义和团运动研究的5个重要问题:义和团为什么要从保卫身家开始,为什么要扶清灭洋,为什么没有总首领,为什么不能坚持到底,为什么宗教信仰不一致等。他深刻指出,鉴于清朝官府对民众切身利益不闻不问,民众遂自发组织起来练习拳脚,保卫家乡,这即是乡团,也即是义和团的起源。而外国传教士欺压民众,必须反对洋教,才能保卫身家,义和团遂向前发展到反帝反封建。而义和团误以为民众身家不保来源于帝国主义对清王朝的打击,如能打败洋人,保住清朝,自己身家也能保住。可见义和团扶清灭洋口号的提出,不是策略,也不是一时之计,而是历史发展的结果。这是对义和团起源,以及扶清灭洋口号的提出的客观准确的估价,对史学界颇具影响。

天津城市史的研究是一热点话题,先生在《第二次鸦片战争后天津地位的变化》一文中,从政治、军事、经济等方面,阐述了天津自 1861 年开埠以来所发生的变化:三口通商大臣设立使天津成为华北政治中心;崇厚在津训练新式军队,使天津成为重要的军事基地;天津机器局等洋务项目的开展,使天津成为华北重要工业基地,而《李鸿章与天津洋务运动的关系》一文,则全面阐述李鸿章在天津所进行的洋务运动及其对天津乃至整个中国的发展所产生的影响。可以说先生的研究更深一层地诠释了近代中国看天津的深刻含义。

至于明清史研究,早在 1940 年先生还在读研究生时,就发表了《明之北边备御》一文,叙述了明代防御蒙古体系。而其 1982 年发表的《康乾时期英船在中国沿海的活动》一文,则利用英文资料,较为全面地揭示了鸦片战争前英国舰船在中国东南沿海进行的扩张活动,这种论述为史学界所推崇。

南开园浓厚的学术氛围,养成做人做学问的传统风气。我和先生相处三十多个春秋,过从甚密,经常在一起切磋琢磨,共同进步,对其知之甚深。他的人品和学术修养,我是很敬重的,写此序也是我的一种怀念。先生一生为我国教育做出了贡献,为南开增添了声誉。阅读这部书不仅给人以知识,还可以给人以治学精神和方法的启示。

原载林树惠:《林树惠史学文集》,天津古籍出版社,2013 年

《锲斋文稿》自序

不知不觉地进入九秩之年,上了年纪的人,喜爱回忆往事,总感到时间过得太快,过去浪费了不少光阴,许多应做的事没有做,现在想做,则力不从心。和在职时不同的是,没有硬性任务了,不参加会议了,时间完全由自己支配。我给自己制定了一个计划,每天读点书,阅读 *China Daily*,在我的书库中,找点过去积累的资料,写点文章。有时还应天南海北认识的和不认识的人,要我写几个毛笔字,作为纪念,于是文房四宝、纸墨笔砚再现于我的书桌上。有时还接受访谈,我从不闭门谢客。散步也是每天的必修课,活动的空间很小,就在宿舍楼前走一走,遇见相识的朋友,聊聊天,增长见闻。南开园西南村 57 楼是个好地方,楼前是个小花园,由屋内向外眺望,翠绿一片,也是一种享受,到了炎炎夏日,还可以听到蝉鸣,生活是平淡而丰富的。

人都是在具体环境中过来的,我经历过风风雨雨,大风大浪,几经沉浮,酸辣苦甜都尝过。从实际生活中领悟到一些道理:一个人必须有正确的追求和信念,必须有奋斗的目标和毅力,始终抱乐观态度,坚决走自己选择的路,走下去,一路走下去,遇任何不利环境,才不至于被击倒,严于律己,宽以待人,如此才能享受快乐。

我称自己的居所为"锲斋",锲而不舍,勉励自己。我曾出版过《锲斋文集》《锲斋别录》《锲斋文存》,这部书叫什么,就叫《锲斋文稿》吧。本书是分门别类按人或事发生的年代顺序排列的,时间跨度从清朝末年到现在。

生活是美好的,有趣味的,学业是无穷无尽的。我仍努力耕耘,把历史长河中形形色色的过往归纳整理,记录下来。

原载魏宏运:《锲斋文稿》,中国社会科学出版社,2014 年

其他

《〈大公报〉新论》序

　　《大公报》庆贺创刊 100 周年之际,贾晓慧的博士学位论文《〈大公报〉新论》恰在此时出版,这是一个极有意义的巧合。

　　《大公报》是 20 世纪三四十年代中国最有影响的私营报纸,曾获美国最负盛名的新闻学府密苏里新闻学院颁发的荣誉奖章。《大公报》于 1902 年 6 月 17 日创刊于天津。首创者为具有维新思想的英敛之,继由王郅隆接办,1926 年 9 月由吴鼎昌、张季鸾、胡政之三人合作以"新记"名义接办。《大公报》以"忘我之为大"的"大"字和"无私之为公"的"公"字作为报名,自出版起,即负敢言之名,指摘权贵,讥评地方时弊。1926 年确定社训为"不党、不卖、不私、不盲",力图办成"文人论政"的报纸。我读《大公报》是从 20 世纪 30 年代末在西安读中学时开始的,很喜欢该报的社评、社论,觉得简短有力,读来蛮有趣味。不管观点正确与否,在当时都很有影响。而从历史的角度看,昨日的新闻就是今日的历史,报刊是历史学者研究当时社会的依据。我常要求我的学生们翻看《大公报》,或求知识,或找资料,当会获益匪浅。贾晓慧就是其中的一位。

　　贾晓慧教授在天津大学执教多年,她在翻阅《大公报》的时候,发现那一篇篇切中时弊的热辣社评,呼唤改革、建设的激扬文字,无不洋溢出报人及作者身上传承性的士大夫式的社会责任感和经西方思想洗礼后的民主、革新精神。她觉得对《大公报》的历史评价不能简单地定义为"党派决定论"的"小骂大帮忙",而且学术界对在中国这段历史中是否有"文人论政"的机会,能否成为"文人论政"的报纸,一直争议不断。应该如何认识,她赞同陈寅恪先生的"境界"说,"所谓真了解者,必神游冥想,与立说之古人,处于同一境界,而对于其持论所以不得不如是之苦心孤诣,表一种之同情,始能批评其学说之是非得失,而无隔阂肤廓之论。"带着这些问题,她明确了研究对象,开始搜集、整理资料。一头扎进故纸堆,逐字逐页逐行翻阅了 1931—1938 年的《大公报》，积累了丰富的珍贵资料。这种研究方法，使她的论文内容翔实，论证充分，提出了许多新意，令人耳目一新。论文答辩时，中国社会科学院《近代史研究》主编曾业英研究员前来主持，颇为欣赏其文，立即决定取其部分，刊发于《近代史研究》，受到学界的瞩目。

贾晓慧的这本《〈大公报〉新论》与以往的研究相比，特色在于不是从政治态度方面探讨，也不是放在为某个党派服务的狭隘的观念中，而是放在国人为现代化奋斗的历史主题中去研究，不同旧说，探讨《大公报》与中国现代化的关系，具有较大的开拓和创新意义。

作者选择的时间是《大公报》在天津的这一时期，即1931年9月18日后到抗日战争爆发之前。此时日本帝国主义不断地制造冲突，肢解中国，华北处于危机之中。南京政府则集中兵力来消灭红军，内忧外患，国无宁日。在民族危机面前，《大公报》一再喊出抗日的正义呼声，把增强国家经济实力作为救国救民的手段，提出要进行现代化建设，还提出了开发西部的主张。现代化应以经济的发展为主体，作者以历史的眼光，描绘了当时的经济状况。在研究中，作者严格地从历史实际出发，从第一手资料着手，将20世纪30年代《大公报》的现代化主张与当时的时代背景、国际国内的政治经济状况及知识分子的理想追求与现实处境紧密结合起来。寻求各种因素之间的内在联系，从而对该报的现代化主张、舆论特色着重以笔墨。

关于《大公报》与国民党的关系，是人们常常提到的问题，作者没有回避这个问题，她认为不能简单地以"小骂大帮忙"来论断。《大公报》有自己的独立性，对国民党有支持，也有批评，代表了知识界和工商界的愿望与主张，进行了合乎逻辑的阐述。我想，这总是一家之言吧！作为20世纪中国文化遗产之一，《大公报》提供给人们思考、研究的课题是很多很多的，贾晓慧博士只是研究了一个重要的侧面。

随着时间的推移，学界对《大公报》的研究必然更为广泛和深入，作者以历史唯物主义的眼光，做出了好的开端。学问的研究，应该有这种精神，我相信并祝愿本书作者在这个领域中会有更多的精品问世。

学海无涯，应与时俱进。是为序。

原载贾晓慧：《〈大公报〉新论》，天津人民出版社，2002年

《邯郸成语典故》序

在历史的长河中,每个民族和国家都有自己独特的历史文化和语境。人们在生产实践和社会实践中,创造出许多简洁、生动、形象的词语、新概念和成语典故,简单的几个字,就能十分准确、十分精妙地表现出丰富的思想内容。我国在民族大融合中,以汉语为主体,吸收诸多少数民族词语,而杂居地区,则更共同创造同一话语。文化是代代相传的,成语典故涵蓄了几千年来中华民族政治、经济、文化、军事等方面的智慧和经验教训,是中华民族历史发展的真实记录。据不完全统计,我国成语典故约万余条,其中与邯郸有关的达千余条,许多还是直接以邯郸冠名的,邯郸市已被命名为中国成语典故之乡。

邯郸荣获这项桂冠是其历史地理环境铸成的。早在新石器时代早期,邯郸就有了磁山文化,中华民族的先民们赖以生存繁衍的种植业和养殖业在邯郸大地上已相当发达,如家鸡等家禽的饲养,粟等农作物的种植都处于当时全国乃至世界的领先位置。生产剩余已相当可观,仅磁山遗址一处就有余粮十几万斤,而且还有纺织品和陶制品。可以说早在七千余年以前,邯郸地方的社会生产力已处于当时社会的领先位置。殷商以后,邯郸的冶炼业、商业、手工业也逐步发达起来。战国时代,邯郸成为中国北方最主要的冶炼中心。"邯郸郭纵以冶炼成业,与王者埒富。"(《史记·货殖列传》)卓氏先人在邯郸冶炼致富,秦破赵以后,迁卓氏于四川临邛,仍是家僮千人的大富翁。商业大贾吕不韦在邯郸以巨资谋居"奇货"。这些都说明赵迁都邯郸前后,邯郸地方已不仅是"仓廪实"(《史记·赵世家》),而且手工业、冶炼业、商业都已经相当发达。汉代邯郸仍是黄河以北最大的商业城市,"富冠海内,天下名都"(《盐铁论》),是仅次于长安、洛阳的全国五大都会之一。

汉末,邯郸城遭受战乱破坏衰落了,而其东南仅30公里的邺城(今邯郸市临漳县境内)迅速崛起,先是冀州州治——袁绍的基地,后是曹魏的陪都,两晋南北朝先后又有后赵、冉魏、前燕、东魏、北齐在邺建都,邺于是又成为中国北方的政治、经济、军事、文化中心。隋唐以后,邺被战火焚毁,而邯郸城东 50 公里的大名又代之而起,唐初即为河北道道治,宋代成为陪都,也是黄河以北的经济、政治、文化、军事中心之一。这就给了我们这样一个启示:在宋以前的中国历史中,邯郸地方(即现在的邯郸市域)一直都是中国北方的政治、经济、文化中心。其中心位置或中(邯郸城)或南(邺)或东(大名),但都还在邯郸地方,或者说,一直在"邯郸市"。唯其如此,中华民族的历史文化中有关邯郸的事件、人物、传说和由此而生的成语典故自然也就多了一些。这也说明了经济基础和文化底蕴的关系。

近年来,关于邯郸历史文化的研究成果颇丰。苑清民同志与一些志同道合的学者,经过多年辛勤劳动和不懈努力,撰写出这部厚重的《邯郸成语典故》,界定了"邯郸"这个名词的内涵和外延,既解释了成语典故的意义、源流,又说明它们和邯郸的关系。著作者旁征博引、匠心独运,使人们对邯郸的历史文化有了更深刻的认识,这是弘扬优秀传统文化,发掘地方文化的新途径,这是一项功于千秋,嘉惠学林的事业,值《邯郸成语典故》出版之际,我谨表示诚挚的祝贺。

原载苑清民主编:《邯郸成语典故》,中国社会科学出版社,2011 年

《佟氏宗谱》序①

呈现我们眼前的《佟氏宗谱》是一部实实在在的历史记录。重印编者王晓明，南开大学经济系毕业，又获得了香港理工大学硕士学位。她勤奋好学，以其家庭背景，从小就梦想追寻其祖先的身影，遂和宗谱续修者佟兆元之孙佟阜功商议重印佟氏谱系。一面走亲访友，一面到国内主要档案馆及国家重点图书馆，查询相关数据。使她喜出望外的是，在南开大学图书馆三楼工具书阅览室发现《八旗满洲氏族通谱》，其中卷二十有其先祖佟养真之名(原名佟养正，因避讳雍正皇帝改称养真)，这增强了她的信心和兴趣。

根据史料，佟佳氏佟达礼支佟养真次子佟图赖这一支为镶黄旗，晓明的曾外祖母是佟佳氏佟达礼支格格，镶黄旗。这一氏族自明代以来，以"勋阀世家"闻名于世。明朝末年，佟佳氏以佟养真、佟养性为首，举族归后金，成为"从龙八户之首"。清王朝入主北京后，佟图赖、佟国纲、佟国维、隆科多等人成为顺治、康熙、雍正王朝的重臣。子孙后裔入朝为官者数以千计，被誉为"佟半朝"。从政治史的角度看，这样的显贵家族并不多见。他们效命于国家和民族，文事武功都做出了巨大贡献，如反抗沙俄，在征讨蒙古，平三藩，稳定西藏，收复台湾等事业上，都享有盛誉。康熙皇帝在佟国维 60 岁诞辰时，曾率领侍卫大臣、议政大臣亲临北京佟公府祝寿，并题字"领袖高门佟佳氏，樱花雅望冠椒房"，给予至高无上的评价。

据晓明讲，她的本家舅父佟明辉(未按范字排)知道佟佳氏是康熙皇帝的妻子(康熙皇帝的一位皇后、一位贵妃来自佟佳氏)而不知道佟佳氏的先辈。经过她的研究发现，祖上是巴虎特克申第二子佟达礼，满文名字达尔汉图墨图，或达尔哈齐。康熙皇帝的母亲孝康皇太后是佟达礼的后代之一，孝康皇太后之父佟图赖为固山额真，定南将军，历任兵部尚书兼都统。佟图赖

---

① 于本书首次发表。

之父是一等公、光禄大夫、太师佟养真,佟养真的先祖是达尔汉图墨图,汉名佟达礼。

俗语讲,十年磨一剑,晓明和其族人花了多年时间,实现了她的梦想和追求。

谱系学是我国传统文化的重要组成部分,承载和传承着历史和文化。一代一代人为此付出了心血。我国的文化是丰富多彩的,众多民族的对立和融合,形成了中华民族的整体文化。读读这部书,当会有更多的体会。

我和王晓明的家曾是南开大学北村的村民,借此书出版之机,写以上几句话,表示我的祝贺。

2013 年 1 月 22 日

书评

人物研究

内容丰富 刻意求新——
评《孙中山与中国国民革命》

历史创造了孙中山，孙中山也创造了历史。他是中国革命的先行者，其思想曾推动中国社会的发展，其思想遗产迄今已成为中国传统文化的一部分。孙中山逝世七十多年来，中国和世界众多学者都在研究他的思想和事业，发表了大量专著与文章。现在刘曼容博士又撰写了《孙中山与中国国民革命》一书，展现在读者面前。

国民革命是孙中山思想的主要内容。他在遗嘱中讲："余致力国民革命凡四十年，其目的在求中国之自由平等……"围绕这一问题进行探究，可以了解其思想的实质与根本。刘曼容博士以此为主题，阅读了孙中山原著及国内外学者相关研究成果，从中国历史进程的宏观角度阐述了孙中山思想的产生、历史活动及其功绩，回顾了孙中山仿效西方模式革命的历史，以及从护法运动走向国民革命、国民革命理论与战略的制定、国民革命物质力量的奠基、国民革命从广州推向全国、全国国民革命高潮的到来等一系列问题，通过比较系统的综合研究，使人们更清楚地看到孙中山一生连续不断的崇高感情、追求与事业。

孙中山胸怀远大理想，努力在中国创建新的社会制度，时时刻刻都在研究中国和周围世界。他对周围的环境从不屈服，总想制服它、改造它，多次遭到失败也不气馁，而是继续组织反攻。一次次失败，又一次次奋起，每一次都有所不同。他的思想总是随着社会的潮流不断前进。这部书的突出之处，是把孙中山与国民革命置于中国社会总体性的各个方面进行考察，既置于近现代中国历史的长河中进行纵向考察，又置于整体世界的时空范围内进行横向考察，这就比较容易揭示孙中山思想的内在联系与外在联系，阐明其思想是怎样在历史发展的熔炉中锻造出来的。

关于国民革命始于何时，是颇有争议的问题。该书明确宣称，孙中山领导的辛亥革命、二次革命、护国运动等都不能称之为严格意义上的国民革命，只有国民党"一大"后才真正开始了具有广泛性色彩的国民革命。

该书作者认为，孙中山政治思想的独到之处是其非西方模式、非俄国模式的独特革命。这个革命是具有完整意义的新旧民主革命过渡交替的中介和桥梁，不能单纯以资产阶级领导的旧民主主义革命的眼光来看待，也不能单纯用无产阶级领导的新民主主义革命的视角来看待。他在仿效西方模式中有许多独特性创造，如既要走资本主义道路，又要避免资本主义固有弊端的主观社会主义。孙中山主张师法俄国，不是站在无产阶级的立场上，而是站在资产阶级革命家的立场上，通过坚信三民主义、五权宪法，强调中国革命的先行性和三民主义的先进性，以及坚持平等待我和有选择接受的原则，从而坚持了中国革命的资产阶级性，保持了中国革命的独立性。这两方面问题，是众人所熟知的，经过作者予以理论的说明，就更清楚了。

孙中山有句名言："世界潮流浩浩荡荡，顺之则昌，逆之则亡。"如何看待"五四"以后，孙中山对新思潮、新阶级力量冲击之回应呢？作者认为，既有顺应潮流的一面，又有主宰潮流、站在时代潮流前端的意识。顺应潮流不是随波逐流，是在回应中不丧失自我，始终保持资产阶级革命派和国民党的主体性。如在组织上坚持大国民党主义，思想上恪守三民主义，在国共合作中强调共产党加入国民党的党内合作方式等。

事物的发展由多种因素促成。历史的最终结果不能仅以某种因素说明，尽管这一因素比其他因素的影响更大。该书采用主体研究方法，运用合力因素阐释国民革命的兴起，从直系军阀贿选、广东讨伐陈炯明军事失利、西方列强激烈反孙的态度，到苏俄开始实质性援助、中国共产党领导国民运动、民族资产阶级日益要求合力救国等方面展开论述，使这一历史过程更丰满、形象和具体。

孙中山晚年政治思想上最大的突破是确立了联俄、联共、扶助农工的三大政策。这个问题，近几年也出现了不同的看法。该书指出，三大政策的文字未见之于国民党"一大"宣言，却是"一大"会议期间通过演讲讨论形成的既成事实，它是在否决反对意见，以及其他文件做出规定时以特殊形式确立起来的。

一部好的作品总是要付出艰辛的劳动。《孙中山与中国国民革命》从汲取资料、发掘资料到分析、沉淀以求真知方面,都是下了功夫的。该书内容极为丰富,比较全面地展现了孙中山所处的时代,描绘了孙中山思想发展的复杂过程,在孙中山研究领域获得了可喜的成绩。

　　人们总是希望从众多的资料源泉中获得更多的知识,从不断研究的成果中深化自己的认识。孙中山研究在今后学术交流和探讨中,必有更大突破。我们期待作者不断努力,创出新的力作。

　　　　原载《文汇报》,1997 年 4 月 13 日;《学术研究》,1997 年第 5 期

读黄彦编《孙文选集》

中国民主革命的先行者孙中山，留下的最大精神遗产是他的思想、学说和著述，从 20 世纪 20 年代起，一代一代人相继编辑出各种版本的孙中山全集、全书、丛书、文集、选集以及不少著述的专辑、单行本。一位美籍华人学者讲，孙中山的著作曾以 50 多种不同式样的书名见之于世。孙穗芳博士在其主编的《国父孙中山先生纪念集》①内序中讲：伦敦大英帝国博物馆及梵蒂冈教廷图书馆中珍藏 200 多种不同语言的百科全书，数以千计的辞典、字典，每集中都有专门介绍孙中山先生思想的著作，以及评述他对中国近代革命途径的贡献与影响。美国国会图书馆与其他各地的公私立大学图书馆分藏了近 800 种不同版本的三民主义相关书籍。讨论孙中山的约有 12000 余种，用 19 种语言出版。从这两则统计数字看，孙中山著作，特别是单行本影响着全球。据黄彦教授统计，出版的选集有百余种。可能因为多次翻阅诸种版本的缘故，在我的意识中，全集本以 20 世纪 40 年代黄季陆主编的《总理全集》、80 年代北京中华书局出版的《孙中山全集》(11 卷)和台北近代中国出版社的《国父全集》为权威本，选集以 1956 年人民出版社《孙中山选集》及1981 年再版为最佳版本。日本学者山口一郎先生编辑的《孙文选集》三卷本也为学界所称赞。

去年孙中山诞辰 140 周年之际，广东人民出版社出版了黄彦选辑的《孙文选集》，分上、中、下三册，共 150 万字，胜过以往任何版本。这是黄彦从自己所策划的一部新的全集中精选出来的。

黄君长期潜心于孙中山著述、文献的研究和整理，参与《孙中山年谱》《孙中山全集》(中华本)的编纂工作，校正 1956 年《孙中山选集》，于 1981 年再版。如果我没有记错的话，黄君是从研究孙中山开始他的研究生涯的。他

---

① 孙穗芳博士主编：《国父孙中山先生纪念集》，华人国际新闻出版集团，2003 年。

不仅具有编纂的丰富经验,关键还在于对孙中山研究具有浓厚的兴趣,较之未参加过上述书籍编纂者更有发言权。他的学术实践深刻影响了他的研究方法,像解剖家解剖身体那样解剖孙中山的思想和著述,对诸多版本进行考察、对照,逐字逐句地进行研究。呈现在人们眼前的这部新的选集是他多年来努力的结晶。

之所以再编这部新的孙中山选集,是因为他的研究眼界更加开阔,对孙中山思想的价值有了更深刻的认识,对以往各种版本,包括他自己参与的版本的优点和不足之处,有了清醒的认识和领悟。

这部选集涵盖了孙中山思想学说的各个方面及各个时期的重要政治主张和主要事迹,较以往各种版本的全集、选集都有突破和超越。

突出点之一是收入了 15 篇新发现的著作,是从俄、法、日的官方档案和当年英、美、日、中报刊上搜集到的。档案类的如 1901 年 3 月 25 日亲交法国驻日公使阿尔芒(Francois Jules Harmand)的题为《我们的计划与目标》(*Nos Projets et Notre But*)的意见书,1922 年年底分别给列宁、越飞的两封信,1922 年 9 月、1924 年夏与俄国官员和顾问的两次谈话等。报刊方面如载于 1897 年 7 月伦敦《东亚》(*East Asia*)季刊的论文《中国法制改革》(*Judicial Reform in China*),载于 1910 年 4 月 20 日檀香山《太平洋商业广告报》(*The Pacific Commercial Advertiser*)与该报记者的谈话,载于 1913 年 3 月《大阪朝日新闻》、长崎《东洋日の出新闻》的两篇访日演说,载于 1920 年 3 月上海《新韩青年》杂志(韩国志士创办)与日本记者的谈话,载于 1924 年 10 月 20 日《纽约时报》(*New York Times*)与旅粤美籍教授的谈话等。上述所举的论文和谈话丰富了人们对孙中山思想诸方面的理解,是极其重要的,极具价值的。

突出点之二是编者校雠了以往各种版本的不妥之处。校雠是一种学问,是史学工作者应遵循的方法。黄君根据自己丰厚的知识和经验,发现以往出版的各种版本,与原始本的选编、选印、转载、传抄版本之间,甚至在早期同时发行的版本之间,内容和文字亦常有差错或讹舛。他下了一番功夫到上海、东京、台北等地去寻找原始的文本,或首先刊印的文本,获得了喜人的成果。如 1900 年 7 月在东京发行的孙中山辑绘的《支那现势地图》,采用了东京东洋文库收藏的原件,比以往各全集本增录了《支那国势一斑》的 8 个表,以及该地图发行以后孙中山用毛笔手书有关中国筑路现状的长篇札记。又如 1895 年 2 月在香港改订的兴中会章程，各全集所收的是平山周的藏件，这部选集采用了孙中山本人 1906 年 11 月 10 日在东京《革命评论》最先披露的文件。《支那保全分割合论》，采用了 1901 年 12 月在东京《东邦协会会报》首次发表者为底本。批判保皇党的《平实开口便错》，中华本和台北本是从 1965 年出版的一种资料汇编辑录的，这部选集则是根据新加坡大学图书馆收藏的 1908 年 9 月 11 日《中兴日报》刊载的。南京同盟会会员饯别会的演说词，黄彦的新书选用经孙中山亲自订正后刊载于 1912 年 4 月上海《社会党月刊》的为底本。1912 年 10 月 10 日中山先生为上海英文报《大陆报》(The China Press)所撰《中国之铁路计划与社会主义》(Sun Yat-sen on Railways and Socialism in China)一文，中华本和台北本均以 1932 年出版的陆达节辑的《孙中山先生外集》为底本，黄君则采用了《大陆报》中文版同日发表的译文。从以上所举例证，可以看出编者对底本特别重视，是以史家应本的溯源探微的求实态度，择善而从之。

黄君或是自己查寻，或是托友人代为寻找，终于能直接面对未经任何修正的原始文本，这是一种严肃的治学态度，这种学风是他早已形成和坚持的。我记得 20 世纪 70 年代，我二人曾在北京王府井近代史所资料室相遇，他说他是专门北上查阅资料的。研究是没有国界的，像孙中山这样的国际政治家，海外不少学者也都在研究。黄君托友人到美国国会图书馆查阅孙中山《我的回忆》(My Reminiscences)一文出版的刊物。过去中华本和台北本均以 1912 年 4 月出版的《滨海杂志》(The Strand Magazine)第 43 卷第 255 期为依据，认为出版物在伦敦，推断著述的时间为 1911 年 11 月中旬，而查证的结果，发现《滨海杂志》为纽约刊物，将时间订正为 1911 年 10 月下旬。

突出点之三是加强了全书的注释工作，以往出版的各种版本几乎都无注释，就是 1950 年荣孟源先生编选的《孙中山选集》也只是部分有题注。20世纪 80 年代情况不同了，1981 年 10 月黄君赠我的《孙中山全集》(第 1卷)，1982 年春赠我经他校订的《孙中山选集》，注释已特别显著。黄君所撰写的一篇长文——《介绍新出版的〈孙中山全集〉第一卷——兼评已刊全集版本的若干有关问题》，可以说是对孙中山著作出版史的总结，涵盖了许多考证、选底本和译文等方面的问题，但他还嫌不足。这部新选集，注释达到1400 多条，这是一件极不平凡的事，是颇有价值的，写出准确的注脚必定翻阅了大量的资料，投入很大的精力，否则是不能完成的。

这部书的注释比以前丰富得多,可分以下几类:

属于史事的,如 1918 年 1 月 20 日讲演中的"初三夜之举"一事,指的是登舰炮轰广东督军署之事。

属于人名的,如在《孙文学说》中,"建文"的注脚是"指明惠帝朱允炆,年号建文"(上册第 36 页);"李、柏"的注文是"李烈钧,时任江西都督;柏文蔚,时任安徽都督"(上册第 73 页);"房酋"的注文是"此指清摄政王载沣"(上册第 98 页)。比较难注的是通电上款所举的一连串名单,常在地名之后仅列出姓氏及职务,有的仅列姓而无职务,如 1920 年 11 月 9 日致西南各省各军通电上款所举的 13 个人,黄君注出了 12 个人,夔州的"王"仍未查到,也如实说明(中册第 699 页)。

属于地名的,仅《实业计划》一文,就有 285 个注,如"门公",注为"是当时川边道(该地区后曾改置西康省)宁静县的别称,今为西藏自治区芒康县"(上册第 258 页);如"小德庆",注为"亦作德庆,今属西藏自治区班戈县,析置德庆乡与德庆区,位于拉萨西北(不同于拉萨东南的德庆)"(上册第 261页);"车里",注为"此指当时云南省沿边行政总局(原车里土司辖地)第一区,1928 年改置车里县,今名景洪市,属西双版纳傣族自治州,南邻缅甸"(上册第 257 页);"札武三土司附近地方",注为"札武三土司,指札武土司、拉达土司、班石土司,其地在今青海省海西蒙古族藏族自治州境内"(上册第260 页)。如此等等。

属于生僻名词、隐语、方言、韵目代日等的注释,如上册第 56 页谈到"白金""赤金",注为"古代称银为白金,铜为赤金";中册第 134 页讲"弟今在檀香山,已将向时'党'字改为'军'字。今后同志当自称为军,所以记□□之功也",释文为"空缺二字指邹容,其所著《革命军》于是年五月在上海出版。此时邹容正因'苏报案'被因于上海租界监狱受审,当为《警钟日报》编者故隐其名"。如此等等。

属于外国地名、人名及其著作、事迹的,如上册第 36 页提到郑和下西洋时的"三佛齐",释文为"南海古园,曾名干陀利、室利佛逝,宋元时称三佛齐(Samboja),其都城原在马来半岛南端,后迁至苏门答腊岛(Pulau Sumatera)东南岸,名为浡淋邦(Palembang),亦译巴箖旁、巴邻旁,三佛齐亡国后改成旧港,闽南语以其谐音又讹成巨港(沿用至今)。明代郑和航海时三佛齐已不复存在,其所到之处即旧港"。又如上册第 123 页讲到"美使芮恩诗博士即派专门技师,往作者所指定之北方大港地点实行测量",释文为"美国驻华公使芮恩诗(Paul Samuel Reinsch),后文附录二亦作芮恩施。专门技师指美国商务部特派员惠瑟姆(Paul P.Whitham),经实地视察后认为另一地点更适宜于建造北方大港"。如此等等。

还有对外国专业名词的注释。

从以上列举的注释,可以看出编者的学术修养,也可以反映出学术规范化的程度。

这部书让人耳目一新的,还有黄君根据文章的内容,标出了新的标题。

任何人的知识都是有限的,即使最权威的专家也不可能通晓自己研究领域内的一切。这部选集问世后,黄君得到其友指出两处人名注释上的错误,一是上册第 8 页的圭哇里,误作法国人卡雷尔(Alexis Carrel),应为美国人奎弗利(Nels Quevil);一是上册第 44 页的"奄比多加利",误作"比多加利",并解释为毕达哥拉斯(Pythagoras),应为恩培多克勒(Empedocles)。黄君在随后发表的文章中及时予以说明。

孙中山著作和思想是永远研究不竭的课题,我国大陆有 3 个研究孙中山的重镇,一是广州中山大学孙中山研究所,一是广东省社科院孙中山研究所,一是北京中国近代史所。这几个单位举行过多次国际和国内学术研讨会,出版了大量关于孙文学说的论著,影响深远。这部新的选集,必将进一步有力地推动孙中山的研究。我认为一个人能多读几篇孙中山的文章,就可以多增加些复兴中华民族的思想。

原载《民国档案》,2007 年第 4 期

周恩来同志的《警厅拘留记》和
《检厅日录》读后

　　《警厅拘留记》和《检厅日录》是周恩来同志 1920 年在狱中编写的两本书。

　　1919 年 4 月周恩来从日本回国，为刚刚兴起的五四爱国运动所吸引，立即投入到这一反帝反封建的洪流中去，并成为天津新文化运动和五四运动的领导者。

　　天津是五四爱国运动猛烈发展的一个地方；天津的新文化运动是全国新文化运动的一支劲旅。天津的五四运动从 1919 年 5 月 4 日开始，到 1920 年 1 月 29 日北洋军阀采取血腥镇压止，持续了半年以上时间，在"科学民主"两面旗帜的号召下，革命把各阶级各阶层的人动员起来，共同反抗黑暗势力和封建权威，产生了巨大的效果，无论学生运动、劳工运动、妇女运动或抵制日货运动，都是轰轰烈烈的。在民族存亡的危机面前，人们表现出空前的团结一致。

　　那时统治中国的是北洋军阀安福系。他们死心塌地地依靠日本帝国主义。日本帝国主义向以侵略中国为其政策，乘欧洲大战的时候，一方面占据我国青岛，与列强缔结密约，要承继德国在山东的权益；另一方面利用袁世凯称帝的野心，向袁世凯提出了臭名昭著的"二十一条"，这就激怒了中国人民，"反对日本""打倒卖国贼"的群众爱国运动于是乎兴。一直发展到"五四"，形成不可抗拒的怒潮。但安福系极力保护日本的利益，镇压人民的反抗。天津人民在 6 月 5 日集会和游行时，已提出"誓保国土，誓雪国耻，誓杀国贼，誓挽国权"的誓词，充分反映出当时人民坚决与国内外黑暗势力搏斗的革命意志和击败帝国主义奴役、宰割中国阴谋的决心。那时黑暗势力的代表就是日本帝国主义和北洋军阀。周恩来因此写了《黑暗势力》一文，发表在 1919 年 8 月 6 日的《天津学生联合会报》上，谴责日本侵占山东，简直不把中国作为一个国家来看待的狂妄蛮横行径。他大声疾呼："国民啊！黑暗势力,愈来愈多了!我们应当怎样防御啊?要有预备!要有办法!要有牺牲!推倒安福派,推倒安福派所依仗(的)首领,推倒安福派所凭借的军阀,推倒安福派所请来的外力。"提出用推倒和推翻帝国主义及其走狗安福派的手段挽救民族危机,为此必须做出最大的牺牲。这给革命带来了新的生机。怎样实现呢?就是动员人民参加到民主革命斗争的行列里来。周恩来和他的战友邓颖超、马骏、郭隆真等组成革命团体"觉悟社"作为领导力量,不断推动群众运动,使天津革命一浪高过一浪——北京的全武行,双十节的大闹警察厅,12月召开的国民大会,一直到1920年1月29日千余人包围省公署等。在全国其他地区五四运动多已沉寂下去时,天津的民主运动还在如此蓬勃地向前发展。反动统治者不能不为之颤抖,为之丧胆。北洋军阀为维护其野蛮统治,是绝对不允许,也不敢给人民以些微的民主权利的。他们唯一的办法就是疯狂镇压,许多爱国志士被非法逮捕。不经任何正常的法律手续,相继被无故投入监狱。这种镇压的结果,却适得其反,这些赤裸裸地践踏人民民主权利的暴行,更说明了他们的反动逻辑是:爱国有罪,卖国无罪,革命有罪,反革命无罪。这越发激怒了人民,继这种高压政策而起的是人民群众对被捕者的声援和对反动当局的抗议,周恩来、郭隆真等就是在人民要求释放被捕代表,要求民主,要求爱国自由,要求取消二十一条的示威运动中被投入牢房的。

周恩来同志从1920年1月29日被北洋军阀逮捕到同年7月17日出狱,在监狱中生活了半年,肉体上受尽了折磨,而在精神上却放射出绚丽的异彩。他以自己不平凡的智慧和力量狠狠地鞭挞了万恶的反动统治者,表现了无私与无畏、机智和勇敢的大无畏精神,并充分表现了他是一位强有力的组织者及与难友血肉相连的领导者,他的爱憎分明和斗争艺术是极为人们称颂的。他自己也一天比一天更加坚定地誓为中国人民的事业而奋斗。《警厅拘留记》记载的是1920年1月24日到4月7日天津各界被捕代表被关押在警察厅75天的斗争情况。当时难友们是被隔离起来的,一个人被关在一个地方,也有两个人被关在一屋的。不准会谈,究竟一同被捕的有多少人,姓甚名谁,均互不知道,外界的消息也被完全隔绝。4月7日被移送检察厅后,又经过几番斗争才有了一点自由。周恩来花费了很大精力和很多时间,搜集起每个难友报告的实在情形,从5月开始编写,到6月5日完成,共33000多字,曾经在当时天津的《新民意报》上连载,后由该报社辑印成册,书名是:《民国八年天津各界被捕代表〈警厅拘留记〉》,署名飞飞。其手稿几经辗转,最后落到书商手中,新中国成立以后,有关部门在北京琉璃厂效贤阁书铺发现购回。现在中国革命博物馆举办的"周恩来同志纪念展览会"展出。

《检厅日录》是被捕代表被移送到检察厅后,从4月7日到7月17日3个半月的斗争纪实,是1920年11月周恩来赴法勤工俭学时,于经印度洋赴欧洲的船上最后完成的,共128页,73000多字。1921年春亦曾先在天津《新民意报》上逐日刊登,1921年7月又由新印字馆刊印成书。书面上写有:《民八五四学潮天津被拘代表〈检厅日录〉》字样,署名飞飞。

这是很有价值的两部历史文献。编者既是革命斗争历史的亲身经历者,又是历史的记录者。他用有力的笔歌颂了爱国志士坚忍不拔的斗争意志和大无畏的牺牲精神,把天津五四爱国运动的伟大功绩镌刻在人民解放事业的丰碑上。两本书中所出现的人物都充满着活力。他们有革命的乐观主义精神和爱国主义思想,他们对反动统治阶级极端鄙视和仇恨,对祖国与人民有着高度的热忱和期望。而对自己的生死完全置之度外,更谈不到什么悲观与失望。他们从开始被拘,便开始了与敌人针锋相对的斗争。

被捕代表对遭受非法逮捕和虐待,向反动统治者提出了严重抗议,他们为争取人身自由,要求公开审讯,进行了顽强的斗争。为此,他们曾展开了"四二"绝食斗争,社会舆论对他们表示了极大的同情。天津各界代表邓颖超、谌志笃等24人还到警察厅要求代替坐牢。狱内的斗争和狱外的营救交织在一起形成了强大的力量。为了挽救国家和民族的危亡,他们每个人都丝毫不顾安危,对要求代替他们坐牢的人讲话时,表示要把牢底坐穿,显示了他们品德高尚!他说:"我们在这里边无论受什么罪,是为国,就是牺牲了生命亦值得。你们诸位进来是为我们,太不值得了!你们诸位何不把为我们的心,移到为国上头呢!"

尽管北洋军阀要尽了淫威,任意蹂躏国家法律,无故加害革命志士,玩弄审讯无期的伎俩,陷爱国者久处囹圄。但终究掩盖不了人民的耳目,在狱内外的协同斗争下,直隶省长曹锐、警察厅长杨以德最后不得不把他们由警厅拘留所转移到地方检察厅,不得不公开审讯。被捕代表为准备在法庭上和敌人公开论战,做了周密的计划与分工,组成了几个小组,分别负责就省公署请愿的问题、魁发成的问题、万德成的问题,以及国民大会的问题,专门和律师接洽,研究对策,使申辩立于不败之地。

敌人从审讯中捞不到任何东西，他们听到的只有谴责。在此之前，周恩来已不止一次地以他对革命的忠诚和威武不屈的精神战胜过愚蠢的敌人，使敌人徒唤奈何。请看下面《警厅拘留记》里的一段记录：

> 周恩来也有答的，也有没答的。他们又问周恩来《学生联合会报》何人主笔？
>
> 周说：《联合会报》没有主笔，有三四个审查员，是合议制，不过往警察厅来立案的时候，是我出名，所以你们要问《联合会报》的事，我可负完全责任。这个可指旧日刊说，现今出的周刊，是学生会改组后新学生会出版委员会周刊股出版的，我是周刊股股长，却不是审查员了。
>
> 高登甲（警厅拘留所警察司法科头目——引者注）又问道：学生会的款项，从何处来？
>
> 周回道：是各界赞助学生会的人亲往会中捐助的，也有学生演剧募捐的。
>
> 高问：现在的款项归什么人保管？
>
> 周答道：归经济委员会。
>
> 高问：经济委员长何人？
>
> 周说道：这个我不能说，说了你们又要麻烦他们去了。你们要问学生会联合会经费状况，我同马骏就可答你。
>
> 高又问：捐款的是些什么人，捐大宗款的是谁？听说林长民也捐过你们的款吧！
>
> 周回道：你们现在无权调查我们学生会经济内容，我也无须回答你。

周恩来为难友树立了楷模。

利用敌人的法律是一种有力的斗争方式，被捕者可以上诉申辩，可以聘请律师依据法律辩护，于是在敌人的法庭上形成了一场以检察官、刑庭主任、审判长为一方，以被捕代表和律师为另一方的关于爱国是否有罪的激烈论辩。7月6日开始审理，开庭之日，盛况空前，《检厅日录》载："自晨七钟，各界男女学生前来旁听的人，异常拥挤，审判厅前，即无插足之地。全体要求旁听，该厅因限于地势，只准发给男女学生旁听券各二十张，又发给各界旁听券五十余张，入庭旁听者百余人，在厅外候立着的亦有几百人。"被捕者每人都理直气壮,慷慨陈词,痛斥北洋军阀的倒行逆施,指控其使亲者痛仇者快的卖国行径。检察官、审判长对革命者种种诬陷的罪名,却被驳得体无完肤,使审判者成为受审者。《检厅日录》记载的夏琴西(商会文牍长)义正词严的答辞就是一例,他表现得有胆量,有骨气。他说:"既自青岛交涉失败之后,举国同心,抗争外交,为政府后盾。首由全国学生罢课,继由商人罢市,国民爱国运动,成为空前之举。乃青岛交涉未了,而福州的交涉又起,所以各省各地方均有国民大会之组织。吾津各团体各举代表,亦筹备国民大会。琴西非团体代表,固无出席表决之权……仅仅有一演说,大概痛述国家危状,外交紧迫,惊醒国民。按照以上论述各点,何得为妨害公安?更以演说乃言论自由,载在约法,所述者系日本欺辱我国情形,是对外与政府有同一心理,何得谓为犯罪?得勿犯日本法律,我官厅代行其执权乎?"《检厅日录》这样的答辩使久历官场,善于颠倒是非,巧言诡辩,罗织罪名的审判者们不得不在法庭上承认爱国是无可非议的,说:"因青岛问题,外交失败,激发热诚,而有抵制日货之倡议。此为道法上,良心上,本无违反。"

周恩来等四人在答辩中严厉指出:"检察官以学生请愿为合法,而又依据刑律一百六十四条起诉,是检察官自相矛盾。"

刘崇佑律师的答辩尖锐有力:"查国民力争外交,是人民应有心理,应有责任,亦系民主国自己天职。御外侮,避危险,系人民应做之事,当局不但不加保护,反来摧残蹂躏,未免贻笑日人!"

黑暗势力逼迫人民走上爱国道路,反动统治者的压迫陷害唤醒了人民的觉悟。爱国者从鞭挞、痛楚、愤怒、仇恨中依稀看到了中华民族解放的道路。周恩来在狱中主持纪念"五四"一周年时,道出了他们的心声:"将来的希望,尤隐隐约约在各人脑中颤动不已。"这些以德先生和赛先生武装起来的志士,为"将来的希望"而运筹了。周恩来、马骏组织了读书会、讨论会和宣讲会,探讨各种社会问题,学习英文、日文、数学、中文、经济学、历史学、心理学等科学文化知识。周恩来帮助难友研究日文和心理学,他们把牢狱变成了新文化运动的宣传阵地。每逢什么纪念日,就举行什么纪念会或报告会,国难和危亡鼓舞着大家的斗志。4月28日是巴黎分赃会议表决山东权利和青岛归于日本的日子,据《检厅日录》载,在这个可耻的纪念日,他们召开了纪念会,"周恩来述说山东问题的始末:一、德国占据青岛的情形;二、青岛被日占据;三、日人处置山东的蛮横;四、中国参战的波折;五、中国失去山东的自认;六、和会处置山东的经过;七、拒签的情形。"

"五四"纪念日那天,狱中展开纪念活动,生气勃勃,《检厅日录》载:下午两点钟开会,主席周恩来。先由马骏报告"五四"后一年中各方面的经过。报告毕,大家随意游戏。"晚间又开会庆祝,周恩来主席,狱中无乐器,无地址,只好取中国式的戏曲。"在"师士范报告'五四'当天北京焚曹汝霖宅,殴章宗祥的情形"后,进行游艺,项目有16项之多,包括中国乐、滑稽剧、相声、评书、戏法、京剧及大鼓红楼梦曲等,周恩来表演了京剧清唱,人才荟萃,牢狱变成了宣传新文化运动的舞台。

南开学校的新剧团在新文化运动中负有盛名,被捕爱国志士中周恩来、马骏是南开大学学生,马千里等是南开大学和南开学校教员。师士范、祁士良是南开学校学生。他们把南开新剧《一元钱》第四幕搬到狱中来演,并用纸糊了布景。周恩来是中国话剧的开拓者,对新剧颇有研究,在狱中大家选举周恩来、孟震侯(《泰晤士报》经理,报界代表)等为编剧员,编辑新剧,有谁能想到他们在狱中的斗争生活,"快乐得很"。

爱国志士从今日斗争实践中探索出来的道路,他们从抨击时政到讨论各种存在的社会问题,进而研究社会的根本改造。他们已接触到问题的实质。《检厅日录》载,5月16日晚上开特别讨论会,讨论的结果,"今后的目的,注重在社会的根本改造。"这是他们思想上的一个飞跃。这里实际上宣告他们出狱后定为埋葬旧社会的制度而斗争。

周恩来在狱中向难友系统宣讲马克思主义,为大家提供新的思想武器,是具有巨大的历史意义的。据《检厅日录》载:

> 5月28日,"周恩来讲马克思学说,历史上经济组织的变迁同马克思传记"。
>
> 5月31日,"周恩来讲马克思学说,唯物史观"。
>
> 6月2日,"仍由周恩来讲马克思学说,唯物史观的总论同阶级竞争史"。
>
> 6月4日,"仍由周恩来续讲马克思主义——经济论中的余工余值说"。
>
> 6月7日,"周恩来续讲马克思的学说——经济论中的'资本论',同'资产集中说'"。

在五四运动中,系统阐述过马克思学说的,只有李大钊,《新青年》第 6 卷第 5、6 号上发表过他的《我的马克思主义观》。而周恩来是在狱中系统宣传这一思想的。他的讲演在引导天津五四运动中的先进人物走向共产主义有着深远的不可估量的历史意义。

讲演会举行了十多场,周恩来所讲的马克思学说,为难友开阔了眼界,对思想解放起了积极的推动作用。小型的演说练习也同样反映出他们思想的锐进,如吴世昌讲《我个人"五四"前后思想上的比较》,尚墨卿(海味店店员)讲《说独立》,孟震侯讲《根本的改造问题》,马千里讲《今后大家的责任》等等,说明他们正在打破精神枷锁,展望未来,热切地怀着再次投身革命洪炉中的希望。

周恩来的这两本书记述的是五四运动时期革命者的斗争、学习以及他们的向往。五四运动距今已经整整 60 年了。在这 60 年中,人们踏着周恩来等老一辈无产阶级革命家的脚印和他们所开拓的道路,实现了他们的理想,新中国已经屹立在世界的东方。而书中五四运动的英雄们,追求真理、争取民主、献身革命的精神仍将永远激励着中国人民奋勇前进!

原载《历史教学》,1979 年第 3 期

李维格其人其事——
《李维格的理想与事业》读后

王同起等编著的《李维格的理想与事业》一书,2000年由中国档案出版社出版。该书一部分是当代人对李维格身世的叙述及其历史贡献的评论;一部分是同时代人对李维格事业的看法与评论,这些反映在康有为的函件及熊希龄、谭嗣同、邹代钧等人致汪康年的信札中;第三部分是李维格本人的日记、函件、演讲及其任汉冶萍公司协理所定的章程、合同等,内容极为丰富,史料价值极高。

关于李维格其人其事,过去一些学者的论著曾涉及。关于他的一生事业,现代人知之甚少,或未被人们所详知。该书编者先后花费七八年时间,辛苦地搜集整理,才得以肯定其基本的样貌和轮廓,展现在学界的面前,这就从另一个侧面丰富了我们对清末维新运动的认识,更深刻地体验到维新运动的追求,和那一时代人的理想与奋斗之艰难。

19世纪后半期,中国千灾百难,内忧外患,国无宁日,有识之士猛醒,纷纷开展振兴中华的运动。维新思潮在许多知识分子中产生着、增长着,李维格就是这一思潮中有影响的人物,从该书那帧弥足珍贵的湖南时务学堂教习的合影可以看到,与他为伍者,即是谭嗣同、唐才常、熊希龄等人,就说明了这一点。

李维格祖籍江苏吴县,1867年生于上海南市区,字一琴(亦称峄琴),幼时家境贫寒,随其父半工半读。后入英租界格致书院学习,接触西学,酷慕西学,在亲友的资助下负笈英伦。因学费昂贵而未竟其业,即留居清朝驻英参赞李经芳的行邸,学习法文,不久随驻英公使许景澄回国。因其精通英法两国文字,对西方世界有实地了解,遂于19世纪80年代末90年代初进入仕途,职候选郎中,先后随崔惠人使美,随李伯行、汪芝房使日,所至辄求其国政教术业,搜集各国工业科学发展信息。那时国人学习西方,多注重政治制度及思想。李维格则与众不同,注重政治制度也注重格致之学,称得上博学多才。黄遵宪对其有极高的评价:"就西学中颇能言理致通西学者,如此才人甚少。"(引自该书第268、269页)李维格的品学识度属当时第一流人物,其名字经常与梁启超并列,人们总是将梁、李相提并论。李的志趣是"拯中原于涂炭,登亿兆于康庄"。这是他1908年10月在汉口商会关于汉冶萍厂矿招股演说词中的一句话。他的言与行是统一的。

因为李维格有远大的抱负和强烈的爱国主义思想,当历史能够提供一定的场所时,他就会尽力发挥自己的智慧和才能,以实干精神,确立自己所从事的事业,从而获得了世人景仰的地位。

从现有资料看,李维格得到社会的赏识,是从担任汉阳铁厂通事(翻译)开始的,时值1896年4月至1897年4月。自1895年,他就与梁启超、汪康年等论著变法。1896年他参与《民听报》和不缠足会的活动,并翻译出《巴兰德论兵节略》一书寄给盛宣怀,还建议盛设立译书局,并为上海《时务报》编译文章。这一系列活动,表明他在国内开创事业之初实践就很丰富,充满了革新锐气。对他一生有巨大影响的,一是结识汪康年、梁启超、谭嗣同等人,使其成为维新派的中坚人物;一是和盛宣怀建立了关系,使他日后成为汉冶萍公司的实际负责人。

汪康年、梁启超、谭嗣同等5人于1896年在上海创办《时务报》,汪为经理,梁为主笔,鼓吹民权,呼吁变法,一时风靡海内。因为李维格精通外文,汪、梁竭力邀其赴沪,到报社任翻译。我们看到的这本书选编了19封李维格致汪康年的信函,其中谈到他应聘《时务报》的种种问题。时因汪专断行事,汪、梁之间已出现不合。汪遂以个人名义函李。李婉转提出批评并直言:"屡次见召,皆兄一人具名,似近于私。尊处系公举之局,可否请商首创诸公。去年惠函,亦有商表公度先生之语。倘众意金同,乞赐一公函。或诸公踪迹南北相阔,馆事向由吾兄一人主政,则请兄商诸卓如先生。倘渠意谓然,请二公署名,赐一公函亦可。"(第82—83页)汪无言以对,于是联名梁启超,寄出公函,期望甚殷。李亦愿早日赴任。因李"品学兼优且能血诚报效","铁厂总翻译最为重要,得人亦最不易,厂中异口同声,除李一琴外,恐均不能得当",所以汉阳铁厂总办郑观应、主办盛春颐一再挽留,直到1897年5月始离汉赴沪。

其时,湖南维新派人物谭嗣同、唐才常等所开展的维新运动,因得到湖南巡抚陈宝箴、按察使黄遵宪、学政江标的积极支持,进展颇为顺利。他们要创办时务学堂南学会和《湘报》,准备从全国物色贤达人物,承担这一重任,以促使湖南维新运动向深度前进。由于谭嗣同的推荐,湖南官绅决计聘请梁启超、李维格为时务学堂中文和西文总教习。该书所收录黄遵宪及邹代钧致汪康年的信,充分表明了梁、李在世人心目中的地位。据黄遵宪讲:"宪甫经到湘,即闻湘中官绅有时务学堂之举,而中西两院长咸属意于峄琴、任公二君子。此皆报馆中极为切要之人。以峄琴学行,弟所见通西学者凡数十辈,而求其操履笃实,志趣纯粹,颇有儒者气象者,实无其伦比。"邹代钧也说:"见在湘中开设学堂,西文、中文教习,均未觅得其人,公度已荐一琴为西文教习、卓如为中文教习。义宁父子及湘绅无不喜悦。惟均以此二人都为报馆不可少之人、不便邀来。"(第 270、271 页)

李维格成为争相聘请之人物,在上海时务报馆又工作了几个月,经熊希龄、谭嗣同等人多次说项,请汪康年放人,终于于 1897 年 11 月 11 日离沪抵汉。梁启超于 12 日到汉,同候轮至 17 日,始自鄂起行。两人于 20 日到湘,走马上任,和湖南志士仁人一起,共同推动维新运动。

李维格在湖南除教习西文,在南学会演讲《论译书应去四病》,还积极为《湘报》翻译和审定译文,译文内容甚广,包括国际时事、外文对华评论、西人社会、政治、文化、科技及生活等。该书从《湘报》上辑录了不少译文,对帝国主义疯狂瓜分中国做了充分揭露。译文来自《路透社电讯》《字林西报》和《上海西报》。

他擅长翻译。在湖南他继续为上海《时务报》译著《日本商律》。他认为:"中国欲扩充商务,而无商务律例,有事何所适从?"(第 78 页)仅此一点就能够看出他思考的周密和非凡的胆识。

湖南留下了他的丰富业绩。

1899 年他又赴上海,任南洋公学提调兼教书译书。

从 1900 年开始,他把自己的全部精力放在汉阳铁厂和汉冶萍公司上面。如果说以前他是西文的翻译家,此后他就成为中国的矿业学家和企业家了。

我国近代化矿业发展肇始于清末,李维格在这方面是先驱者。他重新返回汉阳铁厂,起初掌管铁厂学堂及西人商务,随后参与规划和管理汉阳铁厂、萍乡煤矿的各项事务,对矿厂的开采、设备、管理方法、产品的质量,以及如何使产品进入国际市场均有所建树。为了使厂矿现代化,产品有竞争力,他先后到英国、美国、德国和日本进行实地考察,以引进先进的技术、机器及管理方法。该书所收录的《湖北汉阳铁厂江西萍乡煤矿之缘起》《在汉口商会关于汉冶萍厂矿公司招股的演说》，详尽地叙述了汉阳铁厂和汉冶萍艰难发展的历史，记录了他于光绪三十年二月起程，由美而欧，周咨博访，历经8个月返华的事迹。他出国时携带大冶矿石、萍乡煤焦及汉厂新炼之钢铁，商请外国专家化验，结论是大冶之铁石白石、萍乡之焦炭并皆佳妙，乃采取招标办法，购置新机炉，聘定新工程师，经过4年苦功，终于1907年炼出了钢。中国自己可以出钢铁了，这是工业发展史上破天荒的大事。当时各报纷纷登载了这一新闻。

征诸各列强之历史，无不重视发展钢铁工业。李维格深刻论述了中国应该发展工业的极端重要性，他慨叹中国贫弱，发出了警语："列强商品五光十色，捆载而来，以炫耀于我商市，使吾之金钱日益外耗。五都之市，百货云屯，睨视之，值钱者洋货也，我则室如悬磬，朽败杂陈，不值外人一顾，欲与之角雌雄，将持何物以争耶？"他的结论是："今日汉冶萍三大业，则中国挽回利权，抵制洋货之根本也。"他朝夕祷祝："群策群力，齐向煤铁世界展动地惊天之事业。"（第158页）这是他的自白，也是一个爱国者认定实业救国的心路历程，是值得众人崇敬的。

当工矿实业发展遇到财力不足时，他毅然采取两种办法，一是借外债，一是招商扩股。外债有良性和恶性之分。凡有益于发展经济、开发矿业、构筑铁路、建设工厂的，应属于良性。李曾主持筹借两次外债：一次是和盛宣怀一起向日本三井物业会社，借日币100万；一次是1907年和盛宣怀代表大冶矿局，向日本横滨正金银行借日资30万元，以扩建工厂，更新设备，提高生产力。汉阳铁厂的产品从此不仅供国内需求，还远销欧美各国。该书收录了借款合同及钢铁运销到国际市场的状况，供学者研究。

李维格繁荣工矿实业的手段，为社会进步提供了十分有价值和准确的知识。1912年他被推举为汉冶萍公司的总经理，为发展公司的业务殚精竭虑。1915年他辞去这一重任后，仍参与公司的一些活动。

在他生命的最后10年，因体弱多病，养疴于上海。此时，他特别关心教育事业，1919年五四运动那一年，为上海交通大学工业专门学校图书馆捐款。1929年，他在63岁弥留之际，将自己在上海之产业三分之一捐赠东吴大学。他生平自奉甚俭，生活并不富裕，晚年略有蓄积，在上海有居室数所，靠收取房租以自给，而以部分产业捐赠教育事业，这是难能可贵的。原东吴大学校长杨永清对其行谊做了极高的评述:"见吾校规模宏远,成绩卓著,惟科学一门,犹是幼稚时代,思有以提倡之,爰将所置上海环龙路房产约三分之一,捐赠吾校,为提倡科学基础,专以资助学子之有志研究应用物理、应用化学及生物学,而家况贫乏之力有不逮者,盖不忘微时求学之艰难困厄也。"(第68—69页)东吴大学以其捐款设立科学资金,营建维格楼作为男生宿舍,以宿费收入之一部分用以奖励科学研究。

李维格将自己的一生献给振兴中华民族的事业,是值得后人怀念和研究的。

原载《广东社会科学》,2002 年第 3 期

读《何廉回忆录》的点滴记忆和断想①

何廉是著名的经济学家，早年在长沙雅礼学校获得了较系统的现代中等教育，留学美国波姆那学院，并在那里结识后来的太太。大学毕业后，在耶鲁大学继续研究生学习，获得硕士学位。在耶鲁读书期间，何廉帮助经济学教授费喧进行物价指数调查。何廉留学归国途中，应南开大学邀请，担任财政学与统计学教授。

执教南开

拜见张伯苓校长时，何廉深深感受到其人格魅力之吸引力。何廉认为，严修与张伯苓之间的亲密合作推动了南开的发展。

何廉在南开的教授生活俭朴、充实而繁忙。他担任了经济学原理、财政学、统计学等课程的授课。

谈到教学，何廉回忆说，在 20 世纪 20 年代，中国大学中的经济教育是十分惨淡的。所有社会科学学科的教学，都是可怜巴巴的。由于 20 年代的政治动乱，中国大多数大学不能按时如数给教师们发工资，收入不稳定导致教师们工作过于繁重，对于师德和教学研究都有损害。教师们必须担任过多学时的课程，每周最少 12 节课，最多 30 节不等。其中有些不仅在一个学校上课，有的还在两个城市学校中任课。而且那时的社会科学，内容完全是关于西方国家状况，特别是美国状况的材料。通过课堂讲授传播给学生的知识总是与一个外国普遍状况有关，很少涉及中国的现实生活。

大多数教师都是留英留美的归国学生，他们自己年复一年重复的讲义，

---

① 于本书首次发表。

还是他们各自从国外听到的及他们在大学中当学生时读过的那些书本上得来的。他们在一所大学中任教时间越长，他的教学就越死气沉沉。由于没有机会对自己所教的学科进行研究，这位教师的身价就会与他从事他的专业的时间成比例地下降。

何廉还谈到教学方法上的许多缺点。"一位教师只用一本教科书，一般情况每天在课堂上规定要讲那本书的 5 页到 10 页。一般采用的唯一教材都是英文的，因而学生不仅得学会学科内容本身，还得学会英语。他得不断地查阅字典，牢记定义。"这里讲了使用外国教材的弊端。这对我们来说是有启发的，不能照本宣科地讲，要联系实际，应给学生有用的知识。

何廉认为，要把教学从"空"中带回到地面，首先要了解中国的实际经济现状，还要使教科书中得出来的结论能被学生们应用。他说，"在我的教学过程中，我因为受的是国外西洋学派的教育，我本人必须经历一个自我教育的过程。"经过几年的教学实践，他的努力有了成效。学生对于他们所学的兴趣增加了，他们很重视课堂上讨论的机会，而且常常提出很现实、很尖锐的问题，把讨论引向中国经济问题中的本质方面。比如，关于土地税问题，引起过一场激烈的辩论，基本土地税包括土地、人头税及折合粮食税。这是课堂讨论的好处。

南开在高等教育事业中应有一席之地

1928 年后，公立大学开始接受国库拨款。尤其清华拥有庚子赔款得天独厚的条件，南开教师如蒋廷黻、萧公权等纷纷跳槽离开。

这种情形引起张伯苓的焦虑与愤怒。他承认南开竞争不过国立的清华和北大，清华不择手段地聘请教师，大大地激怒了他。何廉说竞相增加工资是不可避免的，而我们在这方面的一贯道德准则必须重新考虑、重新评价。张伯苓校长对于南开的资金匮乏及在一个根本谈不上工业化的社会中提高薪水的困难深有体会。出于他坚强的信念和天生的乐观主义精神，他决心不向困难低头，他坚信像南开这样的私人机构在中国高等教育事业中理应占有一席之地，问题在于私立的南开如何在为国服务中发挥最大的作用。

这样的谈话，展示了张伯苓创办南开的毅力和对南开发展的期望。何廉和张伯苓同样认为,天津是商业都市,还有华北大工业中心的前景,清华、北大尚未开拓的培养企业人才与工程技术人才方面,南开能够取长补短。因此"在我们讨论中产生这样的想法,促使张伯苓校长千方百计地加强商学院,并且一旦有可能就建立一所工学院"。商学院和工学院先后建立起来,成为南开的特色。

寻找研究资料,心系南开图书馆

何廉认为,自己受的是西洋学派教育,对中国实际不了解,觉得绝对必要的是将中国的材料与学科内容融合在一起并且利用中国的素材来解释所学的原理,这样来使我的教学"中国化"。(第55页)经过几年的课堂实践,最后定型为一本大学教科书,于1931年在上海商务印书馆出版。为教学中国化,他不辞辛苦,曾到各种出版社的书库收集中国化的资料,在商务印书馆寻找可以使用的材料时发现了民国初年出版的一捆"财政说明书",一套二十卷政府财政报告书,里面有财政报表,包括每个省的消费和税收。他大喜过望,就买了下来。

为研究寻找资料,何廉在河北省政府发现有李鸿章和袁世凯为首的北洋总督署的文件,他和张伯苓协商后,打算尽量跟河北省磋商把这些文件转移到南开大学图书馆妥善保存。他发现京津地区有很多有价值的材料,像工场和手工作坊的工资记录、学徒契约、租地契约和政府档案,特别是县政府关于当地财政与审理诉讼案件的档案,有的时候还能收购一些这些东西。当20世纪30年代初期,南开的防火图书馆大楼建成时,许多天津的老字号商行都把不用的报表存放于图书馆。英文的津京《泰晤士报》仅有两份报纸的合订本,也把一份存放在南开图书馆。所有这些收藏合在一起就形成了南开的中国经济藏书的基础。(第61页)这些藏书由于日军轰炸木斋图书馆,许多珍贵的书籍和文献,已荡然无存。

《大公报》成为南开学人发表文章的阵地

南开人写了不少文章,发表在颇有影响力的《大公报》上。何廉自己也发表过有关宋朝饥荒赈济与预防、中国货币理论综述、太平天国之后苏州与松江地区地租削减等内容之论文。南开人在《大公报》副刊或者把文章作为该报的星期日论文发表,这是该报最初开办的一个专栏,专门刊登著名学者关于经济、政治及社会等方面的文章。后来南开经济学同仁发表的文章,由方显廷编辑,商务印书馆出版了三册书,即《中国经济研究》(1938年)、《战时中国经济研究》(1941年)和《中国战时的物价与生产》(1945年)。因《大公报》在中国知识阶层中发行很广,统计副刊专栏的出版,在中国还是破天荒第一遭,一时颇为轰动,它使南开名声大振。在副刊专栏之后,南开人又在《大公报》上出版了《每周统计》,不久又更名为《经济周刊》,这个周刊是我们一系列出版物中最有影响的,它对全国都有重要的教育作用。(第83页)

随着经济研究所研究活动的发展,所需的中文及英文的月刊、季刊和年刊也增加了。在1928—1933年间,出版了《南开统计周刊》(中英文对照)。中文的《经济统计季刊》在1932—1934年间出版,后来把内容扩大到包括政治学后,更名为《政治经济学报》。同样地,在1934年取代了《南开统计业务周刊》的《中国经济月报》,在1935—1937年间更广泛的基础上重新组织为《南开社会与经济季刊》(英文)。

南开工作人员的研究文章也登载在国内外的各种刊物上,包括《经济季刊》《哈佛商业研究》《世界经济文集》《太平洋事务》《外交政策报告》《中国社会与政治学研究》《中国经济杂志》《中国季刊》和《中国论坛》。

《南开指数》在1934—1936年间出版,这是一个中英文对照的年刊。我想,现在是国际化时代,南开的学报、周报、研究生论坛是否可以用中英文同时出版,只有学术交流,才能使学术得到更大的发展。

南开成为国立大学

卢沟桥事变后,南开是日本轰炸的第一所大学。蒋介石表示,南开是为中国牺牲的,有中国就有南开。

张伯苓校长南开教育事业的发展,需要寻求国民党政府对南开恢复重建的资助。当国家拨款进入南开时,这所著名的私立大学转为公立大学。

担任南开大学校长

在蒋介石的拉拢下,张伯苓校长出任考试院院长。国民政府教育部部长朱家骅认为,南开既已转为国立,张伯苓已担任考试院院长,就不适合继续担任教育部属下的校长职位。

行政院 1948 年 10 月 19 日人字第 46374 号训令称,10 月 13 日,行政院第 20 次会议批准,国立南开大学校长张伯苓呈请辞职,任命何廉为国立南开大学代理校长。

张伯苓告诉何廉,自己从未主动请辞。何廉认为,张伯苓不愿辞去校长一职,非恋栈权力而是感情上的依恋。但张伯苓的愤怒与何廉本人的抗议也无济于事。我还记得学校召开了一次大会,张伯苓和何廉都讲了允公允能校训的含义。

反饥饿反内战运动席卷南开园

在何廉担任校长之际,物价狂涨似脱缰之马,不可收拾。为了生活,他的妻子甚至不得不卖掉一些财物。那时币制改革失败,金圆券不值钱,人们都把金圆券换成银圆。

校园里蔓延着不安的气氛,教职工和学生们的生活极端困难,教授们微薄薪水的实际价值,不能应付最起码的生活需要。不得不大量依赖美国的救济面粉,作为教职员工和全体学生的定额口粮。那些从南方省份来的不习惯吃面粉的学生,不得不到市场上以很大的折扣用面粉换取大米。这样,他们的大米常常不够,学生饭厅的伙食质量差得可怜。1948 年 11 月间,天津的气候已经相当寒冷,何廉发现学生宿舍里既无暖气又无热水。用于取暖的煤很难以官价买到,而黑市煤价又非常之高。学校原有购买燃料的预算,但是由于政府当局拖宕支付,这笔款子的购买力随着时间而大大减低,甚至购买官价煤都远远不够。

我们计划购买的包括本地的玉米在内的粮食,只能到天津的黑市上去买,而价格又太高。一位学生代表来见我,(不知是否是王××,

243

他到×××去采购粮食,他是学生会的代表,负责生活)表示愿意尽力,他们自信可以得到乡下的共产党员代表的合作。接受他们这样的效力,对我来说,虽是一个意外的良机但也是一个冒险。事情后来的确使我满意,这一任务在不长时间内顺利完成。(第301页)

中国历史的巨大变化

何廉回忆说,到1948年11月初,即感到"共军拿下天津的日子不可避免地即将来临"。国民党政权走向大限末日,这是中国历史的巨大变化。何廉本人没有自信能在天津继续办教育,也觉得自己的经济学理论未必在今后派上用场。他选择了远离故土,浪迹他乡,在美国度过他的余生。

南开永远是中国的。张伯苓90大寿时,诚如曹禺、老舍的贺词所讲,知道有个中国的,便知道有个南开。

读《张承先回忆录》有感

  人民教育出版社出版的《张承先回忆录》①内容丰富,展现了他的经历和时代的特点。因为他是政策的制定者、参与者和推行者,所以这部书是研究当代中国教育史不可或缺的资料。

一

  回忆录贵在真实,有的人的回忆只是讲自己过五关斩六将的光荣史,不讲自己的缺点和错误。但纵观历史,天下没有一个完人,常常是成功和错误交织在一起。张承先的回忆录记述了自己成功的地方,也有真诚的反省,忠实于生活,譬如在谈到"河北省教育发展出现了比较严重的浮夸风",都是在教育战线上开展了两种思想、两条道路的斗争,在斗争中较普遍地采取了大鸣大放大辩论的方法。在红专大辩论中,搞插红旗,拔"白旗",实际形成了对一些持有不同意见的老教师的围攻,严重伤害了他们的感情,这对教育工作来说是致命的。

  张承先是指挥拔白旗的司令官,意识到所经历的严峻的场面,坦诚自己犯了错误,有应负的责任。这部书对人们认识"大跃进"中的问题,对认识我

---

  ① 张承先:《张承先回忆录》,北京:人民教育出版社,2003年。全书的目录是:一、童年;二、中学,从山东到北京;三、在清华大学;四、挺进敌后;五、与范筑先将军合作抗日;六、鲁西北抗战;七、创建平原抗日根据地;八、担任冀鲁豫区党委宣传部部长;九、建立平原省,经历历史大转折;十、新中国成立初期的宣传教育工作;十一、调任河北省委文教书记;十二、"大跃进"与教育大革命;十三、调整、巩固、充实、提高;十四、河北新城"四清运动";十五、"文革"初期的北大工作组;十六、下放大名县农村"接受再教育";十七、重获起用和邯郸地区的整顿工作;十八、十一届三中全会后的教育部和教育工作的拨乱反正;十九、全国人大的工作和《义务教育法》的实施;二十、主持中国教育学会(一):率先贯彻"三个面向";二十一、主持中国教育学会(二):建立烟台教育改革实验区;二十二、主持中国教育学会(三):开展数次教育大讨论,结束语,附张承先年谱。

国教育事业的发展是有益的,是一种重要的文化遗产,有历史借鉴意义。

二

天津那时归河北省管辖,南开大学拔"白旗"运动是由张承先直接指挥的。我目睹了那场运动,据我记忆,其危害性比张承先概括性的论断要严重得多。

1958年5月1日,学校就停课了,进行红专大讨论。历史系在大礼堂召开了师生大会,集中批判"白专"道路。随后就是下乡下厂,进行社会调查,三下海河劳动,批判揭发教师的种种言行。学校还建立了几座小高炉,大炼钢铁,日夜鏖战,没有一点读书空气。

拔"白旗"由总支领导,发动群众对任课教师进行揭发批判,特别是对有思想有见解的教师和权威教授及年轻有为的教师"大加讨伐"。"革命风暴"席卷全校。有的系直接对准几位教师,如外文系对准老教授李霁野、李宜燮和青年教师钱建业;物理系对准姜安才、陈仁烈等;化学系对准何炳林、陈荣悌、李正名等;生物系对准戴立生、顾昌栋等;经济学系对准谷书堂、丁洪范、傅筑夫等;中文系和历史系是全面开花,凡授课的都是炮轰目标,如中文系对准李何林、邢公畹、王达津、朱维之、马汉麟、朱一玄、许政扬等;历史系对准郑天挺、吴廷璆、杨生茂、王玉哲、杨志玖、杨翼骧、雷海宗、来新夏、陈文林,我也受到"厚爱",名列其中。

围攻有两种方式,一是贴大字报,一是开批判会,浮夸风弥漫全校,第一教学楼各教室辟为"西瓜园",贴满了大字报。学校主要干线大中路两旁搭起席棚,这还不够用,因为每个人都得表态,大中路约一千米长的路两旁面也贴上层层叠叠的大字报,但也没有人蹲下来看。声势浩大,学生立于主攻地位,教师接受挨打,阵线分明,中国教育传统的师道尊严被推翻了。

在"人有多大胆,地有多大产"口号的推动下,不要教师了,刚入学的一年级学生给高年级写讲义,中文系系主任李何林看不过,很气愤地讲:

> 教育已偏离正轨……是什么教育革命,这是胡来,连起码的循序渐进的教学规律都不顾了。

一些激进的青年教师自己组织起来编写《毛泽东论文艺》,以此代替中国文学史。李先生说:"你们编写的可以讲,但不能取消中国文学史。"李先生心直口快,对任何事都很认真负责,因此招来了大字报的轰击,出现了"火烧李何林""打到李何林主义"的标语。历史系也出现了同样的情况,激进的"左派"去组织刚入学的一年级给四年级写讲义,我对此持异议,让教师去指导,结果批我这是让资产阶级知识分子来统治。他们还要以矛盾论和实践论来代替中国哲学史,我不同意,因此一直遭到批判,这一批判一直继续到"文革"。

　　批判的文章也有正确的部分,但主要立足于"批",把教学和科研中的所有问题都归之于两条路线的斗争,如经济系丁洪范提出"二马结婚"(指马歇尔与马克思结合),谷书堂提出精神与物质奖应该结合,这种正确的见解一直受到批判。很糟糕的是使用了粗暴的语言,而不是心平气和地讨论学术问题。

　　历史系和中文系集中火力猛批考据说,声称要"砍掉资产阶级考据指导的白旗",历史系的大字报说,"郑天挺来系后,考据形成一般系风,1958年郑在《历史研究》第一期发表关于徐一夔《织工对》是唯史料学治学方法的典型,全文引用101条史料,花了一万多字的篇幅,其目的不外说的是一条史料。我们治史的目的是要阐明历史发展规律,而这种方法只能繁烦罗列一些事实。"中文系一位教师讲班固时,一口气考证了班固的祖宗七八代。讲到司马迁,别的不谈,首先考证其生平,举出各家的说法及其根据,并详细介绍了考证文章。紧接着就讲司马迁的故乡,从地理位置到山的形状、水的流法,连鱼跃龙门的神话也来描绘一番,就因为"迁生龙门"一语。这种资产阶级为考证而考证的学术观点和方法,正是胡适传下的衣钵。有的老师还举王引之、杨树达、闻一多如何考证一个字,获得名声,将同学引入歧途。

　　中文系、历史系还声讨崇古薄今思想。中文系给刚入学的一年级,开出了《四部备要》《艺览》《四部丛刊》等38种古典文学的必读和参考书目。有一位教师讲:"要搞学问,就要大量地读书,多读古书,自然会学好。"还以鲁迅、闻一多为例,鼓励同学说:多接触古文,脑子就会特别清醒,搞起研究也就会有成就。在评价古典作家作品时,旁征博引,全是古人的观点。

　　历史系杨翼骧经常劝同学多读古书,不止一遍两遍,乃至十遍二十遍,多多益善,烂熟为止,并以刘知几、章学诚等人的读书治学精神教育学生。通过对封建时代的史学家生平的介绍，说明他们有的只做过小官，有的一生不做官，不图仕进，都是对政治不关心的。一生精力，钻在古书中去，穷年累月地研究，才能搞出成绩来。这样就给学生自然而然地指出一条只专不红的道路。如王玉哲讲：

> 中山大学陈寅恪教授对《二十四史》很熟，哪年哪月哪地什么事都能背下来，科学院请他去，他说第一不要马列主义，第二不要马列主义武装的助手，结果没有去成。

这样就好像说要学生背史料，好像在说有了资本就可向党讨价还价了。又如杨志玖一贯反对把马列主义作为历史科学的指导思想，他为雷海宗的反马列主义谬论辩护。他向大家介绍的参考书有：《隋书》《新唐书》《旧唐书》《资治通鉴》《通典》《大唐六典》《唐会要》《唐大诏令》《唐令》《全唐文》《册府元龟》《太平广记》《敦煌掇琐》(金石华编)，总共数千卷史料，连先生自己也没有看完几部，不加分析地介绍给学生，究竟是为了什么？只有一个作用，那就是把学生引到故纸堆中囚禁起来。更值得注意的是杨先生连一本经典著作都没有介绍，这说明杨先生根本就反对用马列主义研究中国的土地制度。杨翼骧讲，陈寅恪不用马列主义，但从史料出发来分析，有的地方也是唯物主义的。

批判教师灌输成名成家思想。王玉哲要学生早点写论文，并以自己的经历来说明，说他21岁就写论文，批判权威人士傅斯年，22岁时写文章批判顾颉刚，他说："做学问不要怕犯错误，怕犯错误就无成绩。做学问有冒险性，像做化学物理实验一样。"我们要问：假使你做的是社会主义的学问，那有什么冒险性呢？他还鼓励同学说："闻一多在西南联大时，日本飞机常常来轰炸，但他还是非常用功，从事研究。"这样讲，只能引导学生走只专不红的道路。吴廷璆讲："你们写文章，我和《历史教学》杂志已谈妥，发表你们的文章。科学院要我写日本明治维新，我没写，你们写吧，写好了，我修改一下可以发表。"

以上只是大字报的点滴摘录。

三

中文系是最激进的,还在木斋二楼的大会议室召开了全系师生大会,批判几位学有成就的教师。王达津是讲授魏晋南北朝文学史的,1956年康生来南开,由市委文教部部长梁寒冰、教务长滕维藻陪同,走进教室,听了王的课,还听了历史系梁卓生的世界现代史课和魏宏运的抗日战争史课。随后在天津外国语学院开座谈会,我去参加。康生对王达津大加批判,说教授就讲这样的课,只讲些繁烦的考证,没有什么学问,这就给定了调,中文系的大会上,成为靶子是不可避免的。马汉麟和许政扬是李何林系主任最器重的学者,年轻有为。马从事古代汉语,许致力于古典文学。在批判会上,有的教师出于嫉妒之心,说马没有什么学问,就是那么几条,以莫须有的罪名揭发指责:"许剽窃老师的研究成果",许受不了这种打击,当场晕倒。李何林作为系主任,见此无理性的批判,非常生气。他认为师生之间和教师之间,应有道德规范,不应破坏社会伦理,横眉冷对会上出现的现象,说:"马汉麟和许政扬是两匹好马,我好不容易把他们从北京请来,而你们却大批特批……"(按:马汉麟原任教清华大学,许政扬是燕京大学毕业研究生)

四

拔"白旗"运动的后果不堪设想,不啻是伤害了师生的感情,破坏了师生之间的和谐,将老师的善意都作恶意来解读,老师对学生因此保持一定距离,怕再受到无理批判、揭发;教师中谁也不愿去承担教学任务,普遍产生了不求上进的思想,扼杀了他们追求真理、独立思考的精神。郑天挺因一张大字报贴在第一教学楼(胜利楼)最醒目的地方,说他误人子弟,他看到后,立即提出辞职退休(经组织做工作,缓和了紧张关系),生物系戴立生立即辞掉教研室主任,坚决不再干了。

不仅如此,这次受批判的,在"文革"一开始,都成为首先被批斗的人,成为何(锡林)娄(平)"黑帮"的成员(何、娄"黑帮"是时任党委书记臧伯平虚构的反党集团),被抄家、批斗、游街、劳改,掠夺了他们一切尊严,摧毁了他们一切德行,受尽了人生的种种折磨和摧残。许政扬因被斗而自杀,马汉麟在劳改中因心脏病发作而死亡。

拔"白旗"和"文革"这种史无前例的不幸历史,都在"四人帮"垮台和改革开放的大潮流中消失了。套在知识分子身上的枷锁被打碎了,人民获得了自由。南开园获得了新生,生气勃勃,万花齐放,万花争妍,一代一代的学人茁壮成长,继续为国家培养出更多的栋梁之材。

原载《历史教学(高校版)》,2013 年第 7 期

政治史

读《中国近现代政党史》有感

朱建华、宋春同志主编的《中国近现代政党史》(黑龙江人民出版社出版),是新中国成立以后出版的第一部研究中国近现代政党史的专著。

近现代历史发展中的一个特点是政党政治。中国近代历史舞台上出现了各种不同类型的党派,各党派对伟大的民族解放战争贡献如何,这是人们经常议论的课题,《中国近现代政党史》一书对此做了系统的研究。

这部书着重从各政党产生的历史条件,即中国社会经济、政治状况,反帝反封建革命斗争的发展,各阶级政治斗争的需要等基因出发,阐明了各党派的特征及其阶级实质。

这部书展现了各个政党的历史,对其建立、发展变化,以及其纲领、政策和主要活动,做了详尽的叙述和分析,并探讨了各政党相互间错综复杂的关系。

这部书对中国新民主主义革命时期代表大地主大资产阶级利益的国民党,代表无产阶级和人民大众利益的共产党和代表资产阶级与小资产阶级利益的各民主党派之间的联系、合作及矛盾斗争,都给予了充分的反映,对他们的历史地位和作用也做了合乎实际的估计和评价。

国共两党的关系状况直接决定和影响着中国的命运。在写作方法上,作者以国共两党的合作或对立为主线。因此,作者不仅从国共两党的关系变化中探求两党各自的变化规律,而且也对各民主党派的前进和曲折的发展过程进行了探索。

通读全书,能帮助人们更深入地认识:只有共产党是中国革命的真正领导者,只有社会主义才能救中国。凡是适应历史潮流并与中国共产党合作的政党,就兴旺发达。凡是逆历史潮流、反共反人民的党派,其结果均被历史惩罚或抛弃。

该书已为政党史的研究做出良好的开端。政党史是史学研究的新领域,如何建立科学的体系,尚须学者艰苦不懈的努力。应该说,这部书的出版有助于中国近现代政党史、民主党派史、统一战线史研究,也是进行爱国主义教育的有益读物。

原载《光明日报》,1985 年 9 月 18 日

《武汉国民政府史》评介

刘继增、毛磊、袁继成同志写的《武汉国民政府史》，全书 43 万字，是新中国成立以来有关武汉政府的第一本专著，已由湖北人民出版社于 1986 年 7 月出版。

武汉国民政府是在第一次国共合作的北伐战争胜利发展中，在中国人民第一次反对帝国主义和封建军阀的大革命洪流中建立起来的，它既不同于太平天国的农民政权，也不同于辛亥革命后孙中山建立的南京临时政府，在中国近代史上占有重要的地位。新中国成立以来有不少专家、学者曾写了不少文章论述了武汉政府的各个方面，但作为全面性论述的专史，该书却是首著。作者从 1979 年开始大量搜集资料，进行专项研究，先后在各报刊发表了五十多篇论文，并在写出《武汉政府大事纪要》的基础上写成此书。

武汉国民政府从 1926 年 12 月开始至 1927 年 7 月 15 日，汪精卫叛变后延至 9 月 20 日宁沪汉三方面合作而终结。历时虽仅 9 个月，但这期间革命和反革命的斗争，统一战线内部资产阶级和无产阶级争夺领导权的斗争，新旧军阀的斗争，各种矛盾和斗争错综复杂地交织在一起。在此期间，工农运动也迅猛发展，加之共产国际和中国革命的复杂关系，共产党中央受共产国际及右倾的影响未能克服，使得武汉政府史呈现了相当的复杂性。

作者经多年艰苦努力，多方搜集资料认真分析，掌握住该时期的历史脉搏，终于写出这部实事求是颇富吸引力的著作，为教学、科研增加了实力。全书共分 9 章 35 节 94 个专题，从纵的方面系统地论述了武汉政府的胜利发展、局部失败到动摇变质直至终结的曲折过程；从横的方面具体分析了这一时期的政治、军事、经济和文化教育等各方面的措施，综观全书，大致可归结出以下几个特点：

一、以丰富的史实生动的笔触,阐述分析了武汉国民政府时期政治斗争的复杂性

政治斗争复杂性的表现之一是,在北伐前夕统一战线内部即展开了争夺领导权的斗争,斗争的结果是蒋介石通过国民党"二大"、中山舰事件、"整理党务案",在政治上、军事上、党务上接连得到三次大胜利,这就为日后的革命危机埋下了祸根。《武汉国民政府史》在叙述北伐胜利过程中即显示了这一伏线。北伐开始后,在共产党中央还不十分懂得军权重要性的情况下,让蒋介石窃据了国民革命军总司令的重要职务,甚至在1927年3月10日召开的国民党二届三中全会上,在蒋介石已经公开反对联俄、联共、扶助农工政策,反对武汉中央,在南昌大搞独裁和分裂活动时,仍保留其军职,该书认为,"这就使他仍然掌握国民党的最高军事权力,可以继续号令各路军队,保存了阴谋发动政变、叛变革命的实力基础。"这种做法,的确是"养虎遗患,祸害无穷"。

武汉国民政府时期政治斗争的复杂性,还表现在对汪精卫的过分信任。他远在国外时,二届三中全会竟以虚位而待,选他担任中央执行委员会和国民政府的常务委员,让他进入中央军事委员会主席团,兼任中央组织部长,集党、政、军大权于一身。汪回到上海,陈独秀又和他发表了《汪陈联合宣言》,蒙蔽事实真相,使革命人民更认不清他的"庐山真面目"。该书认为,这就使他回国后轻易地窃取了北伐战争的胜利成果,把武汉国民党中央、武汉政府甚至武汉的革命力量,作为与蒋介石讨价还价、相互争夺的"砝码",后来"也步蒋介石后尘,把共产党人和工农群众淹没在血泊中"。

该书分析了促成最初轻信并盲目抬高汪精卫的原因是,"中共中央和共产国际都视蒋介石为中派,视汪精卫为左派的唯一领袖",所采取的策略是对左派联合,使之控制中派右倾。为此而在1926年10月至1927年2月中旬,曾掀起了两次"迎汪复职"的浪潮,甚至特选派何香凝、彭泽民、张曙时、褚民谊、简琴石五人为"迎汪代表",前往巴黎欢迎,敦请汪精卫"眷念党国,立即命驾回粤",企图达到以汪限蒋进而以汪倒蒋的目的。该书以《中共中央政治报告》为确凿的依据,如实地再现了历史的真实。并分析说,"迎汪复职"的客观作用,增强了汪精卫在革命阵营里的影响,提高了他在人们心目中的

地位,使他"有了纵横捭阖、操纵革命的资本"。但作者明确指出,不管是以汪限蒋还是倒蒋,不过是"前门驱虎,后门迎狼"。而事实的发展正是如此,"四一二"、"七一五"后,广大的革命人民即被淹没在血泊中。

政治斗争复杂性的表现之三是,工农运动在迅猛发展过程中,个别地方难免有过"左"和严重失误之处。右派和反动势力却抓住这些失误攻其一点,不计其余,无限夸大,甚至故意制造过火行动嫁祸工农,反动军官叛变后勾结土豪劣绅拿工农群众开刀,如夏斗寅公开叛乱后,污蔑湖北武汉地区的工农运动使得"商叹于市,农怨于野,百业萧条,游民日众,四境骚乱,惶惶不可终日",许克祥叛变本来就是有计划有组织的反革命预谋,在事变之前,他们就极端仇视湖南农运,组织反攻倒算,伺机反扑。事变后,又不择手段大肆血腥屠杀农民。实际上,从1926年秋到1927年5月,湖南各县农民只不过镇压了几十个罪大恶极的土豪劣绅,而"马日事变"后至6月10日左右,湖南二三十个县中,即有1万多人被地主武装"清乡"杀害。汪精卫及国民党军政要人为了庇护夏斗寅、许克祥,公开宣称事变的发生全然是工农运动"过火"造成,接着便以政府名义发出了一连串压制工农的禁令,使迅猛发展的工农运动遭到了血腥镇压。该书根据国民党中央执行委员会政委会的多次会议记录,以及《汉口民国日报》当时的披露,以铁的史实淋漓尽致地揭露了日益趋于反动的武汉政府后期之真面目,使读者至此不禁毛骨悚然,深感昔日朝气蓬勃满载人民希望的武汉政府,到此时已沦为变质反动政府,实难以挽回了。武汉这个革命者云集的大好天地,它曾依靠人民的力量,收回汉口、九江英租界,顶住了英、美、日、法公使团的外交讹诈和军事威胁,维护了国家的主权。到此时已群魔乱舞,"七一五"后,反动军警头目歇斯底里地号叫着"宁肯错杀三千,绝不放过一个人",对此,作者深有感慨地描述说:"一度被称为'赤都'的武汉,染红了革命者的鲜血,大江南北乌云翻滚,白色恐怖笼罩了楚天大地。"

二、考察了武汉国民政府在经济上所处的困境

经济是基础,政治是经济的集中表现。武汉国民政府在军事进展胜利的情况下,到1927年3月,即国民党二届三中全会这段时间,已辖有11个省区,但经济上始终是入不敷出,危机日益严重。据估计,武汉国民政府全年经

济收入约 5000 万元;而"四一二"后的南京反动政府则在 2 亿以上,其中广东收入多至 700 万元,上海一年收入超过 8000 万元。全部关余和盐余都落在南京政府手中,武汉政府的收入不及南京的 1/4。在自身经济实力不足的情况下,帝国主义和国内反动派对武汉政府又进行经济封锁和破坏。首先是断绝交通,阻滞货运。不仅使靠转运货物而繁华的武汉进出口贸易无法进行,也使武汉的粮食、原料、燃料顿感缺乏,发生了严重米荒、煤荒,百物奇缺。工厂因无燃料、原料而被迫停工,商店因无货而被迫歇业,社会生活陷于瘫痪状态。

此外,帝国主义和国内反动势力还扰乱金融,停止汇兑。一些军阀、官僚、买办商人将现款提出转存上海、天津银行。上海、天津银行也争相在汉口的支行提取现金,使武汉的现金有减无增,完全靠纸币应付局面。但国内外反动派都拒收武汉政府的纸币,使得其使用范围极为狭小,币值日益低落,造成了严重的金融危机,动摇了武汉政府的财政和经济基础。

由于工厂关闭,造成大批工人失业,社会生活日益不安。武汉政府虽采取了不少反经济封锁的措施,如规定集中现金,只许中央、中国、交通三行的纸币流通市面,持现银及钞票者必须兑换三行纸币。该书指出,这样实施的结果是,内外反动派正拟扰乱武汉的金融和财政,"宣布集中现金停止钞票兑现,无异自行封锁,与国际国内断绝兑现与其他经济关系,把自己在经济上孤立起来。这种办法,颇似'饮鸩止渴,渴止而毒发',无助于金融的整顿,财政的复苏"。

武汉政府的另一财政措施是不断增发纸币,以应付庞大的财政开支。4月中旬,又发了 900 万国库券,让开赴前线的军人到山东、直隶、河南去使用,每张面额 200 元,可敛回商品不少,但面额大,商人找换不了,无法流通。到后来,武汉政府发行的各种币券,信用一落千丈,甚至连自己的军队都拒受纸币,连《国民政府资源委员会档案》材料也供认:"市面对三行钞票竟有视若废纸,拒绝收用矣!"所以,该书从总结历史经验的角度认为:"这种做法,亦近竭泽而渔,虽能解一时之危,却后患无穷。"尽管大量印发了钞票,财政支出问题不仅没有好转,反而日益接近崩溃的地步,当时的《商民运动周刊》说,当时的局面已经到了"四面楚歌,满城风雨,叠卵可危的时候"。这就是武汉政府始终未摆脱的经济困境,当然影响到政治的稳定。

三、正视了文教新闻事业的成绩,开拓了法制建设等新领域的研究

文教新闻事业是政治经济在观念形态上的反映。该书注意到武汉政府随着政权的建设,教育事业也有一定的恢复和发展,这是较其他现代史著作内容丰富的一个方面。

武汉政府在财政困难的情况下,仍积极筹措教育经费,如把原祭孔费拨充教育经费;改革教材,删除宣传封建思想和封建迷信的内容,增添国民革命常识及科技知识内容;提高教师待遇,原小学教师月薪一般只六七元,提高为最低级 70 元,最高可达 140 元。举办各类干部学校、工农训练班、中央农讲所,尤其是武汉中央军事政治学校,是一所培养国民革命军军事政治人才的高等军事院校。该书对这些学校的创办设施及作用等均做了介绍。

对武汉政府时期新闻事业的成绩也突出地做了论述。国民政府原在广州时就创办有《广州民国日报》《政治周报》《人民周报》《中国农民》《犁头周报》等革命报刊。国民政府迁武汉后,武汉更成为革命的新闻宣传中心。除整顿原有报刊外,又创办了《汉口民国日报》《革命军日报》、汉口《中央日报》《武汉民报》《工人日报》《农工日报》《血花世界》等,到 1927 年上半年,即武汉政府的全盛时期,据该书统计,武汉地区有各种报纸 30 余种,刊物 60 余种,通信社十余家,超过上海、广州,而与北京大体相等。该书还对各主要革命报刊如《汉口民国日报》《楚光日报》《革命军日报》等的特点、中心内容,各报主编者的政治倾向,各报刊在各个历史时期所起的作用等,都在深入细致研究的基础上,做了较详尽的评述。

此外,此书对武汉政府的法制建设这一新领域也进行了开拓性的研究。武汉政府在处理政治、军事、经济等各方面复杂局面的过程中,能坚持以法治国,并取得了很大成绩。仅在北伐军还围攻武昌之际,湖北临时政治会议就宣告成立。从 1926 年 10 月中旬到 12 月中旬,两个月时间湖北省就颁布了三十多个重要法规。国民政府迁武汉后,联席会议一成立,司法部就开展工作,所颁布的法律、条例、章程等,较重要的就有一百多项。该书对此所进行的研究,可对当前社会主义法制建设提供借鉴。

四、如实地评价和分析了举足轻重的冯玉祥

冯玉祥是从"一个典型的旧军人，转变成一个民主的军人"的。他于1924年10月发动北京政变，引起各方面人士的关注。1926年南口战役后，去莫斯科进行考察，自称是"工农合种生出的变种"，属于无产阶级的，因而取得共产国际和斯大林对他的信任。和中国共产党人的接触关系也较密切，和武汉政府的关系也很融洽。1927年5月在五原誓师后担任国民联军总司令，其势力在北京、武汉、南京三方面占有重要的战略地位。在宁汉双方的政局中，他举足轻重，因此，武汉政府对他寄托了希望，南京蒋介石也竭力拉拢，但共产党人并不完全了解他的真实动向。他在五原誓师词中表达了革命意志，强调要拥护农工利益。他在日记中写道："吾人均为农工子弟，所以保护农工即无异保护吾人，拥护农工之利益，即无异拥护吾人自己之父母兄弟。"解放农工，则为"革命的本来宗旨"，可谓意切志明，足可取信。

但是，在关键时刻，冯玉祥却辜负众望。在6月10日召开的郑州会议上，他主张宁汉合作，表现出反共的意向，对汪精卫所倡的既反共又反蒋的"夹攻中的奋斗"并不感兴趣。接着14日在徐州会议上，达成协议：联汉清共。蒋称冯为"民众救星"，甚至高呼"冯总司令万岁"。在极其融洽的互相吹捧中，冯玉祥喜形于色，成了蒋汪合流清共的中间媒介，这就进一步促使武汉国民党右派领袖们走上叛变的道路。

关于冯玉祥的政治态度如此转变的原因，有的书上说是"为反革命势力所动摇"；有的则称他为"投机革命的冯玉祥，在蒋介石的拉拢下……"《武汉国民政府史》则从三个方面做了令人信服的分析。即思想理论上，冯认为，反帝反封建军阀，既是"全民性"的，就不应该损害任何一阶级的利益。他反对在全国分阶级、搞斗争。他发表了同情劳苦人民痛苦的言论，但不主张发动群众，稍不爽意，便认为是目无法纪，目无长官。"四一二"后，蒋介石大肆屠杀工农，他不斥责反而庇护，因此，该书认为，冯蒋合流，具有思想渊源。

在政治上，冯不承认国民党内有左、中、右之分。把武汉政府的反蒋斗争看作仅是争权斗争，不属于革命与反革命，他力主"宁汉合作"，并逐渐步入了"宁汉合作"，共同反共的道路。

经济方面的困难，也是冯玉祥政治态度变化的一大因素。国民军从撤出

南口到转战甘陕,始终是在饥饿线上挣扎,部队给养非常困难。冯认为武汉政府内部危机四伏,经济破产,自身难保,指望其经济财政上的支援,只是画饼充饥,无济于事。事实上得到武汉政府补充的也只是些市面上日益不能兑现的"军用券",部下极为不满。而南京蒋介石则承诺自7月份起,按月由南京接济冯军军饷250万元。于是,"冯玉祥在徐州和蒋介石会面,来了个大反动,把所有武汉的人都出卖,于是武汉全面落空了"。这种不夸张不贬斥实事求是的分析,不因后来冯玉祥的声望而回避,是治史者应取的态度。

五、资料翔实,对教学、科研具有参考价值

据笔者粗略统计,该书共查阅和引用资料390多种,所参阅和引用的资料中尤可贵的是作者直接查阅了当时国民党中常会、中政会、土地委员会、联席会议、二届三中全会等各种会议的记录,为本书的撰写增添了不少具有吸引力的色彩,其史料的丰富及论述之有据,确可供教学、科研参考。

本文与罗宝轩合写。原载《历史教学》,1987年第4期

读《清代外债史论》

　　许毅、金普森、孔永松等学者合著的《清代外债史论》①是一部出色的著作,他们论述了外债这个极为重要的问题,不少观点颇令人深思。

　　近代中国的外债问题,长期以来一直困扰着人们,学术界多大而化之地将之视为丧权辱国的标志,是殖民地半殖民地社会的必然产物,简单地抛下"卖国"两字定论了事。不少学者曾研究过它,但或就事论事,或沿袭旧的观点没有深入分析,不能给人以明晰的认识。

　　考察历史事件时,要放在当时的历史条件下去具体分析。这是历史研究的基本规则。马克思曾如是说,时髦如卡尔·波普尔也作如是言。但真正有意识做到这一点又不太容易,这需要有"板凳要坐十年冷,文章不写半句空"的大功夫,更要有排除传统与现实某些影响的本领。对于浮躁的史学界来说,这种基本的要求却常常显得太过分了。

　　一反过去大而化之的论述方式,此书的作者们从具体而微的角度出发,对有清一代全部 96 笔外债进行逐一分析。对每一笔外债产生的背景、内容及其作用进行仔细的评判,以寻找隐藏在外债这一外壳之下的真实情境,其结论自然就更接近历史的真实。

　　该书根据清代举借外债的目的及用途,将外债划分为五类,即一、赔款、借款或赔款转化的外债;二、镇压农民起义和辛亥革命的外债;三、各种行政经费借款;四、海防、塞防及抵御外侮的借款;五、各种实业所需的借款。显然,有些外债是带有血腥味的,用于镇压农民起义和后期的革命;有的外债是由列强侵略的赔款转化而来的,本身就是帝国主义侵略强加于中国;有的外债则是清朝政治与经济发展所需的,是一种带有积极意义的借款。这种条理区分,为深入理解清代外债扫清了以往大而化之所带来的弊端。

---

　　① 中国财政经济出版社 1996 年版。

该书对外债问题进行了系统、完整的阐述。作者认为,帝国主义列强发动的侵华战争及战后的勒索赔款,是清代外债产生的主要根源。他们认为:"这些外债不是一般的资本输出,而是与政治紧密相关的,以侵占主权国主权为代价的特殊的资本输出。所有借款,包括实业借款,均附有种种经济的和政治的条件,通过抵押和担保,它们就把持了中国的海关,控制了中国的关税、盐税与厘金,操纵了中国的铁路与矿山,从而也就掌握了清政府的财政经济命脉,左右了中国的政局。"(该书第 47 页)这是问题的主要方面。但作者没有将论断停留在这里,他们看到近代中国工业在初期发展阶段如军工、铁路、矿山等的发展,都和外债相关联。因而断定,外债是中国资本主义原始积累的一种特殊方式。关于外债是一些国家原始积累源泉的观点,原是马克思的论述,但多年来学术界却似乎忘记了。此书运用这一原理研究外债,把此问题的研究向前推进了一步,不仅如此,这一观点对于发展中国家发展经济的具体方法具有重大指导意义。正如作者所言:从世界历史上看,一般落后国家和非典型原始积累的资本主义国家,也大都采用这种形式。(见该书第 49 页)

　　一部优秀的学术著作,不能人云亦云,总能紧紧扣住时代的脉搏,给人以很多启示。这部书的可贵之处,是把我们的认识引向了新的境界。

原载《光明日报》,1997 年 6 月 30 日

直系军阀近代浮与沉
——《直系军阀史略》书介

今日研究近代历史，有两个优越条件：一是当年人物的文集、信函已陆续出版；一是前人已有不少论著，学者可以从中得到启迪。这就为研究者提供了客观依据。郑志廷、张秋山二位教授以上述两种资料来源为基础，撰写出《直系军阀史略》，来探讨直系军阀的历史。他们还有另外一种优势，就是保定的文化背景。直隶总督与总督署设在保定，保定陆军学堂和陆军军官学校也在这里。这类历史遗迹对作者有强烈的感染力，加深了他们对直系军阀的认识。

《史略》全书共3篇10章，依时间顺序而写。第一篇以较多的篇幅，从政治、经济、军事等方面，通过李鸿章、袁世凯、冯国璋等人阐述直系军阀的形成及其影响。第二篇论述军阀混战，直系军阀何以控制中央及其反动政策的实施，在其统治下中国社会的灾难。第三篇讲直系军阀的沉浮及其灭亡。

每个学者都希望自己的作品能超越前人或同时代人的作品，对研究有所深化，或增补新的内容。《史略》一书多有新见，特别强调直系军阀集团的整体性和延续性，给人以明确的概念。这部书将近代军事教育研究与直系军阀的研究有机结合在一起，阐述直系军队人员的结构。作者指出，保定军事学堂的兴办使大量直隶军人"在北洋军中占据高位"和"担任中下级官佐"，"这就使北洋军带有了地域特征，从而奠定了北洋军中的直系基因"。

该书在讲到北洋军阀混战原因时，从内在经济利益角度进行了分析，指出北洋军阀特别是直系军阀的经济基础及个人财产主要集中在长江以北，出于维护经济利益的考虑，直系才在中国北方屡次卷入战争。这便是北洋统治时期大的战争屡次在中国北方爆发的重要原因之一。

历史问题的研究，越往后越丰富，也越广泛而深刻。直系军阀存在于国危世乱之时，内外问题盘根错节，梳理这一历史是要花极大精力的。郑、张二君做出了尝试，是应该肯定的。

原载《光明日报》，2008 年 7 月 7 日

一部再现天津战役的力作

陈德仁同志将自己撰写的 36 篇论文,汇集成册,题为《天津战役研究》,于 2003 年由天津古籍出版社出版。在纪念天津建城六百年之际,它的问世有着特殊的意义,激活了这段逝去的历史。

1949 年天津的解放战争是天津新生的里程碑。半个多世纪以来,天津人每谈及此,仍是激情满怀,兴奋不已。那些指挥这场战争的双方指挥者都有记述,一些学者也写了不少文章。随着岁月的流逝,对天津历史的这一转折,中青年人识见它在中国人民解放事业所占的地位,以及它所显示的革命精神,不会像亲临者那般有清晰的理解和深深的情怀。

从一位历史研究者的角度来说,每个人都有自己的研究旨趣,为自己规划研究领域。陈德仁的理想和追求是写一部天津战役史,这是一项艰辛的工作。他一点一滴地收集资料,访问当事人,花了 20 年的时间,将文字记述和调查访问融汇起来,体味出历史的真谛,其著述建立在坚实的基础上,这是这部书的突出特点。

该书以《毛泽东主席与天津解放》一文为开端,凸现了毛泽东和中共中央的军事思想和作战策略的高超。该书详细描述了作战双方兵力、军事部署、作战的具体方针、战争的进程,以及战前战后天津的社会状况,阐述了林彪、罗荣桓、聂荣臻和天津前线指挥司令员刘亚楼决定的"东西对进、拦腰斩断、先南后北、各个击破"的方针,击败了蒋介石、傅作义和陈长捷、杜建时耗费巨资,劳民伤财所构筑的防御工事。沟壑、明暗碉堡和地雷等障碍物,也未能阻挡解放军的威力。值得注意的是,作者秉笔直书,如实讲到佯攻的成功,吸引住了守军的兵力;也讲到攻打东局子时,错误地陷入地雷阵,遭受了损失;会师金刚桥时发生的激战。战场之上对方绝不会轻易放下武器。该书还讲到在决战的最后时刻,守军领导层发生分化,杜建时藏了起来,陈长捷负隅顽抗,结果是他的警卫连长、中共地下党员王亚川,配合解放军活捉了他。

该书作者访问过这位连长,使这一场景鲜活再现,写得生动精彩。

这里,我想谈一点儿我目睹的事。解放军攻打守军最后一个据点耀华中学时,南开师生多住在甘肃路南开大学财经学院大礼堂及走廊。我亲眼看到一位同学冲出校门,引导解放军沿街向前猛进。可惜,我始终不知道这位勇士的名字。

这部书另一个特点是,写出了地下党和解放军的配合,这是该战役顺利取得胜利的重要条件之一。中共各边区都设有城市工作部,领导城市的地下工作。天津各系统的地下组织较多,最大的是晋察冀边区刘仁领导的城工部下属的天津工委。该书详细地论述了党的地下组织的变动,及其在天津解放战争中的作用,特别是掌握了国民党的军事部署。作者访问了许多地下党员,运用口述历史,丰富了天津战役的内容。我属于冀热城工部平津工委成员,我及我所属的组织也调查过守军的状况,我自己还察看过八里台一带的碉堡群的方位和数目,列表给岳麟章,报告给在顺义的桃峪口(现属昌平)的城工部。现在有的碉堡还存在,这是那场内战的见证。

历史研究是一项严肃的工作,只有再现真实,才能常青。本书作者对以往研究中出现的一些疑点,做了认真的考证,提出了自己的看法:如论证了总攻突破口的地点和总数;会师金钢桥的时间;活捉陈长捷亦有地下党的功劳。在天津谈判考证一文中,对天津各界代表出城谈判的前后过程,做了细致入微的考察,从事件的微观上下功夫,这表明了作者治学的严谨态度。

作者在写作中,引用了不少访谈录。访谈录是研究当代史不可缺少的。有的人对这一口述历史的准确性常常发出疑问。这是可以理解的,因有的回忆,确有不实之处,过高估计了自己的作用。我想,研究者只要多思索,多方面地考察,就可以接近事实,梳理历史的疑团。

史学工作者的研究时空是有限的,而历史的研究是无限的。我祝愿作者在天津史的研究领域中继续扬帆前进。

原载于魏宏运:《锲斋文稿》,中国社会科学出版社,2014 年

抗日战争史

评《抗日战争史》

　　1937—1945 年中国的抗日战争，是世界反法西斯战争的重要组成部分,中国人民在这场战争中为人类文明所做的贡献,早已载入光荣史册。

　　人们对抗日战争的意义与性质的研究,从战争伊始就开始了。随着战争的发展以至中国人民获得最后胜利,这一研究更加引人注目。研究的时间愈长,研究的范围也愈广,40 年来人们在浩繁的历史文献中探求,有关著作不断问世。基于不同的立场和不同的角度,对问题的看法差异甚大,即使同是以马克思主义思想为指导的学者间,对某些问题也常得出不同的结论。何理同志多年从事抗日战争史的研究,发表过多篇论文,今又撰成《抗日战争史》,由上海人民出版社出版。我以极大的兴趣,阅读了它,备觉清新,有独到之处。作者不囿于已有的结论,鲜明地论述了自己对诸多问题的新看法,言简意赅,值得一读。

　　该书的特点是把中国对日作战作为一个整体来叙述,既叙述了中国共产党的全面抗战方针及敌后军民的艰苦斗争,又写出了正面战场国民党军队的英勇战绩,如对 1940 年至 1941 年间的宜昌战役、上高战役、第二次长沙战役及中条山战役,都做了真实的叙述和客观的分析。

　　中日战争是和国际局势息息相关的,该书力图从日苏、日美、日英等国的矛盾关系中去说明抗日战争和各国的关系及抗日战争的国际地位,对一些问题的论述是可取的,如对美国中立法案两面性的认识,改变了过去认为美国帮助日本侵略中国的看法。关于远东"慕尼黑"问题,作者认为 1939 年日英谈判,确是东方"慕尼黑",但 1941 年日美的谈判,并没有构成"慕尼黑",理由是 1940 年日本南进后,日美矛盾上升,美国的妥协已不占主要地位。

　　作者对人物和历史的评价,是以其对中国民族解放事业的贡献为标尺的,是比较公允的。

　　作者在概述历史时,兼用了各方面的记载,特别引用了日方的资料,这是值得提倡的。

　　抗日战争的胜利,是运用了政治、经济、军事、文化的全力取得的。如果苛求一下,我觉得作者还应从经济和文化方面下些功夫。

原载《光明日报》,1986 年 5 月 2 日

从红军到八路军细节历史的再现
——读两本同名书《抗日的第八路军》

2007 年是中国工农红军改称国民革命军 70 周年。70 年前的 1937 年，日本扩大侵华战争，发动卢沟桥战事，旨在灭亡中国。中国展开全面抗战。值此国家存亡之秋，国共两党谈判成功，红军成为国民革命军的一部分。当时，由红军改编的八路军的阵容、思想风貌、信念及领导者的形象，成为人们议论的主要话题。斯诺的《西行漫记》拨开云雾，国内外对延安和红军产生了浓厚的兴趣。国内一些新闻记者和作家追踪到延安考察，根据自己的见闻，撰写出引人入胜的文章与著述。如两本同名书《抗日的第八路军》，就是这一时期的作品，内容记述了红军改称八路军的轨迹，是当时人们渴望得到的信息。两本书篇幅都不大，却很有特色，就是今日读起来也颇多新鲜之感。

两本书，一为赵轶琳编著，上海自力出版社出版，1937 年 10 月已再版，共 86 页；一为张国平编著，上海抗战出版社出版，1938 年 1 月出了增订版，共 106 页。两本书在结构和选材上，各具特色。赵著卷首有几张珍贵的照片，特别是第 1 页第 1 面是朱德照片、手迹与印章，手迹为："日本强盗夺我东三省，复图占外蒙，又侵我华北，非灭亡我全国不止。我辈皆黄帝子孙，华族胄裔，生当其时，身负干戈，不能驱逐日寇出中国何以为人。我们誓率全体红军，联合友军，即日开赴前线，与日寇决一死战，复我河山，保我民族，保卫国家是我天职。"这是 1937 年 7 月 14 日写的，即卢沟桥战事第 7 天，当时国共谈判正在进行。第 1 页第 2 面是毛泽东的照片、手迹和印章。手迹为："保卫平津，保卫华北，保卫全国，同日本帝国主义坚决打到底，这是今日对日作战的总方针。各方面的动员努力，这是达到此总方针的方法。一切动摇游移和消极不努力都是要不得的。"写于 7 月 13 日。从这两份手迹中，可以看出中国共产党在民族解放战争中的伟大抱负，展示了战争必然胜利的信心。手迹盖有印章，证明题词真实。第 2 页第 1 面上方右边是抗日军政大学校长林彪的照片,左边是被称为"斡旋国共合作最力之"周恩来的照片。下方是抗日军政大学之外观,大门上题写校训,依次为"紧张""团结""活泼""严肃"8个大字。第2页第2面上方的照片是毛泽东及其夫人贺志(子)珍女士,下方是毛泽东演说时的姿态。第3页第1面是八路军抢防平型关的两张照片,第2面是平型关之敌弃甲曳兵而走的照片。这些照片很难得,是历史的见证,比文字更有说服力。

同一话题,因作者构思不同,布局也相异。赵著的目次顺序为:八路军为什么放弃瑞金、二万五千里的长征、30个英勇妇女、从陕北到山西、西安事变、八路军中的人物、抗日军政大学、士兵生活、统一战线区、两个大会、国共合作与红军改编、朱德彭德怀就职通电、八路军将领题名录、中国共产党宣言、八路军要人的谈话、在陕西战场活跃之第八路军。最后是两件附录:一为蒋委员长对中国共产党宣言重要谈话;一为孙宋庆龄之国共统一运动感言。张著没有图片,目次依序为:1.红军是怎样改编为第八路军的;2.军中生活一瞥;3.中国人民抗日军政大学;4.第八路军的精神;5.抗日领袖的一群;6.第八路军要人别志;7.抗日史上的两次大会;8.二万五千里的长征;9.西安事变前后;10.大战平型关。最后特载有:1.毛泽东、朱德、彭德怀、洛甫的抗日言论;2.与赵著附录相同,只是增加了中国共产党《为公布国共合作宣言》的文件。兹于下结合其他史料分述之。

一、长征的发端

编著者各有自己的思想倾向与价值观,对同一时代同一课题的描述总会呈现出多样性。这两本书,都以长征为开端,均写出了长征精神,然着眼点不同。关于长征思想的产生,赵著有一比喻性的说法:"那时红军高级指挥官为了要确保苏区,本来企图建立强固的阵地线,以做最后的抵抗。后来才觉悟到这种单纯的防御战的危险是会致命的,好比一个人上绞刑架,徒然鼓着气,涨起颈脖子,以抵抗绳索的紧缩,而不图根本办法,挣脱绳索,再来打倒敌人,这是多么愚蠢啊!所以红军才决心放弃瑞金,主力退集于一点,乘湘粤边境的空虚薄弱,乃拼命地突围而出,从此又得到了广大的战野。"张著则是另一种表述方法。其文是:"五次围剿'广昌大会战'之后,陈诚将军取得重大的胜利,震动了整个的中央苏区,朱德、周恩来和博古三人退到战场南面一个小村中,商议今后的办法。红军主力牺牲太大了,重要战场破坏了,再度决战的前途是相当可怕了。后来毛泽东赶到,细加商量,乃决定'突围而出'!"这段话引自范长江刊发于《国闻周报》第14卷第27期之《陕北之行》一文,如果说是轶事的话,也是弥足珍贵的,使人们了解到长征思想破土而出的一个侧面。据朱德讲,长征"从1934年9月初,经过长时间筹划,我们把各部队的主要政治和军事干部召集到瑞金,通知撤退的计划"。陈云《随军西行见闻录》称"去年(1934年)10月中旬,南京军队已占兴国,红军即突围而行"。长征开始时称为西征。西征出发之前,在党和红军内以及普通群众中没有做解释工作。探讨这一问题,是永远引人注目的课题。蒋介石认为红军在江西已落入陷阱,无路逃生,而红军出乎意料地开始了震惊世界的长征。

二、大渡河之战

长征中,上有国民党飞机的侦察与轰炸,下有国民党军队四面八方的"围剿",很难寻找一个落脚点。开始,红军朝着一个不确定的方向前进,所经历的道路艰难曲折。张著讲:"围是突了,沿途所遇到的困难却非常之多,单是沿途所过的大河,就已可观了。"如湘江、乌江、金沙江、大渡河等大江大河均被封锁。红军前面是障碍,到了河边,皆望河兴叹。后面又有追兵,而这种困难,都被红军克服。这的确是历史的奇迹。张著将五个历史片段,即广昌大战之后、偷渡金沙江、十万人生命攸关的一座桥①、最后的出险、当红军被"围剿"时,联系起来,展现出长征的全景。与一般论述不同,这里没有爬雪山过草地的描述,而着墨于渡河过程中红军的机智、勇敢、坚定的信念及涌现出的自愿承担最艰苦使命的英雄们。正是凭借这种精神,红军在最危险的地

---

① 中央红军长征人数说法不一。据史沫特莱《伟大的道路》载,朱德曾说:10万好汉和35名妇女被挑选出来长征,内有八成是身经百战、纪律严明的老战士,其余则是党和政府的干部、在革命运动中积极活动的老百姓。朱还讲道,红军一路伤亡甚重,还有许多人留下打游击,在穿越彝族区向北挺进的时候,剩余不到六七万人。刘伯承在《回忆长征》一文中讲:红军沿粤桂边境向西转移,全军8万多人马在山中羊肠小道行进。而《聂荣臻回忆录》说:红军由江西出发时约86000人,经过一路上各种减员,已不足4万人。1935年1月上旬三军团包围了四川会理县城,这时中央红军又达到4万多人。红军到达大渡河时,按照朱德所说数量多一些,聂荣臻所说又少一些。因为在云贵特别是在贵州,共招收近两万名新战士,其中在遵义招了3000多人、贵州以南各县招收10000多人、会理招收5000人,总数当约五六万人。

方,也取得了胜利。譬如强渡大渡河,就是突出的实例。

兵不厌诈,红军声东击西,飘忽无定,穿越于川湘云贵诸省,忙坏了蒋介石。他自称"躬赴巴渝,督师进剿,更赴滇黔,挥军追击"。5月下旬,红军由黔北进抵大渡河。蒋介石命令其中央军由南向北追击,派刘文辉、杨森及六路军部署于大渡河沿岸。他以为"朱毛已届绝路,前阻大渡河,后有金沙江,不啻天罗地网,石达开败亡于此,红军首领即可被擒"。然而,蒋介石及其追随者的才智和策略远逊于红军。红军胜利地渡过了天险大渡河。关于这件事的描述,张著引述了范长江的一段文字:"大渡河也和对付石达开一样地涨起大水,河上是没有桥,船也被封走了,河对面是杨森一营的军队布开着,后面呢? 遍地是原始黑夷,退也成问题了。谁知安顺场团总还有一只船,靠在南岸,他准备红军来了以后再跑的,然而笨拙的团总行动太迟了,红军先占了他的渡船。然而河水太大,无人敢于划船。乃重价征船夫,每人划过河一次,代价一百元,重赏之下出勇夫,居然有人出去应命,但风大水急,巨浪滔天,船几累覆。这样渡过十余人,出不意袭败杨森之守兵,乘势直奔康川孔道之泸定大桥,大队亦从南岸星夜向泸定桥前进,前锋至时,桥上木板已拆去一半,先锋乃攀铁索而进,以攻拆桥之守兵,守兵为此超常之战斗行为所慑,呼'愿缴枪'。而铁索上人之答复是:'不要枪! 要桥。'盖此桥为近十万人生命所关也。"

大渡河是长江上游的一个支流,地形极为险恶,被称为天险之地,恐怖、可怕,对红军来讲却无所畏惧与胆怯。红军成功强渡大渡河,击溃泸定桥敌两团守兵,占领泸定县,中央红军和徐向前、李先念领导的四方面军会合,将绝路变成生路、成功之路、胜利之路。蒋介石图谋消灭红军的计划又落空了。而此时国民党还在讲红军"目前所取途径,为石达开由黔窥川旧路,入险易出险难,吾军以逸待劳,扼之险内,可取聚歼之效"。

近年海外出了一本书,作者夫妇访问了一位 90 多岁的妇女,说大渡河没有国民党驻军,没有经过战争,以此否定红军的英雄事迹。从国共双方的资料看,这种"新"看法是站不住脚的。

三、长征中的红色娘子军

长征中有 30 位妇女始终融入其中,同样走完了 25000 里路,为世人所敬佩。李伯钊说她们要写一部小说,题目就叫"三十个"。可能因为环境关系,这一计划未能实现。这30个人的姓名是:刘英(洛甫妻)、陈慧清(邓发妻)、刘群仙(博古妻)、危拱之(叶剑英妻)、危秀英、李伯钊(杨尚昆妻)、蔡畅、李建贞、金维映、贺志(子)珍(毛泽东妻)、廖施光、钱希均、韩世英、邓颖超(周恩来妻)、周月华、廖月华、阿香、吴胡莲、王乾元、吴仲连、邓六金、谢小眉、钟玉林、刘彩香、郑玉、杨厚增、李小江、李建华、康克清(朱德妻)、丘一涵。以上这些红军女战士,在长征途中显示了崇高的理想与坚强的意志。稍微知道一些长征的艰难,就可以认识到她们克服困难的奇迹。她们献身革命的道德观,是一种受人称赞的道德。该书作者意味深长地评论道:"这30个妇女,她们那种艰苦奋斗的生活,和今日沉沦在都市享乐生活中的妇女比较起来,真是有霄壤之别。"

四、红军和西安事变的爆发

中央红军和南方各路红军到达陕北,与当地红军会合,震撼了中国。中国历史进程从此发生了巨大变化。如果没有红军落脚陕北,也不会出现1936年的西安事变。蒋介石一生迷信自己的权术和武力,最大的抱负就是"根绝赤祸",迫使南方红军离开了创建多年的革命根据地,造成红军的迁移。他以为红军到达陕北,是"已至日暮途穷之境地,此时若不根除,必将贻祸将来"[①],遂命令东北军与西北军全力"剿共",并制造两军不和,以消灭异己。然而,形势的发展非其所料,不只是"围剿"不利,收效甚微,事态还向另一方面发展,在停止内战、共同抗日御侮的认识上,红军与东北军、西北军也携起手来。自1936年春天,在陕北前线的东北军与红军实现了和解。红军的车辆挂着东北军王以哲军用车牌,于西安至延安之间往来运输。东北军与西北军以前互相猜忌防范。西北军杨虎城警备1旅独立2团重机枪连警卫西安制高点钟楼和鼓楼,就是防范东北军的。为消除隔阂,加强互信,团结一

---

① 据《大公报》特派记者《西安一月来见闻录》(1937年1月14日)载:东北军年来移西北"剿匪",不无损失,思乡之念,无时无之。受中国人不打中国人的影响,无形中与红军之宣传相同,以是"剿匪"之效率大减。蒋介石初到陕时,东北军各将领即有请求停止"剿匪"之酝酿。蒋则以"赤匪"已至日暮途穷言之,并决定调中央军入陕协助"围剿",期于1937年3月以前实现其剿灭阴谋。

致,张学良与杨虎城在王曲开办三期军官训练团,训导师级以下连长以上干部。这也为西安事变创造了基础。①这一年毛泽东分别致函张学良、杨虎城,期望消弭内战,携手抗日②,使中国西北形势大变。当西安学生举行"一二·九"周年纪念活动时,蒋介石无视民意,竟然命令张学良派兵镇压。强烈的爱国主义思想驱使张杨于 12 月 11 日决定实行兵谏。后来,《大公报》论述说:"自去年春夏以来,西安军界思想不健全(笔者注:应指要求停止内战一致抗日),感情日激越,遂卒形成双十二事变。"这两本书根据范长江陕北之行的记述,笔调一致地记载了王以哲与红军干部的谅解;张学良与周恩来在肤施的会见以及谈话;周恩来到西安为和平解决事变所起的作用;张学良送蒋介石回南京受审判,东北军中激进分子打死王以哲后的紧张形势;以及叶剑英在事变前应邀赴西安研究东北军改造问题。整个记述简单而清晰。从事情发展的全过程看,记载尚不够深入全面,但当时获得这样多的事实,并写出比较客观的真实描述,已是难能可贵。

西安事变后,国共谈判出现了新的机遇。而国民党政府继续宣称"剿共"政策不变,国民党中央军还在竭力压垮东北军和西北军,曾出现双方军事接触与对立。历史进程一直是曲折复杂的,直至日本发动卢沟桥战事,国共两党才实现了第二次合作。

其时,国民政府控制全国舆论,将西安事变斥为"大逆不道""犯上作

———————————

① 笔者的父亲魏应中,字宜华,时为杨虎城部装备最好的重机枪连连长。该连有 6 挺重机枪,驻扎在新城营房内,警卫钟楼和鼓楼。据魏应中遗文载,1936 年农历三月,张学良、杨虎城在西安以南终南山脚下举办 3 期军官训练团,每期 300 多人。他是第 1 期学员。开学第一天,张学良亲莅讲话,大意是:同学们都是东北军和西北军的中下级军官。在国难最严重的时刻,我与杨虎城将军商量,将你们召集到这里听训,是为了使两军打破界限,团结起来,联合抗日,打倒日本帝国主义,收复失地,救亡图存,复兴国家。希望你们多加努力。主持日常团务的是王以哲。王在开学典礼上也讲,你们是部队的中下级军官,都是领导者,对纪律方面我不必多说,肯定你们是守纪律的。因为训练团是在万难中创办的,经济十分困难,一切设备都很简陋,没有固定教官,也没有课本。这些教官都是在部队预约的领导人给你们做报告、讲话,希望你们要动脑筋,记下笔记,讨论时要踊跃发言。其次,要求你们不要把东北军和西北军的界限分开,而要紧密结合起来。不久的将来,我们要在抗日前线上互相支援,相信是能把日本帝国主义打败的。王的讲话持续三个多小时。第 1 期训练团结束时,杨虎城出席讲话,内容与张、王相同。

② 给杨虎城两封信,其中一次是毛云鹏担任信使。毛云鹏于 1931 年加入中国共产党。新中国成立后,任西安第一建筑公司党委书记。他曾讲自己传递过毛泽东致杨虎城的信。"文化大革命"期间,群众认为是谎言,因此受到冲击。经调查,毛泽东批曰"确有其事",毛云鹏始得解放。

乱"，若非出自政党偏见，从维护民族团结和促进中国社会发展的角度看，西安事变铁定的是爱国事件，应该受到赞扬。难道"安内攘外"政策还要贯彻到底吗？这一政策实施的结果，日本占领了东北，肢解了华北，惨痛的教训还不够吗？

五、作者眼中的毛泽东和八路军要人

西安事变后，历史发生巨大变化。从西安至延安的樊篱拆除了。有一段时间，杨虎城的部队与红军共同担负起该地区的防务。集结西安城外的红军万余，"西安渭南半染赤化"①。

延安的曙光照耀着全国。抗战爆发，全国各地和海外热血救国青年，相继奔赴延安。8月下旬，红军改编为国民革命军第八路军。这两本书写出了延安与八路军的实情，给人以深刻的历史感。诸如对统战区各县历史和现实的描述、对八路军精神与士兵生活的叙述、对抗日军政大学的介绍、对八路军要人的刻画，均颇具特色。两本书的语气、词句相同之处颇多，唯在安排和标题上有所不同。张著有一独特的表述技巧，有文学味道，如在"抗日领袖一群"的条目下，以"延安的风景线"、谜一样的"第八路军要人"为小标题。在第八路军要人别志条目中，以朱、彭以外的各将领、窑洞里的毛泽东为内容来表述，对毛泽东在窑洞中的生活、工作和认识领域的观察很细致、具体。作者引用范长江《陕北之行》中的见闻说："毛泽东是在窑洞里工作。他那个窑洞内，除了一个大炕以外，还有一张木椅，一张桌子，一条木凳，一盆木炭。木桌上放了许多纸条，还有经济学哲学书籍，桌上燃起油烛。他对窑洞发生了感情，因为它冬暖夏凉，适宜居住。他说薛仁贵回窑回的是这种窑，不是南方的砖窑。他因为过去行军作战关系，作计划下命令，都是夜间，于是白天在卧式轿里睡觉，夜间则紧张地做事，弄成和我们新闻编辑一样的日夜颠倒。他用脑过度，脑血管膨胀，经常兴奋，不容易睡着，神经受点影响。如果在行军时，身体有劳动机会，睡觉可以好些。他平常很爱读书，外间舆论的趋势，他很清

---

① 据1937年1月29日《大公报》载：徐海东部陈先瑞5000人据商县、雒南；彭德怀部在富平、三原、高陵、泾阳；贺龙部东移已抵郿县、洛川。中共中央设肤施，徐向前部驻守。徐、贺、彭约四万人。中央军压迫红军退到陕北。张、杨前线部队于1月28日向后移动。

楚的和人谈论。"①

　　这样的笔法堪称超群,写出了毛泽东这位伟人的特征与个性。毛泽东不知疲倦地工作,涌现出有创造性的丰富的思想。闻多在《陕北生活拾谈》中,对毛泽东的各种生活也有深刻的描述:"毛泽东的事务,恐怕是最繁最多了。他每晚总要到两点钟才睡觉。他在白天是不能计划重大的策略的,因为他必须到处演讲、视察、接客、见同志。如果有重大的事情要和他商量,他会请你到晚上 12 点钟以后晤面,因为那时他才能在静一点的室里,运用那敏锐独到的周密的思考,在夜间接触客人和同志完毕后,他才能用一两个钟头,把日间的一切,加以思考、研究,和聪明的决定。"走近毛泽东,认识毛泽东,这是当时国人的期盼。新闻记者捷足先登,为历史留下了难得的资料。

　　两本书都把人们的注意力引到八路军要人的条目中, 就内容和语气来看,完全是出自一个人的手笔,而且是造访诸要人的亲笔记录,包括政治家、军事家、教育家、戏剧家、文学家等各方面人士,其顺序为毛泽东、朱德、彭德怀、林彪、徐向前、萧克、徐海东、周恩来、叶剑英、刘伯承、林祖涵、徐特立、张闻天、吴亮平、廖承志、李伯钊、陈慧清、丁玲。对每个人的描绘都很诙谐幽默,文字亦极简练。如讲述毛泽东:"许多人想象中的毛泽东,不知是如何的怪杰,谁知他是书生一表,儒雅温和,走路像诸葛亮'山人'的派头,而谈吐的持重与音调,又类三家村学究,面目上没有特别'毛'的地方,只是头发稍微长一些。"讲到周恩来,作者说:"颇有政治家风度,他有一双精神而朴质的眼睛,黑而粗的头发虽然已经剃得精光,但他皮肤所藏浓黑的发根,还很清晰的表露在外面,穿的灰布衣,士兵式的小皮带,脚缠绑腿。"②

　　延安有两位出名的近视眼,一是博古,一是张闻天。两本书都这样介绍张闻天:"他是中国共产党书记,笔名叫洛甫,一般人只知道他的笔名,原来的姓名反而不用了。他戴着不深的近视眼镜,谈风轻松精练,不像是曾经历过千山万水的人物。"在写朱德时称:"他开始和我们谈话,同样没有什么寒暄与客套,要谈他所要谈的话,很缓慢而有力,态度是沉着与刚毅,言语间很少含有理论,好像一句话的出发点,都根据着事实上的体会或经验。"彭

---

　　① 张著第 20 页,原文见范长江《陕北之行》,《国闻周报》第 14 卷第 27 期,第 31—32 页,1937 年 7 月 12 日。

　　②同上,第 25 页,1937 年 7 月 12 日。

德怀呢？作者讲："他虽以善战著名，但样子看起来却很像普通的农民。"在太原前线，"一身旧灰布军装，戴着一顶有党徽军帽的人，正坐在办公桌前，翻阅电报公文，他就是彭德怀，八路军的副总指挥，服装简朴，与他们的勤务兵是一样，也许还赶不上勤务兵的整洁。室内的布置，是四壁满悬军用地图，中央两张方桌拼成的办公桌，一幅满沾墨迹、油迹的白布覆着，文具极简单，大概只敷他们每个人使用，坐的是几条长木凳，此外再没有什么了。"仅从以上的描述中，已经可以看出作者以高度的浓缩手笔勾勒出八路军领导者的特征。

　　这两本书还从更广泛的历史层面，记录了众多八路军领导者的名字。当时，人们只知道极少数领导人，作者却列出了较多的人名。尽管没有写出他们的生平，列出的名单也不完整，但总算补充了对八路军将领群的认识。正是这一大批领导者率领广大战士出生入死，赴汤蹈火，才粉碎了国民党军队的"围剿"，才铸成了八路军的坚实力量。根据作者记述，这些人物是：朱德、彭德怀、贺龙、萧克、徐向前、徐海东①、王稼蔷（即王稼祥）、罗炳辉、杨尚琨（即杨尚昆）、任弼时、陈昌浩、刘伯诚（即刘伯承）、董振东（即董振堂）、关向应、左权、聂荣臻、程子华、张云逸、陈伯钧②、王震、张子意、陈光道（可能是陈再道）、王宏坤③、黄起（可能是黄超）④、谢玉生、陈海松⑤、陈世才、李先念、周纯全、周之坤（应为周之昆）、李卓然⑥、何畏⑦、王维周、关红彦（应为阎红彦）、陈光瑞（应为陈先瑞）⑧、周昆、袁圆平（应为袁国平）⑨、宋时轮、宋任穷、朱瑞，驻京办事处主任叶剑英、驻沪办事处主任潘汉年。

　　以上是该书作者了解的当时情况，已很不容易。这些革命者是创造历史、推动历史发展的人，在中国历史的巨变中一直站在前沿，受到国人的爱

---

① 红军改编时为八路军第 344 旅旅长。

② 红军改编时为八路军第 359 旅旅长。

③ 红军改编时为八路军第 385 旅旅长。

④ 时任红四方面军第 5 军政治委员。

⑤ 红四方面军第 9 军政治委员。

⑥ 红四方面军及所指挥部队政治部主任，1937 年 3 月任中共西路军工作委员会书记。

⑦ 曾任红军大学政治委员。

⑧ 据 1937 年 1 月 29 日《大公报》载：徐海东部陈先瑞 5000 人据商县、雒南。红军改编后任八路军 115 师留守主任。

⑨ 1937 年 7 月为陇东特委书记。

戴与尊敬。如果将他们每个人的历史写出来，就是一部整体的革命史。我们可以从他们的身上探寻到社会进步的文化资源，在精神领域中深刻认识历史发展的潮流、那个历史时代的战争以及我们民族的灾难与希望。这一大批军事精英人才，从全国各地会集到延安，肩负着巨大的历史使命，即将奔赴抗日战场。编著者列出他们的名字，是有历史意义的。

六、华北战场上的第一次胜利

八路军改编完成，即东进杀敌。当时日军铁蹄已越过保定、沧州一线。日军坂垣第 5 师团自侵入华北以来，攻南口，占宣化，半个月内侵吞了冀晋边境的涿县、蔚县、阳原、广灵、涞源、浑源、灵丘等县，继而分兵两路进犯平型关。这支王牌之师未曾料到在此地遇到八路军而遭到惨败。这两本书都以平型关战役作为著述的结尾部分，写出了八路军的抗战精神和抗日战争必然胜利的道理。

赵著描绘了平型关战役前的察哈尔战役、晋北绥东战役、勾注山恒山战役，然后说明八路军在平型关是怎样获胜的、游击战在晋冀边界的发展等。在讲到坂垣师团铃木兵团遭到致命打击时，赵著特别提到该团人员组成为："内日人约占三分之一，东三省人、蒙古人亦各占三分之一，步兵坦克车全系日人，骑兵多系蒙古人。"[1]仅从这一点足可证明日本以华亡华的罪恶政策。张著根据朱德、彭德怀关于平型关战役的论述记述了作战过程，着重分析了所以取胜的原因及应吸取的教训，进而阐明这场民族解放战争的特点"就是要深入敌人的后方，建立许多小根据地，来分别削弱敌方兵力，同时将我们的主力，可应用于突击方面……。为使敌人疲于奔命，穷于应付，这样无形的我们已易被动于主动的地位。胜利属于我们，是很有把握的。"这是朱德讲的，以后战争也是这样进行的。以往日军侵占东北是沿铁路线长驱直进，未遇到抵抗，将所占地区巩固事宜留待日后为之。八路军进军华北，打破了日军老一套侵略办法。日军后方出现了神出鬼没的游击队。卢沟桥战争开始后三四个月，游击战就蓬勃开展起来。10 月 2 日，游击队已进至北平郊区。据

---

① 赵著第 76 页。另据 1937 年 9 月 26 日中央社太原电，刊于 1937 年 9 月 28 日《申报》《晋北我军大捷》标题中。

报载,平市"炮声极清晰,敌方颇感恐惧"。八路军的威力已震动中外。1938年2月,蒋介石也信服了,认为八路军是唯一得到满意战果的军队,鼓励其他将领效法他们那种模范的领导精神。

赵著从当时毛泽东、洛甫、周恩来、彭德怀等人,特别是毛泽东的言论中选择片断,分为21个子目,构织出抗日战争必然胜利的路线图。从国内应实行民主政治、群众动员、进行游击战和英美苏法等国组成联合战线、日本崩溃,到真正实现远东和平,都极清晰地展示出来。这种安排凸显出共产党领导者观察事物的洞察力;而编著者在关键时期的视角,也令人敬佩。

张著的附录较赵著的附录更引人注目。因为在特载一,登载了毛泽东和史沫特莱的谈话,题目为《抗战必胜》。编选者认为毛氏所发表关于中日战争之各项重要问题,甚见透彻,有"抗战必胜"之信念,所以根据史沫特莱之记录而译载之。该著还登载了朱德《实行对日抗战》一文,内容的小标题有:为第二个九一八;日本并不是可怕的魔鬼;抗战是唯一的出路;最后胜利是我们中国的。彭德怀的题为《争取持久抗战胜利的先决条件》论文,内容有:引言;持久抗战的胜利;战略与战术(战略的防御与战略的进攻、战略上的以少胜多与战役上的以多胜少、持久战的消耗战、争取主动、节约防御兵力、统一指挥与机动);游击战争;民众动员与全民抗战(痛苦的会议与宝贵的教训、持久战的胜利与全民动员、军民关系);几句结语。洛甫的《关于十年来的中国共产党》,则简要总结了共产党领导土地革命与抗日救亡的历史。从所选载文章,可以窥见中共领导者丰富卓越的抗战思想。他们异乎寻常的远见,是中华民族解放的指路明灯。正是这种思想驾御着战争的发展。

书籍是文化传承的主要载体。一本书的价值不在于它的大小厚薄,也不在于当时销售的数量多寡,而在于它的思想含量和事实的丰富确切。这两本书不是研究型的历史著作,是新闻报道,而且主要选编历史事件,探索得还不够深入。而不可否认的是,两本书向中国和世界呈现出一个真实的延安和八路军,给人以知识、信念与活力,其影响是巨大和深远的。

这两本书所写的,是那个时代的一角。从这一角已可看出那个时代中国人的自信和对未来的期望。作为历史转折时期的见证人和沉思者,把目光投向中国的西北角——延安,写出了延安的思想,传播了延安的精神和声音,这样的书具有永恒的价值。

原载《史学月刊》,2007年第9期

"铁证"如山，罪行难遁：
评《战时日军对山西社会生态之破坏》

20世纪三四十年代日本所发动的大规模侵华战争给中国社会造成了极其深重的灾难。然而，战后60多年来日本许多政要以及一些颇有影响力的学者却对此置若罔闻，甚至公然挑衅爱好和平的中国人民，肆意"漂白"和"美化"自己的侵略史。所以，只有全面深入地清理中国在日本侵华期间所遭受的巨大损失及由此产生的灾难性后果，才能真正予日本右翼势力以有力还击。而新近由社会科学文献出版社出版的岳谦厚教授撰著的《战时日军对山西社会生态之破坏》(该著系中国社会科学院中日历史研究项目成果，且被选入"中日历史研究中心文库")即是这一愿望的实践表达。本书的主要特点：

一、证得全

"全"是究其内容而言。全书近30万字，除引言和结语外共六章，每章论证一个主题，六章关乎六个主题，全文构思全面、主旨凝练。第一章对战前山西地理与社会环境、工矿业、铁路与公路交通、邮政网络与电信事业、农林牧副渔业、商业与市场网络等各个方面进行了详尽叙述，以与遭受日军入侵后的社会生态面貌相比照，使读者对战时山西受损状况形成一种基本的历史印象并据此做出自己的理性认知。第二、三、四、五章分别详细考察了日军对山西工矿业、交通运输业、农业资源(包括土地、粮食、棉产等)、人口资源、文化教育资源等的掠夺过程与破坏程度。在这些问题的研究中，著者力求从侵略者的掠夺计划、掠夺政策、掠夺机构、掠夺手段、掠夺数量以及这些资源遭受的破坏程度，乃至这种惨烈的掠夺与破坏对山西社会发展的应时性和长效性影响进行了全面的实证分析，以使读者一目了然。第六章则就日军对山西民众身心环境的侵害程度进行了细致的描述和分析，如"三光作战""细菌战""毒气战"下山西民众身心受损情形、鸦片对山西民众及社会肌体的损害及"慰安妇"所遭遇的身心伤害等。在结语部分，著者专门论述了山西在中国抗日战争中的地位与贡献。正是通过对日军对山西社会经济掠夺过程及其破坏程度的深度挖掘，才更衬托出战时山西人民所做的重大牺牲，可见著者用意之深。有此点睛之笔，该著全面而丰满的面相则更加彰显了。

二、证得实

言其"实"，一则在于占有史料的真实性或可靠性，一则在于处理史料的严谨性或扎实性。著者用六年多时间深入各地档案馆、图书馆或研究机构收集整理了中国第二历史档案馆、山西省及其所属县市档案馆大量馆藏档案，以及各种已刊印出版的中外档案资料、研究著作、地方志书、报刊杂志并多次到全省各地进行田野考察和调查那些经历过战争的老人，力图使自己的研究建立在准确而丰富的史实之上。此外，著者在论及日军入侵对民众身心环境侵害等论题时，还采用了为越来越多学者所重视的诸如歌谣等这些曾经被中国传统史学鄙视和认为"不可靠""不能登大雅之堂"的文学或口述资料。实际上，顾颉刚早在1926年就有针对性地指出："我们决不因为古物是值钱的古董而特别宝贝它，也决不因为史料是帝王家的遗物而特别尊敬它，也决不因为风俗物品和歌谣是小玩意儿而轻蔑它。"[①]可见，著者在资料运用中非常注重史料的丰富多样性，而这又更加强化了著作的可信度。

在掌握可靠丰富的史料后，则要看历史研究者的态度和功底了。面对如此浩繁的史料，著者的处理态度无疑是相当谨慎和严肃的。仅以一例为据，该研究涉及的一个重要方面就是对日军侵晋所造成的损失进行数量统计，而这些数据散见于各种史料，如何使这些数据浮出"史"面是一项非常繁杂的工作，而著者借其敏锐的眼光，下了足够的功夫和耐心，对收集到的数据进行了认真查核、比对、鉴别、筛选、解读，从而辑成各种数据统计表格六十多个，并做了详细的分析，虽似枯燥的数字，却更显历史的真实，且折射出著

---

① 转引自赵世瑜：《狂欢与日常——明清以来的庙会与民间社会》，生活·读书·新知三联书店，2002年，第4页。

者处理资料的功力。

三、证得新

　　言及"新"则在于其研究的独到视角和理论架构。该著作者以独特的史见引入了系统论的研究手法,将整个社会看作是一个多元的、有机的、联系的、综合的"生态系统",并以此为切入点来全面考察战时山西社会生态系统受损的景况。著者认为:"社会是一个多种资源(如人力资源、经济资源和自然资源)和多元环境(如自然环境与社会环境)构成的'生态系统',社会发展有赖于资源与环境的相互协调和平衡构建,甚至需要两者的有机结合和高效配置;而其在运行中一旦发生故障或形成结构性失衡,社会发展必然陷入震荡之中,甚至彻底走向崩溃。"又认为,在社会这样一个有机的"生态系统"中,只要"其中某一元素受到外力冲击,整个系统运行就会出现机能失调乃至系统瘫痪"(引言第3页)。由此可以想见,日本发动的规模巨大的集政治、经济、军事和文化为一体的"总力战"对山西社会"生态系统"所造成的冲击和震荡。通过这样的研究,可以尽可能地避免将各种因素割裂而单一进行分析所造成的偏颇之嫌。正是基于"社会生态"的视角,著者对山西社会系统中各元素的受损情形均进行了综合考量。如在考察战时山西人口资源所遭受的掠夺与破坏时并非仅就人口谈人口,而是结合日军对工矿业、农业、文化教育等方面的掠夺与破坏以及对民众身心侵害等进行综合考察,深入分析各种元素的受损对人口资源的应时性与历时性影响;反过来,亦考证了人口资源的受损对"系统"中其他元素的相应影响从而对人口资源的受损情形给予准确估量。可见,全书各章节本身亦紧密联系为一"系统"。

　　总之,正是著者这种独到的分析视角和理论架构为读者展示了一种能够准确评估山西抗战实际受损的可操作性分析模式,而且运用这种模式能更深刻地揭示战争与生态、战争与经济、战争与人口、战争与民生、战争与发展、战争与文明以及各种相关因素之间的互动关系,便于读者全面理解战争给社会发展带来的深远影响。同时,亦为学界今后开展类似的研究提供了可资借鉴的范例。

四、证得深

言其"深"则在于其研究本身之深度。近年来,有关中国抗日战争的研究已取得了长足进展。尤其是关于日本侵华所引发的社会生态问题,学界研究成果颇多。如日军对矿产资源的掠夺性采伐,对工农业、金融业、交通资源的掠夺破坏,毒品种植与贸易,细菌战与毒气战,强征"慰安妇",殖民化文化宣教,等等。但这些研究大都局限于粗略地描述和揭露日本侵华暴行层面,或者说大多数学者更多关注的是中国在这场战争中所遭受的直接的或显形的损失,而对于战争给中国社会经济发展所造成的隐形性和久远性影响或者说间接的或隐形的损失则缺乏充分的调查统计及实证分析。事实上,中国各种资源在日军侵华期间所遭受的损失和破坏不仅对战时社会发展造成了极大的局限,而且亦增加了战后恢复与重建的困难。以人口资源为例,早在1944年,学者陈定国就曾撰文分析战时人口受损对战后人口复元的影响。他指出,战时"青年壮丁之减少,影响于二三十年内人口增加的数量及性比率的失调。而幼年人口的丧失,其影响更为长久,至少在六七十年内,中国人口不会复元,再进一步的下一代人口,亦无形受其限制"[①]。人口如此,其他资源亦然。因而,要想真正彻底清算战时中国各种损失,就必须如著者所言,"既要重视其直接的或显形的部分,亦不可忽视其间接的或隐形的部分,后者或许更有助于增进人们对战争的思考"(引言第3页)。遵循这一主旨,《战时日军对山西社会生态之破坏》不再局限于从表层上描述日本的侵华暴行,而是通过大量数据的统计及量化分析,从深层上挖掘战争之直接损失、战争之间接损失、战争对当时乃至后来社会发展的隐形性、历时性或长效性影响,从而使读者能更深刻地对那场战争进行检讨与思考。

五、证得准

言其"准"则是鉴于笔者前面所述的该著所具有证得全、证得实、证得新、证得深等特点之基础上的。基于此,著者论述针针见血,准确透彻,切中

---

① 陈定国:《战后人口复元问题》,《东方杂志》第 40 卷第 24 号,1944 年 12 月。

要害。中国社会科学院近代史研究所陈铁健先生曾言："人们说起第二次世界大战中法西斯的暴行,往往只知道希特勒屠杀犹太人、斯拉夫人,而知道日本军队屠杀中国人的却极少。至于日本从中国占领区掠夺了多少财产,知道的人就更少了。造成这种状况有许多原因,其中之一是中国人自己对抗日战争的历史,对日本侵略者在中国犯下的滔天罪行研究得不够。"笔者认为其所言的"研究得不够"主要在于研究得"不准"。然而如何研究得准呢?在陈氏看来,须要对日军烧杀劫掠暴行、中国人民生命财产损失等微观方面进行实证研究,因为"微观的研究透彻明了了,宏观问题就有了准确判断和科学评价的基础,否则就只能重复旧话、空话、套话,甚至假话,这样的文章纵有千百篇,也无法使中华民族的抗战历史更加真实、宏观、全面和科学"①。该书正是这样一项"透彻明了"的微观研究。著者选取山西这样一个战时受损严重的省份作为研究对象,并就其所属各县(市)乃至村的受损情形进行全面、翔实、深入的描述与分析,从而真实再现了山西在战时所遭受的巨大损失及灾难性后果。可以说,该著"力图使这些论据及其分析结果形成难以翻案的历史'铁证'"。唯有成为"铁证",那些企图肆意"美化"和"漂白"自己侵略史的日本军国主义者才能无可抵赖。

像该书这样能把日军侵晋暴行全面、真实、深入、透彻地展现于世人面前的"铁"作,无疑对补充抗日战争史研究的不足和推动中国抗日战争史研究走向深化是大有裨益的。笔者深信,有了这样一部成功之作,会推动更多的"铁"作面世,会真正将日军当年的侵华罪行一桩桩、一件件地永远刻录在历史的耻辱柱上!

本文与郝正春合写。原载《中共党史研究》,2009 年第 3 期

---

① 陈铁健:《〈"开发"与掠夺——抗日战争时期日本在华北华中沦陷区的经济统制〉序》,见王士花《"开发"与掠夺——抗日战争时期日本在华北华中沦陷区的经济统制》(中国社会科学出版社,1998 年)。

也说中国远征军——
读《这个时代还有没有敬畏》的思考

近段时间,媒体讲述远征军之事较多,一些相关的影视作品也颇受瞩目,我联想到《中华读书报》2009年6月24日刊登的《这个时代还有没有敬畏:"我的团长和我的团"背后的文化观察》,那是一篇值得一读的好文章,对该电视剧的评价是严肃的中肯的。中国远征军为民族和国家争生存、争独立,为人类争和平,首次与英美国家并肩作战,出战中印缅战场,共同抵抗日本法西斯的侵略。1942年5月26日《大公报》刊载的《再谈缅战》记王芸生谈话讲得好:"站在盟国的立场上,站在扶弱济贫的国策上,站在领导亚洲,以及保卫云南的出发点上,我们应该出兵是无疑的。"这是那个时代的人们发出的正义声音,对我们今天认识这一问题,仍是有意义的。战争总要付出代价的,要有牺牲的。战争有正义和非正义之分,不能不分青红皂白地一律予以否定。中国投入这一战区的兵力为杜聿明第五军、甘丽初第六军、张轸第66军,共3个军,10万人,称远征军,回国时仅存4万人左右,牺牲的确是巨大的。①

考察历史,中国远征军在中外历史中有崇高的地位。1942年3月远征军入缅作战,重创日军,屡建奇功,为盟国称赞。后以诸多因素遭受失败。第五军第200师师长戴安澜于5月26日殉国于缅北茅邦村,周恩来称其为"黄埔之英,民族之雄"。这是我们对战死在异国土地上的远征军,无论是将军或是普通士兵应持有的态度,绝不能以当炮灰论之。

我接触过一些远征军战士。那时我在陕西省立兴国中学读书,许多同学投笔从戎。我现在任教的南开大学有十多位教师当年是西南联大学生,弃学从军,给美军当翻译。我和他们不少人交谈过。他们之所以入伍,只有一个信念,就是救国。这是那时代青年知识分子出于对国家前途和命运的思考,所

---

① 郑建邦、胡耀平整理:《我的戎马生涯——郑洞国回忆录》,团结出版社,1992年,第287页。

选择的道路。我中学的一位好友晏安民，家住西安市东大街，父亲是木材商，家道富裕。他从缅甸战场归来，曾给我谈到他在战场上的见闻，一同参军的，有的就战死在热带原始森林中。

无论是从什么立场上看，这篇富有批判性的文章，都是有价值的。只是我觉得个别地方史实说得还不够准确，所以提出来，希望能起到补充的作用。

"士气不振"说偏笼统

文中讲到中国近代以来，在对外战争中屡屡受挫，抗日战争刚开始时也是。中国政府无论是在正面战场，还是在敌后战场，尽管浴血奋战，都是败多胜少。从淞沪战役、徐州战役到南京、武汉、广州战役，大都如此。可以说"中国人士气不振"。

这样的论述不够确切。不同时段、不同地域、各个战役，情况各异；将浴血奋战与士气不振联系在一起，从文字上讲，也不够严密。

如所周知，抗战第一年，国共合作较好时，真是兄弟阋于墙而外御其侮。平型关和忻口战役，两军合作，取得胜利。如1937年7月中旬，曾参加11届国际奥运会的王润兰入伍，任国民党32军3团3营排长，在河北漳河阻击南犯日军，以大刀同日军短兵相接，无一人退缩或弃阵逃跑，最后与日军的坦克同归于尽，他们像吉星文团那样的英勇，为民族立了大功。

从1937年底到1938年春，八路军入山西作战，不断获胜，如反六路围攻、凤凰山战斗、神莱岭战斗、响堂铺战斗、长生口战斗、反九路围攻等。其中反九路围攻是朱德、彭德怀指挥第18集团军、国民党中央军、晋绥军的新军和地方游击队等各种抗日力量合力取胜的。同日军交战数十次，力挫强敌，国威大振，为晋察冀和晋察鲁豫根据地的创建奠定了基础。战场上，将领的智慧谋略和奋力决定着战局的进程和命运。

再看看正面战场的状况。

李宗仁指挥的台儿庄战役，担任台儿庄正面作战的孙连仲，防守司令汪峰城，率部誓死抵抗日军，击败了日军矶谷第10师团，坂垣第5师团，中国军伤亡近万人。

徐州会战之所以失败，是指挥作战者犯了错误，并非士气不振。郑洞国在其回忆录中有明确的论述。

淞沪会战打得极为激烈，日军派遣军司令松井石根不得不多次请求东京派兵支援，侵略军由 7 万增加到 20 万。中国军队誓死抵抗，像姚子青营长坚守阵地 7 昼夜，最后全部壮烈牺牲。对此，美国记者田伯烈有这样的论述："中国军队这种英勇的失败以及英雄的抵抗，便是扬子江区域内战争的特点。"①居住于上海的日本人士中西均一，以《中国民族起来了》为题写道："中国一般的热血青年，都愤恨日本人的行为，希望快点把上海化为战场，将日本人驱出上海，充满着欢迎战争的空气……青年男女都兴奋高唱军歌。军歌中最流行的是《义勇军进行曲》，七八岁的男孩女孩也都高唱着：前进，前进，进。这可看到中国人的坚决与紧张，不论认识或不认识的人，在街上碰到，都说：我要到前线去了。"②

南京战役以光华门附近的战斗最为激烈，日军曾两次冲入城内，均被守城军队消灭。

武汉会战中，覃联芳第 84 军在广济、武穴一带，坚守阵地，寸土不让。田家镇要塞之战，歼敌六七千人，守军为保卫祖国领土战至最后一人。

由此可见，"士气不振"说得笼统了。这并不是说没有士气不振的事，还是应区分开来。1937 年 12 月，日军在津浦路北段发动进攻，渡过黄河，韩复榘畏敌如虎，率部南逃，日军遂长驱直入，士气低落到极点。蒋介石枪毙了韩复榘。李宗仁急调川军从正面和侧面迎击日军，战局在邹县、藤县之间形成对峙状态。一般说来，战争失败时容易出现士气不振现象。上海沦陷后，士气也确曾低落过。但抗战时期，抗敌失败后的军队总是重新组织起来，投入战斗，保家卫国，表现出杀敌的英雄气概。持久战的思想成为举国上下的共识，胜负不在一城一池的丧失，特别是八路军和新四军开辟了新的战场，敌后战场和正面战场互动互助。日军的屠杀政策更加激发起中国民众的民族意识。中国抗战就以特殊形式展示出来。所以说士气不振的说法，难以全面说明历史之真相。

这是需要补充点之一。

① ［美］田伯烈：《外人目睹中之日军暴行》，杨明译：江西人民出版社，1986 年，第 48 页。
② 转自向愚编《抗战文选》第二辑，第 151—152 页。

蒋介石之所以参加开罗会议

在谈到蒋介石之所以参加开罗会议,该文说:"在远征军战场上,先败后胜,开始彻底扭转了败局。正是这场战争,使得蒋介石在 1943 年底的开罗会议上能够代表中国,和英国和美国一起讨论抗战胜利后收复台湾等地的主权,制裁日本。"这样的表述在肯定了远征军出征的正义性,批评、纠正了"炮灰"的说法的同时,也出现了史实上的不够确切。至少在我从史学工作者的角度看,显得简单了些,不够严谨,或者说不够确切。如所周知,开罗会议是 1943 年 11 月举行的,中国远征军第二次作战是 1943 年 10 月开始的,刚刚打了一个月,战局尚未扭转。这次反攻战延长了一年零五个月,至 1945 年 3 月始完成了反攻任务。

说战局在 1944 年得以扭转可能更准确些。1944 年 5 月 12 日(或说 11 日)远征军渡过怒江,6 月攻击高黎贡山,9 月 14 日占领腾冲。1945 年 1 月 28 日,滇缅远征军和由印度出征的新一军始在中缅交界的畹町会师,中印交通打通了,曾举行了盛大的庆祝典礼。庆祝台是临时搭建的,印缅军队方面由索尔登将军代表,滇西远征军由卫立煌将军代表。台上还有 7 位中国高级将领,7 位盟国将领。两位将军的讲话,都阐明这次滇缅会师是同盟国合作的结果。最先讲话的是宋子文代表中国政府致词,随后 14 航空队陈纳德、第 10 航空队台维逊、工兵队毕克相继致词。一位目击者记录了这一盛况:"在界路上,搭起一座牌坊,牌坊顶上挂着'中印公路通车典礼',横额两旁是一副对联:国际路重开,突破封锁。同盟军并进,直到扶桑。"①

美国之所以邀请蒋介石,从罗斯福总统的演讲中可以找到答案。透视历史,应该说日军偷袭珍珠港,美国遭受极大损失,世界政治格局发生了变化。1942 年 1 月 1 日,26 个国家在华盛顿签订联合国宣言,全世界反侵略战线组成,这是历史上最伟大的联盟,美国是盟主,中国是举足轻重的成员。在此之前,中国是孤军作战,顶住了日本的野蛮侵略,并为世界做出了榜样。当时美英迫切需要中国和他们共同并肩作战。罗斯福在要求其国会废除排华法案时讲:"中国是我们的盟国。多年来,她为反对侵略而孤军奋战。今天我们

---

① 傅又新:《军中归讯》,文光书店 1949 年,第 151 页。

和她一起战斗。她在极端不利的条件下始终坚持英勇的战争。"①他在关于对华援助致蒋介石的电文中,突出地讲道:"中国的抗日具有特殊的地位,具有高于其他各国的斗争经验:中国军队对贵国遭受野蛮侵略所进行的英勇抵抗,已经赢得美国和一切热爱自由民族的最高赞誉。中国人民,武装起来的和没有武装的都一样,在十分不利的情况下,对于在武装上占领极大优势的敌人,进行了差不多五年坚决抗击,所表现出的顽强,乃是对其他联合国家军队和全体人民的鼓舞。中国人民破坏自己劳动的果实,以免为日本掠夺性军队所用的巨大牺牲,树立了牺牲精神的崇高榜样,为了夺得我们正在满怀信心去争取的胜利,这种牺牲精神对于大家都是需要的。我希望并且相信,利用合众国国会现已批准的款项,将从物质上帮助中国政府和人民减轻武装入侵所造成的经济和财政负担,以及解决对于我们共同敌人进行武装抵抗的成功所不可缺少的生产和采购问题。"②这是西方政要第一次对中国抗战做出的高度的评价。一百多年来,中国一直受西方的欺凌和压迫,一直是受害者。现在被视为英雄,成为一个战壕的战友,历史发生了巨变。因为中国是一支巨大的抗日力量,盟国需要中国为人类做出更大的贡献,必须邀请中国参加商议反对共同敌人的大事。罗斯福在《坚定我们是为人类更美好的日子而战的信念》中讲的:"在同委员长的会见中,我发现他是一个具有远见,有勇气的人,他对当前和今后的各种问题具有非常敏锐的了解。我们讨论了从各个方向对日本发起决定性打击的各项军事计划。我认为我可以说,他回到重庆时,对彻底战胜我们的共同的敌人是有明确的信心。我们同中华民国友谊深厚的目标一致,今天更比以往任何时候更加密切了。"③这是开罗会议后罗斯福讲的。为什么蒋介石被邀请,从这里可以得到清晰的了解。

因为欣赏这篇文章,特别是文章指出的不能描绘远征军有什么"炮灰"团。我从历史研究的角度做这两点补充,以表示赞同对有关历史题材影视作品展开有益的自由的议论。

原载《中华读书报》,2011 年 5 月 11 日

---

① 《罗斯福选集》,商务印书馆,1982 年,第 444 页。

② 同上,第 345 页。

③ 同上,第 452 页。

字字血、声声泪——读《苦痛的记忆——中条山战役难民口述历史实录》有感

  每个人都爱自己的家园,中央党校党史部教授杨圣清生于中条山,情系中条山,至今仍保持着晋南人的"土气",朴素忠诚。近年他撰写了《巍巍中条——中条山军民八年抗战史略》一书,系统地论述了他家乡人民抗日的历史。2008年春,香港凤凰卫视记者来中条山访史,他协助他们制作了《中条山战役全纪录》一片。现在他作为主编和他的同乡同事合作,写成《苦痛的记忆——中条山战役难民口述历史实录》(以下简称《苦痛的记忆》),其成就吸引着学界的目光。

  《苦痛的记忆》一书以1941年5月7日中条山战役为资料,以实际调查为基础,以难民的悲惨遭遇为骨肉,用口述史写成。全书共分五章,第一章讲日军在夏县、平陆、垣曲沿黄河地区制造的多起惨案和暴行;第二章讲三县地区群众生命财产的损失状况;第三章到第五章记录了当年难民及其后人的血泪控诉,有个人的,有全家的,有一个村。这部厚重的书,几经寒暑,终于以近60万字,由人民出版社出版。

  要再现战场上的历史情境是不可能的,但学者根据历史档案文献、当时报刊的资料和当事者的回忆录,探讨其真相,是可能的。历史研究的社会功能是"资政育人"。"资政"就是为我们党提供执政经验,"育人"就是用历史教育我们的人民,特别是教育青年和干部。抗日战争时期是"中华民族最危险的时候",也是中国人民遭受苦难最深重的时期;同时,又是中国人民空前觉醒和奋起反抗,并取得反帝空前辉煌胜利的时期。但是,随着时间的流逝和形势的变化,这段中国人民深重苦难和辉煌胜利的历史,为越来越多的人所淡忘和不熟悉。在这种情况下,像《苦痛的记忆》这样的著作出版应该说是具有重要意义的,它会唤起我们更多的干部和青年人去重视和尊重那段历史。

  杨圣清是这一段历史的亲历者和见证人。中条山战役发生时,他还不满

十周岁,是一个小学二年级的学生。他的家乡平陆(现夏县)三区七泉村,处于平陆、夏县和垣曲三县交界处,正是中条山战役日军西线包围圈东西两路的会合处,战争最为激烈和残酷,是一个重灾区,人民生命财产损失极大,有大批难民流亡到豫、陕、甘、青以及新疆等地。杨圣清和他全家人也被卷进当时的难民潮,他在河南渑池度过三年流亡生活,备尝了难民的种种苦痛。因此他和被访谈者有相同的亲身经历和感受,感情也是一致的,他们没有任何隔阂,可以敞开心扉,自由自在地交流,所以能够写出这部真实的、十分感人的和有学术价值的书。

这本书引起我的一点回忆。

我的父亲魏应中,原为杨虎城 17 路军警备一旅机枪连连长,西安事变后,西北军和东北军被瓦解,警备一旅改编为新编第 27 师,受胡宗南指挥。这支部队先在陕西朝邑、平民县守河防,1940 年 10 月后调到中条山平陆县驻防,曾和日军交战过,取得了小胜利。但胡宗南对杂牌军总是放心不下,派了大批黄埔七分校(在西安王曲)毕业生担任领导,撤换了原有的中级军官。该师三个团长都被撤了职,派来的政治指导员都是监视原有官佐的,主要检查有无共产党书籍、共产主义思想,而不去关心战场敌情发生了什么新情况;甚至有当地老百姓向其报告了敌情,仍不以为然。师长王俊几次要提拔先父为营长,参谋长说:"这是杨虎城的残余,提他干啥!让他当个营副就可以了。"王俊在前线流着泪对先父讲:"老连长跟着我,就剩下你一人了。"因为没有事,就整天打麻将,消磨时间,团长看他情绪不高,就派他回西安招兵。就在这时,中条山战役发生了,王俊是在平陆县三区太寨村给部队讲话时遭日机轰炸而阵亡的(我曾多次和王俊见过面)。这个师崩溃了,伤亡惨重,陕军多不会泅渡,葬于南沟附近黄河者不知有多少。我的众多乡亲在这次战役中为国捐躯。我的二舅王焕章从此下落不明。

中条山战役大批难民扶老携幼四处逃亡,远者直达新疆。而我所见者,为西安火车站附近和南关外的马路两侧,各种废旧物搭起的形形色色最简陋的窝棚,难民无衣无食,沿街乞讨,稚子啼饥号寒,其生活的艰难悲痛是难以用笔墨形容的。过往的当地人亦无力助之,徒唤奈何而已。

这部书再版时,最后结尾部分可有一理论性的总结。历史学家的使命不仅仅是如实地说明历史,还应提出一些值得思考的问题,将研究引向深入。

原载《学习时报》,2011 年 9 月 12 日

一本值得阅读的书——《抗日救亡言论集》

1936年发生的"双十二事变",改变了中国历史发展的轨迹,中外新闻记者、历史学者写下了许多文章,探究这次事件的真相及其影响。蒋介石日记的发表,海峡两岸的学者,都在谈论一个真实的蒋介石。蒋介石是一个复杂的人物,必须多视角地研究。1936年10月10日,西安绥靖公署政治部编印的《抗日救亡言论集》,以西安事变为核心,记录了那个时代的声音,是研究者不可或缺的文献。

《抗日救亡言论集》共收录了12篇文章,全书191页。一部分是"双十二事变"以前发表的。其余全是对着"双十二"或在"双十二"后发表的。内容包括张、杨两将军文电,张学良广播词,杨虎城广播词,杨虎城及西北各将领所电,"双十二"至"二十五"事变的意义,西北抗日联军民运指导委员会宣传文件第1号,全国各界救国联合会成立大会宣言暨抗日救国初步政治纲领,中国政治的新形势及其动向,抗日的理论和方法,我们怎样决定民族革命的战略(两篇),民族复兴与焦土抗战,复兴民族的基本方案。这12篇涵盖了"双十二"的全过程,有当事者的讲话,有其部属和群众团体的拥护和赞歌,有对未来的展望。读完全书,对"双十二"可以有一个完整的认识。

张、杨为什么要发动这次事变?张学良在其讲话中讲得很明确:"我们这次举动,完全是为民请命,决非造成内战,一切办法,决诸公论,只要合乎抗日救亡的主张,个人生命,在所不计。若有不顾舆情,不纳忠言,一味肆行强力压迫者,即是全国之公敌。我们为保有国家民族一线生机打算,不能不誓死周旋,绝不屈服于暴力之下,即不幸而剩下一兵一卒,亦必用在抗日疆场上,天日在上,绝无一字之虚伪。"(该书第8页)这种发出肺腑之言,义正词严,为了民族的生存,虽赴汤蹈火,在所不惜,这应成为我们民族的记忆。

但是蒋介石是个出尔反尔,口是心非,不守信用的人。杨虎城讲:"忆蒋委员长到京以后,曾令中央军队向东撤出潼关,而离陕以前,更有'有决不再起内战'之语,我国苦内战久矣,今得负责领袖,出此一言,不独张副司令及虎城等亲聆之下,钦幸万分,即我四万万同胞闻之,亦当无不额手称庆。凡我袍泽,尤仰望领袖之意旨,而为一致对外之要求。乃正当蒋委员长休沐还乡,张副司令留京未返之际,中央军队匪惟未遵令东还,而反大量西进,计有第六、第十、第二十三、第二十八、第七十九、第九十五、第六十、第十四、第一〇三、第八十三各师,暨教导总队等集结推进至潼关、华阴、华县一带,筑垒布阵,积极作挑战之形势,更复时时截断电话,始终阻碍通车,以致群情愤激,万众犹疑,是欲以武力造急性之内战,而以封锁作慢性之胁迫。虎城等之愚诚,不知其具何心意?国危至此,总不应再有萁豆之举。"(该书第12—13页)。仅这件事就可看出蒋介石是个翻手为云覆手为雨的统治者。

这部书告诉国人,抗战是拯救中国唯一的前途。以李宗仁与焦土抗战和冯玉祥光复民族的基本方案为结尾,突显出编书者的心意,是谁招来国家民族亘古未有之外患,为虎作伥,使日本侵略者为所欲为,使中国的山河儿女陷于万劫之地,是蒋介石的不抵抗政策。

李宗仁讲:"盖在不抵抗论之下,国家领土主权之丧失,已达三分之一,人民之被割裂已达五分之一,而民族精神上与国民人格上所蒙受之损害,则更不可以数计,是不抵抗论一日不放弃,恐中华民族将无解放之一日,更无复兴之一日。"(该书第176页)作者以沉痛的语言,呼喊着复兴残破的祖国。

李宗仁列举了具体的事实,说明不抵抗政策的恶果:"敌更侦知我无抵抗决心,予取予求,永无止境,向之需要飞机大炮以攻决者,今竟以一纸要求而获实现矣!向之需要海陆空军动员者,今则以一武官或一浪人亦可随意要挟矣。冀东二十二县之割裂,察北六县之占领,华北经济实权之攫取,凡此种种,无一不在'不战而胜'之原则下实现,无怪土肥原有'不费一兵,不耗一枪,又增加帝国数千万方里土地'之壮语。"(该书第180页)这是二尺童子也不为之,但蒋介石以其思想大行其道。

冯玉祥讲:"我们用尽了一切容忍的和平政策,换来的却是敌人的得寸进尺,肆无忌惮。敌人无止境的压迫侵略已经激起了我们全国人民与政府不可遏息的愤怒。"(该书第190页)

李宗仁、冯玉祥都发出了悲愤的话语,其结论是:"吾人今日抗战则存,不战则亡。""什么是中国民族复兴的基本方案,我的解答,第一个是抗战,第二个是抗战,第三个还是抗战。"

历史可以告诉未来,怎样拯救我们的民族,这部书给予了我们很好的启示,是一部有价值再读的读物。

原载《红色太行》,2013年9月1日

史料集

推荐一本中国现代史工具书

《中国现代史论文书目索引》(以下简称《索引》)一书,已由河南大学出版社出版。这部七十多万字的《索引》,由河南大学历史系中国现代史教研室编选、李光一教授主编。这是编者为中国现代史、中共党史、中国革命史的教学与研究提供的一本重要工具书。全书内容丰富、资料比较齐全、分类明确、编排有序,具有以下几个特点。

一、《索引》比较全面地搜集整理了自 1949 年 10 月到 1984 年 12 月 35 年间发表的有关中国现代史论文与出版的书籍目录。由于作者自 1950 年即开始分类搜编,所以史学论文部分收编了全国各类报刊,包括日报、晚报、各民主党派报刊、工青妇团体的报刊及史学、哲学、经济、理论、教学、综合性社会科学刊物、大专院校学报、各种评论、动态资料和档案刊物上发表的具有一定深度的中国现代史文章资料目录 9000 多篇。书目部分编选了全国各出版社 35 年来出版的 1400 多部专著。从《索引》中既可以看到教学和研究的不同课题,也可以看到从不同角度对同一课题的研究。因此,《索引》如同一个由众多课题构成的博大展览馆,展卷阅读,使人感到琳琅满目,清晰地将中国现代史 35 年来所取得数量可观的重大成果较全面地展现在目前。

二、《索引》编选的文章目录与书目所包含的内容范围比较广泛:它包含有政治史、经济史、军事史、文化史、思想史、科技史;有人物传记;有图表、图片、年表、年鉴、辞典;也有期刊索引、日报总目、资料索引、重要档案资料、历史地图,等等。它不仅包含有中国共产党的历史,各民主党派的历史,也有国民党的历史,汪伪和日伪其他傀儡政权的历史,还有中外关系史、青年工作史、学运史、妇运史、工运史等。在人物传记中有革命先驱、烈士传记、科学家、文人、学者、将军、士兵、皇帝、军阀、普通公民,各类民国史人物、中共党史人物、少数民族人物、国际主义战士、中国人民之友,也包含阴谋家、汉奸等。可以说这部索引是史学界研究现代社会生活的忠实记录。

三、《索引》编排明确、实用，全书体例采取专题与时期相结合，凡贯穿中国现代史始终的问题列入专题，而历史事件则按时间排列。全书共分甲、乙两大部分。甲为论文索引共 16 部分，1—11 为专题，12—16 为时期。乙为书目索引，共 13 部分。两级标题清晰、醒目。每个标题下的论文与书目均按年代顺序，人物则按姓氏笔画排列。对每一论文、书目都列出作译者、所载报刊、出版单位、出版时间，给检索者以极大的方便，这反映了编选者严肃朴实的学风。

当然《索引》也有不足之处，如尚有某些有一定学术创见的论文及专著未能全部选入，由于编校疏忽还有错字，编排的格式也有可商榷之处。但瑕不掩瑜。《索引》称得上是一部实用的中国现代史工具书，值得向史学工作者推荐。

本文与张颖合写。原载《历史教学》，1987 年第 11 期

重视抗战时期金融史的研究
——读《四联总处史料》

一

国民政府时期的中国经济史，大致可分为 1927—1937、1937—1945、1946—1949 三个时期。在国民政府变换频仍、纷繁杂存的经济行政机构中，有一个几乎与后两个时期共始终的，对国民政府的经济、金融政策发生过重大影响，对抗战时期大后方经济、金融领域发挥过特殊作用的机构，这就是四联总处。

四联总处，即中央、中国、交通、中国农民四银行联合办事处。由于种种原因，长期以来人们对其知之甚少，经济史学界对它亦重视不够，甚至从事抗战时期经济史研究的学者对它也还感到陌生。1986 年南京"民国档案与民国史"国际学术讨论会上，中青年学者黄立人(《四联总处史料》的主编之一)发表的《论抗日战争时期的四联总处》，大概是对四联总处这一机构进行专题研究的第一个成果，引起了与会者的注意。可能是由于缺乏系统完整的史料，尔后出版的几种民国经济史著述，尽管都已注意到了四联总处的重要性，但在论述这一机构时仍缺乏深度，均难以对这一机构的背景、性质、特点及历史活动和作用，做出全面的考察和评价。

《四联总处史料》的问世(全书 170 万余字，上、中、下三卷，中国档案出版社 1993 年 7 月出版)，填补了民国经济史，特别是抗日战争时期经济史史料的空白，为研究四联总处提供了系统丰富的史料。

通观四联总处十余年的历史，可以了解这个机构曾具有的一些特征：从其被蒋介石规定为"决定政策""指示方针""考核成绩"来看，它的任务主要是规划、决策国统区经济的大政方针，对经济进行宏观指导和控制，但在现实生活中,它又曾参与了大量的微观经济活动,如收兑金类、审核外汇、购办生产原料、核定具体贷款项目等。它被授权督导和考核国家行局,"办理政府战时金融政策有关各特种业务"。而实际上,它不仅督导国家行局,而且参与管理商业行庄和金融市场;不仅办理"特种业务",而且办理普通业务;不仅在金融领域内发挥过特殊作用,而且在整个经济领域里也都有过举足轻重的影响。它名义上是四行联合办事机构,其机构级别也并不在国家法令赋予主管全国财政金融权限的财政部之上,但它的特殊阵容,使它比其他经济、金融行政部门具有更广泛的权力和超乎寻常的权威。四联总处的这种特殊地位使其在某种程度和某种意义上,成为那个时代国统区金融和经济的结合点,成为国统区宏观经济和微观经济的结合点。正因为如此,收集和整理四联总处的史料,研究其产生、发展和衰亡的历史,并以此为出发点、突破点,进而研究国民党、国民政府的经济、金融政策和国统区经济史、金融史的演变,就更有其特殊的意义了。

二

粗读《四联总处史料》即产生一个印象,那就是国民党统治集团对金融极端重视。早在抗日战争之前,这个集团就与银行和金融结下了不解之缘。1927年,蒋、宋、孔这些曾经以各种不同经历混迹于金融界而熟知银行"神奇作用"的人们,正是靠了江浙财阀的"钱柜子"扶持,才得以把革命打入血泊中,登上了统治阶级的宝座。南京国民政府成立后,在各派新军阀的混战中,蒋介石集团之所以能常操胜券,力压群雄,原因之一,就是能挟国家"钱柜子"的威力,凭借财大气粗而得以软硬兼施。

抗日战争时期,蒋介石国民政府为在中国辽阔、落后的西南、西北地区建立抗战后方,巩固自己的统治基础,更加重视金融的作用,反复强调金融经济密不可分,强调大后方经济的开发和发展离不开金融的配合和支持。七七事变发生不久,蒋介石即手令中央、中国、交通和中国农民银行组建四行联合办事处,以协调四行动作,集中国家银行的资力应付危局,安定金融,稳定经济,支持抗战。1939年抗日战争转入相持阶段,大后方经济已基本完成由平时经济向战时经济的转变,进入了漫长而困难的新阶段。此时国民政府颁布《战时健全中央金融机构办法》,改组四联总处,明确规定了四联总处组织机构的组成和职能。改组后的四联总处名义上仍然是四行的联合办事机构，但在职能、性质和地位上已发生了深刻的变化。四联总处的最高领导层——理事会，集军委会、行政院、财政部、经济部和国家行局的首脑于一堂，并由蒋介石亲任理事会主席。《四联总处史料》提供的材料可以充分表明，四联总处是抗日战争时期国民政府总领战时经济、金融的中枢决策机构。

人们都知道，抗日战争时期，蒋介石头上顶了许多显赫的头衔，曾任过国民党总裁、军委会委员长、国民政府主席、行政院长诸要职。除此之外，还有一顶人们比较陌生，但却十分重要的头衔，就是四联总处理事会主席。如果把战时大后方经济喻为一架庞大的经济机器，四联总处就是启动和调控这架机器的"钥匙"。掌握和运用这把"钥匙"的正是蒋介石本人。对掌握和运用这把"钥匙"的情况，《四联总处史料》记载得淋漓尽致，这些都是国民党最高统治集团决策和处置重大经济、金融事项的内幕材料，往往是治史者苦苦搜寻难得见到的，或见之甚少的。

1939 年四联总处改组后，蒋介石办的第一件大事，就是制订"经济三年计划""金融三年计划"及其实施方案。四联总处制订的这两个计划，规定了1940 年至 1942 年经济、金融的大政方针，实际上是国民政府在抗日战争时期指导经济、金融活动的主要思路和基本依据。金融计划理应由四联总处拟订，但经济计划不是出自经济行政部门，而是出自四联总处之手，这绝非偶然，其一说明了四联总处不仅在金融领域也在经济领域具有决定性的作用和影响，其二说明了蒋介石统治集团处置经济问题的习惯和传统思路，总是把金融放在一个重要的甚至是主导的地位。

研究蒋介石统治集团如何按这一"思路"指导经济活动，以及研究以这种思路指导经济活动的影响和后果，应该成为民国史研究的一个重要的课题。从抗战史研究的角度说，我们应当特别重视抗战时期金融史的研究。如果学者们又愿意涉足这一课题的话，那么读读《四联总处史料》是很有所裨益的。

三

抗日战争时期，大后方经济处在一个非常特殊和困难的环境之中。太平洋战争爆发后，我国对外交通基本断绝，外援受阻，大后方经济危机日趋深重,及至抗战后期几近崩溃边缘。关于大后方经济由兴而衰的历史演变,已是无须置辩的历史事实;至于造成这一历史事实的诸多原因,学者多有论述,不乏智者之见,一些主要问题近年来已基本达成共识。读过《四联总处史料》,却使我从另一角度注意到这个问题的另一面:在中国最贫困的西部地区重新建起国统区经济,在旷日持久的战争摧残和对外交通阻隔双重压迫之下,能够坚持8年之久而免于最终崩溃,个中缘由很值得探讨。

蒋介石在抗战胜利后四联总处第338次理事会上说:"在八年抗战中,我们中国金融、经济之所以能免于崩溃,大部分是由于各行局能同心一德,照四联总处之计划,努力推行的结果。"大后方金融、经济能免于崩溃的历史原因应当是多方面的,蒋介石的这个结论恐失偏颇,但它至少指出了一个重要的答案:那就是国民政府对战时金融、经济的宏观指导和调控的重大影响和作用。这在《四联总处史料》中有许多例子可以说明,这里仅举一例。

旧中国是一个农民占绝大多数的农业国。粮食和粮食价格在国民经济和市场中起主导性和决定性作用,是旧中国那样发展落后的农业国家的基本经济特征。战时大后方粮价的涨落直接关系到军需民食,更直接左右着大后方市场物价的波动。1939年大后方粮价开始大幅度上涨。1940年以后,粮价更以一倍几倍的幅度狂涨。以战前粮价平均指数为100,1939年为167.3,1940年为553.45,1941年为2130.58。国民政府采取一系列平抑粮价的措施,但收效甚微。面临越来越涨的粮价和军粮民食匮乏的危机,国民政府一时手足无措,有关部门拟订了"筹集军粮计划"和"非常时期粮食管理法",准备在大后方实行"粮食公有",禁止自由买卖粮食,发行粮食证券,强行征集军粮。该计划和办法交四联总处审议后,以为大后方的环境"并不能构成公有之条件",如果贸然实行,收购粮食所需巨款、储藏粮食所需仓库、运输粮食所需工具、管制管理所需人力等,均难以设想,不仅在"技术上有困难","有窒碍难行之处",更重要的是,发行粮食证券会助长日益严重的通货膨胀,"使法币制度深蒙其害"。其原因在于:拟议中的粮食证券允许抵押转让,银行为抵押放款付出法币,其结果与政府高价收购粮食并无二致,无异于为通胀火上浇油;如果加以修正,规定不准抵押转让,"又不易取信于民",打击农民种粮上赋的积极性,难收实效。有鉴于此,四联总处认为:"发行存粮证券计划,无论从技术或政策上研究,目前均不宜采行",唯为从根本上解决战时军需民食计,"最适当之办法,莫如田赋改征本色",并对实行田赋征实的优点和办法提出了具体的意见。在四联总处签署暂缓发行粮食证券,提出实行田赋征实不久,行政院第409次会议即通过了"各省田赋得酌征实物,其征率分别专案核定"案,开始在大后方实施田赋征实。田赋征实是国民政府在抗战时期实行的最重要的财政经济政策之一,尽管它有加重农民负担的一面,但它使国民政府得到了两个至关重要的好处:一是基本上保证了军粮民食的供应,二是节省了为购买粮食支付的巨额法币,增加了财政收入,缓和了国民政府财政赤字的扩大。舍此,很难维护法币制度和避免大后方经济基础的崩溃,据统计,1942—1944年田赋征实估值所占国民政府各年财政收入的百分比分别为:32.65%、49.14%、54.68%。

诸如此类宏观决策、调控关系大后方金融、经济兴衰安危的例子,在《四联总处史料》中有许多记载,如货币供应和回笼货币,太平洋战争爆发后处置沦陷区法币的对策,统一发行和国家银行的专业化分工,对敌货币战经济战的谋略,开发大后方经济和消除经济危机的投资和贴放政策,管制和平抑物价的措施和办法,推进存储和缓和通胀,等等。从《四联总处史料》中可以看出,国民政府在抗战时期所制订的一系列宏观金融、经济政策和所实行的一系列战时统制和宏观调控,有些是有效的、成功的,有些是无效的、失败的。如在对敌经济作战中建立战区经济委员会和经济游击队的做法,结果证明是适得其反。平抑物价从总体上来说是失败的。就国民政府在抗战时期宏观经济政策和决策的总体而言如何评价?是得大于失,还是失大于得?蒋介石在不同场合多次指出,抗战的成败,"七分"在经济,"三分"在军事。经济不垮,大后方半壁江山就不会垮,抗战的局面就不会垮。国民政府在"经济"和"军事"两个战场的作为,虽然都不能说干得"漂亮",但比较而言,前者胜于后者。能不能得出这样的结论,有待于史家评说。

四

战前,国民党统治集团主要通过设立中央银行,改组中、交二行,改组成立中国农民银行,实行法币制度等步骤,基本上建立了垄断全国金融的体系,但拟议中的"银行的银行"——中央储备银行,因抗战爆发而搁浅。蒋介石要建立"金融总枢机构"的夙愿,未及实现。抗日战争时期,在四联总处的主持下,主要通过如下步骤,完成了对金融的高度垄断,把中国近代金融体系和制度带入了一个新的阶段。

首先,通过实施公库法,由中央银行经理国库;推行轧现制度,由中央银行担当总轧账;实行"中央银行办理票据交换办法",由中央银行集中办理票据交换;统一法币发行权,由中央银行独家发行;由中央银行集中保存四行存款准备金等步骤,使战前"羽毛未丰"的中央银行基本上具备了"银行的银行"的职能。

其次,在提高中央银行地位的同时,对央、国、交、农四大银行实行了专业化分工,明确了各自的主要职能,划分了彼此的业务范围,奠定了国家银行体系的基本格局。

再次,对银行实务进行了中国金融有史以来最大规模的设计和规范。四行二局由于各自的背景不同,在人事制度、会计制度、业务程序等方面相沿成俗,各行其是,难以对其进行监督和考核。特别是内地的商业银行,许多是由旧式的钱庄、银号、商号和货帮演化而来,更是积习陋俗甚深,具有强烈的封建性。四联总处有鉴于此,采取了一系列措施,在人事制度、会计制度、稽核制度、业务程序、职业培训等方面,厉行改革,划一规范,收到了较好的效果。

最后,筹设票据市场和证券市场。

四联总处在金融领域内的活动,既有其强化官僚资本对中国金融的垄断的一面,也有促进中国金融业现代化的一面。由中央银行调控全国金融的体系的建立,从金融制度史和银行制度史的角度来看,无疑是一种进步。《四联总处史料》有关的详尽记录是留在中国金融史和银行制度史上的重要篇章,的确是从事金融史研究的学者必读的东西。

五

由于业务上的来往和学术上交流的机会,我与《四联总处史料》的部分编者熟识,了解一些该书的编辑情况。

该书由重庆档案馆编研处与重庆金融研究所的专家学者合作编纂,前者长于治档治史,后者长于金融理论和实务,两者各展所长,有机结合,发挥了编纂者主观能动性,为高质量地完成这套专业性、学术性很强,编辑难度较大的史料著作,提供了一个根本的保证。

该书选材系统全面,重点突出,注意了点面结合,多角度地向学者提供了有关史料,它分类编排,资料科学、合理,既照顾了历史演绎的逻辑性,又考虑了专业分类的要求,方便读者检索。该书在编辑方式上,采用了节录与全录相结合、以节录为主的方式。节录这种方式虽然增加了编辑的难度,但却可以给编著者更多的贯彻编辑思路、施展编辑技巧的余地,既便于按问题分类,又达到了精选史料、增加全书信息量的目的。该书对一部分重要和珍贵的档案则不吝全录,便于读者一窥"全豹"。

该书的代序《四联总处的产生、发展和衰亡》是在占有大量史料基础上潜心研究,达到较高学术水平的一项研究成果。该文作者黄立人同志,主持和参与过许多重要的档案汇编的编纂,在民国经济史方面有较深的造诣。他于1985年发表的近3万字的《抗日战争时期国民政府开发西南的历史评考》,是中共十一届三中全会以后,较早重新用历史唯物主义观点,对抗战时期大后方经济史进行客观的总体研究的文章,引起一定的反响,对解放思想,冲破禁区,繁荣民国经济史研究起到了积极作用。现在作者奉献给我们的这篇4万余字的《四联总处的产生、发展和衰亡》,虽以四联总处为题,但立意高,意在通过解剖四联总处这一"金融和经济的结合点""宏观金融、经济和微观金融、经济"的"结合点",从一个特殊的角度考察和研究国民政府的金融、经济政策和大后方经济史的变迁,提出了一些有价值的新观点,有理论深度,反映出作者近年来在抗战时期经济史研究领域的长足进步。该文对四联总处的产生和所处的历史背景的考察、对四联总处组织机构和职能的分析、对四联总处的历史活动和历史地位所做的评价,为读者阅读该书提供了很好的思路和线索,不失为《四联总处史料》一个很好的导读指南。

总而言之,通览《四联总处史料》,可以看出编著者们所具有的经济学、金融学、史料学和政治经济学的理论修养,金融和银行实务的专业知识,文献整理和编纂的技能,驾驭重大历史研究题材的功力。

特别值得一提的,是这部170余万字的巨著所包含的编著者们的艰辛劳动。该书从1985年开始搜集材料,到1992年定稿,1993年才正式出版,真是十年修书,方成正果,殊属匪易!参加该书编著工作的五位同志,有三人已退休,有一人因积劳成疾,书未成而人先去,没有能目睹该书的问世。

历史科学的大厦需要坚实的史料基础。每念及此,我都想从内心对这些默默无闻地从事史料整理,甘为人做嫁衣裳的同志们说一声:"谢谢了!"

原载《重庆金融》,1995年第1期

中共党史与根据地研究

读孔永松著《中国共产党土地政策演变史》

　　厦门大学历史系副教授孔永松新著《中国共产党土地政策演变史》,已由江西人民出版社出版,和读者见面了。

　　这是一本系统地论述中国土地改革的专著,也是一部描绘中国农民如何取得土地的颂歌。作者把握住土地政策演变的脉络,依据中国革命的进程,清晰地阐明了各个历史阶段土地改革的理论和实践。

　　土地农有是多少个世纪以来,农民领袖及资产阶级革命家的智慧和毅力所倾注的问题,曾有种种口号和方案提出,创造出一种又一种的思想,但都未能实现。可以说,在中国,一个革命家或政党在历史的某个时代能多大程度地获得农民的拥护,取决于对农民要求土地持什么态度。中国共产党顺应历史潮流,实现了前人未能实现的伟大理想,在自己纲领上明确写着土地革命四个字,并为之而奋斗,把它当作农民走向光明和温暖的源泉,所以在革命的每一阶段,总是考虑广大农民的境况怎样,他们的要求是什么,从而制定出适合于当时历史条件的土地政策。

　　如所周知,土地改革的实现是一历史过程,正确的土地政策来源于对历史现实的了解,作者在本书中的主题思想,就是中国共产党的土地政策是扎根于中国农村土壤之中,是在实践中逐步完善的,其实现的手段是服从于每一历史时期的战略方针。根据这一思想,作者将全书分为五章:一、第一次国内革命战争时期中国共产党关于土地方针的酝酿;二、第二次国内革命战争时期各根据地土地革命的开展与土地政策的演变;三、抗战时期实行减租减息的特殊土地政策;四、第三次国内革命战争时期党的土地政策的发展和完善;五、新中国成立以后土地改革若干政策的变化与土改的伟大胜利。以此展示了土地革命的历史画卷。

　　关于土地改革,主要是第二次世界大战时期的若干政策,近年来史学界展开了活跃的讨论,如共产国际与中国土地政策的关系、南阳会议上反富农问题、土地革命路线的形成问题、地权何时确定下来等问题,说明知识界思想的发展,事事都要问个为什么。作者对争议的问题,从科学研究入手,通过历史的思考,论述了发生的问题及为什么会发生,其后果是什么。譬如在讲到共产国际帮助中共制定正确政策之重要作用时,也指出,1929年关于加紧反对富农的指示,1930年重申只能分配土地给贫农、雇农、中农,地主不在分配之列,这些导致王明的"地主不分田,富农分坏田"的"左倾"土地政策的错误,给革命带来了严重损失。作者以科学的态度对根据地的土地革命做出了公正的评价,对毛泽东同志领导的赣南闽西根据地在分配方法上的平均主义错误也实事求是地予以指出。是就是是,非就是非,秉笔直书,令人信服。

作者在能接触到的所有问题上,总是鲜明地表述自己的观点,直率地说出自己的看法,说明何者是正确的,何者是错误的,正如他在本书的前言中所讲的:"我们党的土地政策,经历了十分曲折的发展过程,在政策上可以说是变化多,反复大,经验也极为丰富。系统地研究党的土地政策的演变及其历史经验教训,对今天仍然具有重要现实意义。历史学家的使命就是要不断总结历史经验,以史为鉴,为社会的进步发展,做出应有的贡献。"

我相信,读者定能从这本书中汲取有益的东西。

原载《中国社会经济史研究》,1988年第3期

读齐武的《晋冀鲁豫边区史》一书有感

齐武同志 20 世纪 50 年代曾著《一个革命根据地的成长》一书,开了晋冀鲁豫革命根据地史研究的先声。近年来,随着有关晋冀鲁豫根据地的文献大量公之于众,齐武同志对晋冀鲁豫根据地史做了更深入的思考。他花费许多时间和精力,对原著进行广泛的修改和补充,调整了原著的结构,增添了新的内容,从而形成了新著《晋冀鲁豫边区史》。

新著全部章节都经过认真锤炼,多数篇章重新改写,写出了根据地的成功经验,也讲到当时出现的问题与偏差。这种实事求是的治学方法,使我们对晋冀鲁豫根据地史有了更完整的了解。

《晋冀鲁豫边区史》成功地把握了这一地区历史发展的主线与特点,从华北敌后怎样出现这一新的行政区划,到这一区划成为历史的名词,都做了清晰的描述。

抗日战争时期,中国共产党实行边打边建的方针。晋冀鲁豫地区原来很落后,八路军来了,旧貌换了新颜,从政权结构到经济形态,乃至普通农民的心态,都和抗战以前大不相同。齐武同志对历史发展中的关键问题做了新的论述,如 1940 年 4 月北方局黎城会议,是关系到整个华北抗日根据地前进发展的一次会议,新著对这次会议描绘得很明晰、全面、周到。关于后来有争议的"保障人权法令"问题,新著做了具体的历史分析,肯定了它的作用,很有说服力。经济建设是根据地建立的基石。根据地确立后,立即把政治改革和经济改革融合在一起,推动着社会的进步。作者在新著中关于抗日战争的内容共有 10 章,其中根据地的建设占了 4 章。4 章之中,经济问题占了两章,其中有关对敌贸易斗争、粮食斗争以及鸦片斗争等关系到根据地存亡的大问题,新著都做了考察和评论。文化教育方面,原著只有 23 页,新著增加到 45 页,不只是内容增加了,而且论述比旧著深刻,增添了光彩。无论从哪方面看,作者对晋冀鲁豫根据地的认识的确出现了升华。

作者在抗日战争时期长期生活、工作、战斗在太行山上，亲身经历和目睹了各种事件与社会现象，为其写作提供了丰富的素材，使他有充分的根据结合历史资料和历史现实不断研究这一区域的历史，将其发展提炼概括浓缩于新著之中，以简练的文字记述了一个时代一个地区的信史。可以肯定地说，新著会吸引更多的读者，产生更大的影响，因为书中洋溢着渊博的智识和很有价值的思想。

　　我很敬佩齐武同志的学问，旧著、新著都读了，有些篇章读了好几遍，给我以深刻的印象，没有读过这部书的读者，读一读，就会认识到它的价值。

原载《抗日战争研究》，1996 年第 1 期

《太行烽火纪事》评介

宋祝勤同志的《太行烽火纪事》(天津社会科学院出版社 1998 年版)记录了太行山历史性变化的历程,他写的虽是太行山的一个部分,在一定程度上则反映了全区的历史风貌。

宋老是抗战时期许多历史事件的亲历者。他出生于太行山东麓武安县,曾在冶陶等地小学任教师兼校长职责。冶陶是武安八大名镇之一,小学校长在那时是农村的"大圣人",在社会上备受尊重,人民相信知识分子一般总是最先感受和迎接新事物、新道理,懂得怎样适应新发生的社会变动,所以往往被视为先觉者,对一般群众来说,起着榜样作用。宋老在战争一开始就投笔从戎,和华北知识阶层一样,投入火热的现实斗争之中。华北人民的觉醒,敌后根据地游击战的开展,知识分子的作用是不能低估的。许许多多资料都表明,乡村教师大都像宋祝勤那样,从课堂走向战场,并成为革命的中坚力量。

宋老的《太行烽火纪事》讲述了作者及其同事在八路军的指引下所走的历史进程,真实确切地反映了武安、磁县一带当时的情景。全书共分四章:一、武南抗战史记(武南包括今武安市南部和邯郸市峰峰矿区一部分地区,抗战时期曾设武南县);二、土地改革范例;三、农业合作化运动;四、人民经济。其中有的章节是新中国成立以前发表过的,有的部分是近年来对往事的回忆。

从书中,人们会感受到八路军在那样极端困难条件下怎样奇迹般地发展,以及如何动员群众,依靠群众的,从而理解八路军的扩大及力量的增强,以及建立根据地所实行的一系列社会改革。这种改革也是一种革命,包括税制、减租减息、对敌经济斗争、互助合作、大生产,直到耕者有其田,消灭了历史上的封建剥削制度,建立起新的社会结构和社会秩序。太行山社会完全变了样,原来农村中最贫苦的阶层,成为社会前进的主导者,不论穷人和富人都充满着爱国主义精神,积极劳动,参与政治活动。

按一般常识推测,经过八年的残酷战争和日军的多次扫荡,这个地区的生产力必然遭到严重破坏,元气既伤,民生必然凋敝。然而事实并非如此,战争所造成的困难和不正常状况迅即被克服,一切都纳入正轨,生产还有了发展。这部书为研究者提供了具体可靠的资料,既有说服力,又有参考价值。作者在抗日战争期间曾任晋冀鲁豫边区政府研究室研究员,参与过太行行署1946年组织的农村调查,撰写了题为《太行区10个县的14个村人民经济调查》的报告。所调查的地区有老区和新区,老区分穷村、一般村、富村三类,分别计算并合在一起代表老区总情况;新区分富村、一般村,穷村三类。除分别计算外,又合在一起,代表新区总的情况。而后,新老区总计代表全太行区总情况。新区还有一个特等富村,代表最富裕村状况。此外,还就已完成土改的5个村,分阶层计算,反映土改后各阶层人民生活的变化。调查内容包括人民收入、人民生活消耗、再生产投资、负担、剩余、人民生活水平等6部分。调查结果用图表、数字显示出来,并有所说明,一目了然,还有纵向和横向的比较。譬如关于人民的总收入调查的情况是:老区一般村每人平均在10石左右,穷村每人平均7石5斗到8石5斗,新区富村穷村则很不平衡,相距3倍以上,平均数将近10石,特等富村每人平均在20石以上。关于穷村"糠菜半年粮"的实际情形,以涉县冶头村为例,玉米和糠的比例,抗战前为一斗玉茭掺2.27斗糠,1946年为一斗玉茭掺1.06斗糠,吃糠顿数,抗战前一天吃两顿(早晚);1946年早上一顿,晚上平均两天吃一顿,即在顿数上减少33%。以上两项合计减少吃糠2/3强,说明群众生活有所改善。像这样细致的调查和分析,是难能可贵的。

原载《近代史研究》,1999年第5期

立足史料 阐发新见
——评《中央苏区财政经济史》

二十多年前,许毅、金普森、孔永松等学者开始研究中央革命根据地的财政经济问题,开创了中国现代史研究的新领域,他们撰写的《中央革命根据地财政经济史长编》一经出版,就引起了中外学者的关注。由于中央苏区是中国现代史中极其重要的组成部分,有丰富的文化资源,20世纪80年代开始,学界更多的学者,有年轻人,也有老年人,踏上当年中央苏区所在地发掘资料、调查研究,探索着自己的需求,然后经过筛选,去伪存真,撰写了大量的著作和论文,中央根据地财经领域成为学术研究的"热点"。

历史研究总是后浪推前浪,不断发展前进,一代一代的年轻人常常以更大的锐气,更丰富的思想来撰写作品,超越前人,这是一条规律。厦门大学青年学者张侃、徐长春所撰写的《中央苏区财政经济史》(厦门大学出版社1999年版)就是例子,他们在继承前人研究的基础上,多次走出校园,深入所要研究的区域社会,经过多年的努力,终于成功地勾画出中央苏区财经的历史概貌。该书分为中央苏区建立前的地区社会经济、中央苏区的农业生产、中央苏区的工业发展、中央苏区的商业经济、中央苏区的金融体系、中央苏区的财政制度、中央苏区的经济思想、结论八部分。

我对新出版的这本书是很感兴趣的,这本书很注意学术的规范,其开篇即对学界的已有研究做详尽的说明,使其文所提出的新见解显得有根有据。同时全书贯穿了论从史出的著述原则,在充分掌握史料的基础上,凸显了中央苏区经济变化中现代化与传统之间的复杂关系,比如评价中央苏区时期的互助组、耕田队等,不是盲目夸大现代化的意义,而是客观地分析它与传统经济形态之间的联系,揭示其从传统内转化的历史实质;再如讨论中央苏区经济结构与闽粤赣地区由来已久的山区经济结构的关系,从而更深地认识中央苏区经济的特殊性和普遍性。历史地看问题,是该书的一大特色。

改革开放以来,我国史学研究取得了巨大的进步,研究者在史学发展的过程中也不断深化自己的认识,丰富自己的认识,对于一些问题更是仁者见仁、智者见智,产生各种各样的看法,由此而展开的讨论是深入和广泛的,这是一件极其可喜的事情。研究者总希望自己的作品保存着一些在别处无法寻找到的知识,总希望自己的作品拥有更多的读者。张侃、徐长春的这本书立足翔实的史料,在中央苏区财政经济史的研究上取得一些突破,获得具有一定的深度和广度的新见解,是有学术价值的,是值得一读的。

原载《党史研究与教学》,2001 年第 2 期

读《永恒的延安精神》有感

由郭德宏教授主编的《永恒的延安精神》一书(天津古籍出版社,2004年)问世了。在众多探讨延安精神内涵及意义的著作中,此书具有较为系统的理论框架、严密的逻辑思路、新意迭出的论述、扎实的史料基础和活泼的文风等特点,特别是在对延安精神的内涵及其历史与现实的价值方面,做出了颇有新意的系统表述。

半个多世纪以来,我们一直在宣传中国革命的优良传统,探讨中国革命成功的经验。其中,红军历经长征并进驻陕甘宁边区之后的中国革命进程,是中国革命走向成功的关键时期,这一时期,马克思列宁主义的相关理论经历了中国化改造,毛泽东思想的形成奠定了中国革命成功的思想基础;第二次国共合作后,红军改编成八路军、新四军,在抗战烽火中坚持敌后抗战,并壮大为一支无坚不摧的力量;中共的减租减息政策及抗日民主政权的选举,赋予了各地民众以前所未有的经济利益与政治地位,形成了支持中国共产党的强大民众基础。这一切,铸就了中国革命胜利的根本。在此基础上,日益成熟的中国共产党人具有的实事求是的思想路线、艰苦奋斗的优良传统、全心全意为人民服务的工作作风和一往无前的奋斗精神等,被总结为"延安精神"而永载史册。

延安精神是中国工农红军完成战略转移、中共中央抵达陕甘宁边区并进驻延安后的 13 年里,在革命实践中形成的一整套革命传统和优良作风。延安精神既是马克思主义的普遍真理与中国革命相结合的产物,又是中国共产党的无产阶级政治本色与中华民族优良传统相融合的结晶。在中国共产党领导全国人民夺取新民主主义革命最后胜利的斗争中,在社会主义革命和社会主义现代化建设的实践中,延安精神均得到了充分的提倡并发挥了相当重要的作用。可以说,延安精神的形成及其影响,是 20 世纪中国政治文化演进中的一个重要现象。作为中国革命文化传统核心价值观的延安精神,其基本内涵应该如何更准确地概括？作为一种思想理念及实践经验的综合体,延安精神与中国革命成功的关系究竟如何？延安精神对中国共产党人的教育意义和对当代中国社会现代化进程的重要性究竟应该如何评估？数十年来,阐述延安精神的论著层出不穷,对上述问题的回答也颇有价值,但郭德宏教授主编的《永恒的延安精神》一书,却仍能在吸收众多研究成果的基础上创新纷呈,十分难得。

该书从理论积淀和价值评述的角度,对延安精神基本内涵及历史与现实意义进行了较为深刻的探索,力求从中发掘中国革命成功的精神动力,总结出中国共产党自20世纪30年代以来在中国革命与建设思想体系形成上的逻辑联系与内在规律。与以往的论著相比,该书具有如下三个显著的特点。

第一,该书将延安精神视为当今中国共产党人始终如一的理论源泉和价值主体,并从毛泽东、邓小平、江泽民等人的相关论述直至最近胡锦涛总书记倡导"立党为公、执政为民"思想的连续性上,条分缕析地考察了延安精神基本内涵的重要特征及对中国共产党政治文化的深刻影响,从而使读者体会到中国共产党的成长壮大与以延安精神为代表的核心价值观念间不可分割的关联,特别是就江泽民同志对延安精神的概括进行了更加深入细致的阐述和展开。

1989年和2002年,江泽民同志两次访问延安并就延安精神发表讲话,是富于深刻的思想内涵与重大现实意义的。1989年的讲话,主要强调了延安精神没有过时,自力更生、艰苦奋斗的品质是中国社会现代化建设所必需的精神源泉。2002年的讲话,则把延安精神上升到中国共产党人能否保持马克思主义政党的性质,能否保持为人民服务的宗旨,能否与时俱进并展开理论变革的高度来认识,不仅将延安精神视为中国共产党人的精神源流,更视为开创新局面的强大精神动力。这些讲话清楚地表明,延安精神的本质与特征,是树立毛泽东思想在全党的理论权威。实事求是精神的核心是反对教条主义,艰苦奋斗精神的内涵,是要求全党万众一心并保持为人民服务的宗旨,防止贪污腐化思想的侵袭。该书在相关部分细致地阐述了毛泽东、邓小平、江泽民为代表的三代领导集体核心的思想主旨,分析了他们的相关阐述与延安精神成为中国共产党思想理论宝库重要基础间的关系,这是该书阐释中国共产党理论建设与价值体系的一个特色。

第二，该书认为，作为中国革命进程中中国共产党人精神气质的结晶，延安精神的内涵与作用，在中国共产党执政后不断得以强调和丰富，成为中国革命传统的重要组成部分，也在现代化建设的进程中逐渐与新形势相适应，而演变成为新时代中国共产党人的精神主体。延安精神的实质性内容，诸如实事求是的思想路线、艰苦奋斗的工作作风、为人民服务的宗旨等，集中体现在中国共产党人为国家和人民利益英勇斗争的精神上，集中表现在理论联系实际、密切联系群众、批评与自我批评、全心全意为人民服务的优良作风上。这种体现共产党人高度的责任感与使命感和超越狭隘自我的精神境界，在毛泽东的新民主主义理论中得到了充分体现，也赢得了民众的广泛支持并取得了中国革命的胜利。在社会主义建设中，相当一个时期内极"左"思潮涌动，中国共产党在思想理论上的偏差，导致中国社会的现代化建设受到损害，特别是"四人帮"时期，惨遭破坏的中国社会，经历了前所未有的灾难。但经过痛苦的历练，中国共产党人还是从错误中走了出来。"文革"结束后，以邓小平为代表的中国共产党人开创了社会主义现代化建设的新局面，延安精神依然是催动新时代中国共产党人努力奋斗的精神源泉，中国社会到处充满了活跃的创造气氛。以上观点，不仅仅局限于对延安精神所包含的某一具体内容的论述，也没有停留在对延安精神的宏观把握上，而是紧紧扣住时代变化与中国共产党思想作风间的关系，从理论与实践两个方面，深刻揭示了延安精神的精神实质。在涉及新时期如何继承和发扬延安精神的现实意义时，该书的论述不仅使延安精神的内容更加丰富与系统，而且对延安精神实质在新时期如何展开与发扬提出了较为深刻的思考。

第三，该书对延安精神与"三个代表"思想间的关系进行了系统阐述，强调了中国共产党人思想体系的连续性。该书认为，两者在本质上是一致的，都体现了马列主义普遍真理同中国革命具体实践相结合的特征，也体现了中国共产党人实践崇高理想的坚定追求。该书认为，两者在思想路线上也是一致的，均强调科学性、时代性和实践性，从延安精神的形成到"三个代表"重要思想的提出，体现了中国共产党三代领导人坚持马克思主义理论联系实际、实事求是思想路线的统一性。两者在根本宗旨上也是一致的，都充分体现了党的全心全意为人民服务的根本宗旨，这也是中国共产党具有强大生命力的根本所在。

这一认识，强调了作为革命传统的延安精神与中国共产党当代思想理论创新间的关系，强调从实事求是到与时俱进是贯穿始终的基本原则，突出了两者间内在逻辑上有机融合的印记，使人更清晰地看到毛泽东思想、邓小平理论与"三个代表"重要思想是一脉相承的。这一论述，有助于我们从更深一层的内涵中认识延安精神的现实意义。

　　具有积极意义的人类思想，是超越时空的永恒伟力。作为中国革命思想源泉的延安精神，便具有这样的价值。从这个意义上讲，延安精神的薪火，必将代代相传。此书的书名也许就要是表达这种寓意吧。我想，读者会从这部书中得到教益的。

原载《历史教学》，2005 年第 1 期

读《天下第一山》

老友毛秉华同志于国家改革开放之始,扎根井冈山,研究井冈山,撰写井冈山,宣讲井冈山的历史和精神,以此作为他的旨趣和使命。我多次在电视上看到他在井冈山上,向解放军战士及大中学生讲述井冈山的画面。最近读到他的著作《天下第一山》(江西人民出版社,2008年,第18版),仔细地阅读了两遍,它是很吸引人的。

"天下第一山"是1962年3月,朱德重上井冈山,为井冈山革命博物馆的题字。该书以此作为书名,是很有意义的。全书内容包括井冈山是天下第一山;毛泽东在井冈山点燃星星之火;革命韬略的始祖;理想信念之花盛开;俏也不争春,只把春来报;丢掉洋拐棍,走自己的路;国际悲歌歌一曲;井冈红军今安在;毛泽东说:井冈山是"南天奇岳";井冈山精神解读,内容极为丰富。

这部书是政治性的,也是学术性的,集政治、历史与学术于一体。其主题思想很明确,在于科学地阐述井冈山的传统和精神,及其完整性与连续性,阐述它在历史上无与伦比的地位和价值。写作的方法也多姿多彩,别具一格,有解读,有论述,有答问,有访谈,极为活泼生动。

回顾历史,在黑云压城城欲摧的年代,毛泽东于井冈山上举起红旗,井冈山从此就以其巨大的磁性,将那个时代的革命精英吸引过来。他们坚信新的思想必然导致新的制度的出现,所以信心百倍地聚集在工农武装割据的政治口号之下,开拓进取,披荆斩棘,走中国革命之路,这里留下了先辈英雄们的足迹。实现马克思主义中国化就是从这里开始的,这是学界的共识。《天下第一山》具体地论述了井冈山的特殊地理位置及人文环境怎样孕育了毛泽东思想和红色政权。

这部书不仅给人以知识,还给人以思想及理念,读者可以从前辈的艰苦创业中汲取进取精神,以毛泽东为代表的优秀的共产党人,打破了陈腐的思想,不断创新,及时总结经验,接受教训,把握客观现实,塑造未来,革命的每一步都深深地打上了智慧的烙印。"守一定的书,而应无穷之敌",是没有出路的。

研究历史,必须忠于历史。这部书以实事求是的态度,对当时发生的事情,都做出了客观的评价。该书对毛泽东、朱德、陈毅、彭德怀先后率队来到井冈山有真切的描述。作者力图用思想观点解释人物和事件。红四军"七大"、九月来信及古田会议这一段历史进程,是许多因素交织在一起的,不是简单地讲谁是谁非,必须放在大的背景上去考察,找出其内在联系。在革命的发展中,领袖人物之间是有这样那样的意见分歧的,这是很自然的。经过实践,谁的思想被证明是正确的,谁就受到拥护,成为权威,为人崇敬和崇拜。该书写出了历史的细节,写出了当事人的个性与党性,写出了共产党人坦荡广阔的胸怀和风格,论断是很精当的。(见该书第170页朱德、陈毅和毛泽东之间的对话,仅从这一事例来看,作者的研究是很深入的。)

历史和现实是密切联系在一起的,今日是从昨日走过来的。今日的中国和以往不同了,但井冈山的传统和精神是永存的,是我们民族和国家的精神财富。该书在诸多部分都联系到现实,提出应弘扬什么,反对什么,使井冈山精神代代相传,成为我国传统文化的重要内容,指引新崛起的我国在现代化的道路上,昂首阔步。

毫不夸张地讲,《天下第一山》丰富了我们对井冈山的认识,作者访问了那么多创建井冈山根据地的先驱者或其家属,将其英雄事迹载入史册,这是一大功绩。不少英雄人物包括最普通的战士,过去有被遗忘的,现在给予这样的赞誉并不过分。

井冈山以其革命传统和自然界之美,在展现自己。到井冈山去的中外参观者、旅游者络绎不绝。岁月不会湮没历史的光彩,红色记忆永远激励着、滋养着我们。我认为读这本书,是非常有益的,祝愿作者精益求精,让井冈山旗帜永远根植于人们的生活之中。

2010 年于天津南开园锲斋

原载《中共党史研究》,2010 年第 12 期

读几本关于晋察冀的书

晋察冀根据地已成为历史地理名词，现在人们对其已很陌生，只有少数研究这一领域的人，还在探索着这一领域的各种问题。我认为要了解中国现代史的发展，要了解新中国的成立，都应该读读当时人撰写的根据地书，对我们是很有益的。

在敌后建立根据地，这是历史的奇迹。所以它一出现，就引起国内外人士的注目。这里举几本在不同时期和背景下，几位中国学者和新闻记者撰写的书籍。书的主题内容是抗日战争和敌寇的暴行。但各有特色，是很吸引人的。

一

立波写的《晋察冀边区印象记》，该书是 1938 年 2 月由读书生活出版社出版的，详述了边区 40 余县的情况：在平汉、津浦、仓石公路和津保公路之间开辟了根据地，在平汉、正太、同蒲、平绥四路之间控制了许多县份。当时，上述的地方，半数以上没有敌人，像阜平和五台，连一个小村也没有被敌人占领。有十余个县城被敌人占领，但其人数很少，紧闭城门，不敢出城一步，城外 5 里或 10 里就是共产党的游击队。敌人采取烧杀抢掠奸淫政策,更激起华北人民的仇视,各种游击队、自卫队纷纷呈现,他们没有现代的武器,没有来复枪和手榴弹,更没有任何重武器,但他们常常在夜晚,拿着大刀,摸进敌人的哨兵线,把哨兵杀死,从容地缴获敌人的武器。1938 年 1 月聂荣臻题写的"为保卫祖国而奋斗到底,誓与华北人民共存"的口号在该书第 76 页呈现。该书有许多图片,如聂司令对赵同部队训话、边区的两种报纸《抗敌》与《战友》、灵寿的军民联欢大会、河北阜平龙泉关的群众大会、晋察冀边区邮票、《第八路军总司令部优待俘虏命令》(日文)、《第八路军给敌军的通行证》(日文)、出征、兵士诸君(日文)、第八路军的蒙古文传单、悲惨的"夜生活"、1937 年 11 月刘师在山西昔阳七亘村之战利品,以及天津汉奸《庸报》广告示例,这一切都是非常珍贵的图片,现在已经看不到了。

李公朴的《华北敌后——晋察冀》,1940 年 9 月由山西太行文化出版社编印,在重庆印行。1979 年 7 月,由生活·读书·新知三联书店再版。这时根据地已建立了几年,李公朴到晋察冀边区调查访问了 6 个多月,书中有聂荣臻的题字"为保卫祖国而奋斗到底,誓与华北人民共存"、有八路军的几张照片,如去华北敌后——晋察冀、在延安出发时、在八路军总部、在晋东南、在华北敌后。书中详述了边区 78 个县政府的组织状况和各种政策,特别是文化教育的发达。作者认为晋察冀根据地是新中国的雏形,他一开始就以华北是我们的,不可征服的中华民族人们都站起来了的雄姿来阐述自己的见闻,记录了根据地抗日政府成立的景况,记录了人民踊跃参军的盛况,如平山曾有过平山团,灵寿成立过灵寿营,在望都、唐县、五台、盂县都有成立地方的连营团,然后整队地踏入子弟兵的营门,保家卫国、打鬼子救中国的口号,把人们都动员了起来,拿起土炮、矛子、大刀和日本鬼子拼命。

边区 78 个县设政治主任公署,联合县政府、县佐公署。根据《边政往来》第 1 卷第 6 期(1940 年 9 月 1 日出版)记载,边区有 6 个专区。据《晋察冀行》,到 1943 年 1 月,已有 13 个专区,98 个县,650 个庄,15366 个行政村。边区政府地盘扩大了,敌人的"扫荡"、并村,制造无人区,未能阻挡八路军的胜利。正如日本共产党在华反战同盟设立的"日本军暴行调查委员会"决议书所讲:"现在中国民众对日本法西斯的仇恨、憎恶、反抗已达到极点","现在日本法西斯军部崩溃的日子已近在眼前。因此他们为做最后的挣扎,如同负伤的野兽一般奔窜于华北的山野,极尽其残暴之能事"。"战后应把他们一个不留地加以逮捕,交给民众审判与处决"。①

周而复的《晋察冀行》,是 1946 年 4 月由阳光出版社出版的。周而复是随军记者,所记述的都是自己的亲身经历,是第一手资料,全书由 20 个题目组成,他论述并回答了许多问题,如《装备落后的八路军怎样战胜精锐的敌军》《东亚新秩序写照》《人民公敌的罪行》《从村选看边区的民主生活》等,对八年的中日战争做了全面的论断,特别是对日军暴行的揭露,惨不忍睹,"杀害中国人的方法统计在百种以上,比较常用的是:活埋、打靶、吊死、刺杀、灌水胀死、毒气毒死、铡死、锯死、碾死、喂洋狗、煮死、腰斩……以至于肢解、剜心、凿眼、剥皮……这些有的是在死前就肢解等,有的则在死后还把心剜出来"。

二

进入敌后根据地要经过敌人制造的层层封锁和无人区,是非常艰难的事。八路军组织了严密的护送,利用黑夜、地形和"两面政权"的村长,安全无误地把一批一批的人送运入晋察冀。周而复的《晋察冀行》详述了进入的情景。他们一行 24 人,每个人的行李,减少到最低限度,用称称了总共不过 11 斤。每个人带了 3 斤干粮,是用晋绥解放区的特产莜麦炒熟的,装在一个白布的细长的干粮袋里,还带了 4 两盐,因为在封锁线和游击区,常常买不到盐,一个人没有盐吃就没有劲。他们还怕鞋子丢了,在鞋帮上缝了两个带子,在脚面上一拴,任怎么跑,鞋子也不会掉了。在敌人势力控制下的封锁线,有 220 里宽,一般需要一天一夜穿过,穿不过,是很容易被敌人包围追击的。护送他们的是八区游击队和支队的那个连,人数不多,火力也不强。周而复讲:他们对护运部队有点怀疑,张主任很有把握地说:"我保险把你们送过去,我送过 34 次,连这一次,35 次了,一次也没出过事。"他指着区游击队对他们说:"你们别看游击队火力不强,有了他们,过路更保险,你们看吧。"他们翻山越岭,终于到了目的地。每一次越过封锁线,就是一次惊心动魄的战斗。

---

① 《晋察冀日报》,1944 年 2 月 8 日。

三

敌后根据地是一片新天地,人们都组织起来,每个村庄都是一个坚强的战斗堡垒,每个人都在为保家卫国而战斗而生产。周而复说解放区有三件大事:第一是战争,第二是生产,第三是教育。所有的人都卷入到这个浪潮里去了。普遍地开展了生产教育、民主教育,人们均以不劳动为耻,即便是富家子弟,过去从不劳动者也转变了,也学会了农事。儿童还站岗放哨,没有路条是走不通的。如阜平各村 1944 年 3 月热烈地展开生产挑战,妇女也下地干活。

敌后军民的道路,是把战斗与生产结合起来。由于开展了大生产运动,"敌人'扫荡'所带来的灾难、怨恨、暗影……一扫而空了……现在有的是火样的热情,铜样的意志,铁样的信心"。这就是人民新生活的姿态。

周而复还讲到根据地的民主选举和文化生活,村民是很民主的,农会、妇救会、青抗会都提出自己的候选人。演说考察,发表政纲,以投票的方式,得票多者当选,当选者是人民的勤务员。

边区政府规定了扫盲计划,号召普遍成立夜校识字班,到处展开了学习的热潮,读报组讲时事和政治。周而复说:"法西斯使人民愚昧,民主使人民聪颖。"村剧团很活跃,文化娱乐丰富多彩,演戏、唱歌、扭秧歌、打霸王鞭……据统计:北岳区村剧团有一千多个,为提高质量,改编缩减,留下七百多个村剧团。区干部组织一些民间艺人,到庙会去做演讲,说大鼓书,拉洋片,变戏法,唱歌,演新旧戏,内容是配合当时的政治任务,生产度荒,一面反映群众的痛苦,一面也指出应走的道路。因为内容切合实际,都是民众生活中的事,所以很受欢迎。在敌人的封锁和不断"扫荡"中,还有这样的生活,这是根据地以外的人们想象不到的。新社会有了新生活,八路军改变了一切。

边区政府如何解决民生问题,这是边区人民最关心之事。周在书中讲:"八路军到了边区,边区政府成立了,穷人这才翻了身。首先是实行二五减租,地主不能收高租,不管多少收成,租子不能超过正产物的千分之三七五。"(《晋察冀行》)各地开展了减租减息运动。平西的昌宛 1938 年就执行了减租减息,涞水、房涞、涿县 1939 年或 1940 年《双十纲领》颁布以后才开始执行的。1943 年 1 月全面贯彻土地政策,减租减息真正实现了,召开地主与佃农座谈会,共同制定生产计划,这些都由村农会干部负责,县区政府干部出席指导。有的专区是在反"扫荡"中进行的,就是游击区也开展了双减运动。周而复以朱家营老佃户胡顺义一家为例,记录了双减前后的变化,由贫农上升为富农。一切都生气勃勃,这在国统区是看不到的。

四

晋察冀根据地史,是一部抗战胜利史,也是一部血泪史。日军的凶残在这里都表现出来,对犯罪者的主谋和策划者东条和冈村宁次等都应该加以逮捕,交给人民审判。周书列出了刽子手的名字,列出了他们行凶的种种手段。

安倍晋三及其阁僚应该正视历史,应该反思为什么日本军队不老实地待在东京,却被派到中国来,无恶不作,想一想为什么有甲级战犯和乙级战犯,受到国际法庭的审判。日本文学家、诺贝尔奖获得者大江健三郎说得好:"犯罪者的日本。"古今的历史,侵略别的国家都是没有好下场的。

原载于魏宏运:《锲斋文稿》,中国社会科学出版社,2014 年

乡村与区域社会史

读《民国山东史》

  近年来,史学界关于地方史的研究,百花齐放,势头喜人,各种论文、著作层出不穷,大大丰富了中国历史的内容。山东大学吕伟俊教授主编的《民国山东史》就是这一研究领域中引人注目的一部佳作。

  山东的近代史历程复杂而曲折,中国近代历史上曾经发生过的一切事情,似乎都在山东出现过,有些甚至只发生在山东,却影响着中国历史的进程,如帝国主义的入侵、两次中日战争的主要战场、教案的发生、军阀的割据、地主阶级残酷的剥削和压迫、近代工业的兴起、改良主义的农村实验、进步势力和反动势力的角逐、国共两党长期的尖锐较量和斗争,等等。要把山东历史发展复杂的本来面目刻画出来,是很不容易的。吕伟俊教授花了十年多时间,付出辛勤的劳动,终于完成了这一巨大工程。

  这部著作提供了当年政治、社会、生活各种现象的十分有价值的知识,它把辛亥革命以后直到 1949 年山东的历史清晰如实地呈现在人们的面前。历史处于永远变化之中,内容丰富多彩,人们对一个社会的认识需要从多方面去考察,一个人穷终生之力也不一定能获得某一时代历史的全貌,但依靠一代人一代人不断的探索,根据各方面的资料,集中众多的智慧,对客观的历史进行科学分析,总是可以越来越深刻地认识那个时代。山东民国史的作者认定历史领域是一片肥沃的田野,不断开发耕耘,没有让和历史有联系的事件从自己眼光中滑过去,而是抓住了在历史中呈现过的现象,加以衡量和判断,把它记载下来,放在自己思维之中,作为山东历史发展的组成部分,从而使全书的内容更加充实。

  这部书对所要叙述的对象及其时间、地点、人物、起因或与事物有关的这个方面或那个方面的联系都写得很具体,没有空泛的议论。已经成为过去的民国时期,离我们并不很远,许许多多的人物和事情还在人们记忆中,或者存在于相互传播的消息之中,这就为作者研究提供了很好的背景。作者写作的基石,一是运用大量的文献、报刊资料,一是采访记录。他们着力写出北洋军阀和国民党在山东的统治和山东社会的变迁。我们从中可以看到反动统治集团和有势力的组织的作用, 也可以看清统治者一个个具体人物的思想和活动。许多在历史上发生过的事,是不为人们所了解的。这部书常常夹杂着一种更为深刻的研究。

在写作方法上作者采取了编年体和纪事本末体相结合的体例, 即纵向采用编年体,横向采用纪事本末体。这样安排,既把握了时间的先后顺序和历史发展的脉络,又能对一些重要的历史问题展开深入探讨。通读全书,你会感到该书在写作构思上是经过深思熟虑的。

吕伟俊教授多年来研究中华民国史、近代军阀史和山东地方史,已出版了《王尽美传》《韩复榘》《张宗昌》《宋哲元》《冯国璋和直系军阀》等著述。因为他有丰富的研究经验和广博知识,又很熟悉山东的历史,他知道什么问题已被研究过或没有被研究过,应该怎样去开拓;他知道应该如何掌握写作的详略,很留意怎样把读者吸引到这部书中来,在文章的提炼上是下了功夫的。

要知道山东的过去,不妨翻翻《民国山东史》。这是从民国史的角度去观察山东历史面貌的,如果从革命史的角度去追踪山东的历史,那写出来的必然和这部书有所不同,因为侧重点不一样,主题思想、全书的结构和对事物表达的方式也就不尽相同。不管从哪一方面去写,作者都在寻找新的资料,遵循历史的真实,探索历史演变进程,从一个地区来阐述我们的国家和民族是怎样从历尽创伤的道路上走过来的。这对今天来说,是颇有教育意义的。

原载《文史哲》,1996 年第 4 期

美国学者华北农村调查的一大成果
——《社会主义中国的农村》读后

我的好友爱德华·弗莱德曼、保尔·G.皮克威兹、马克·塞尔顿是美国著名的中国学专家。他们始终致力于中国现代史研究,其著述颇负声誉,有的已被译成多国文字,深受各国学界称赞。现在,他们的新著《社会主义中国的农村》又被译成中文出版,和我国读者见面了。

这部书 1991 年在耶鲁大学出版后不久,塞尔顿教授 8 月来华便赠我一部。我对这部书很感兴趣,因为十多年来,我也从事华北农村问题的研究,就将这部书列为我的博士生必读书目。1993 年美国亚洲研究协会大会在洛杉矶举行,该书在会上荣获约瑟夫·列文森(Joseph Levenson)奖,我也参加了这次学术会议,弗莱德曼教授告诉我他获奖的消息。我为他们做出的贡献异常高兴。该书的学术价值已得到了应有的认可。

中外学者研究中国农村的人为数不少。有关中国农村问题的书籍出自欧美作者之手的已有数部,但研究者很少能像他们那样,花 10 年时间,12 次来中国,深入到华北平原一个村庄,和农民生活在一起,吃农家饭,睡土炕,或和农民一同下地,或骑自行车去赶集。他们的衣食住行暂时都中国化了,从而取得了丰富的生活阅历,观察人们的经济活动,熟悉社会和各阶层人们的心理。他们和农民交朋友,同村里的很多人建立了友谊,对农民的生活状况了解很多,并在交往中获得了大量第一手资料。这部书的构思和选材主要以他们长期的调查访问为基础,扎根于中国的华北农村。当然,他们也阅读了各类地方报刊、广播稿、书籍以及部分档案,并利用了我国香港和台湾等地的收藏资料。而他们的访问所得最为珍贵的是图书馆和书本上都找不到的原始资料。他们所访问的对象极为广泛,凡能找到的线索都去访问,走到哪里问到哪里,有各级党政干部、英雄模范、积极分子、下台干部、旧的剥削者、新的富裕户、理发匠、店员、修士、道士、罪犯以及历次运动中遭历磨难的小人物。这些人的处境不同，心理状态复杂，对同一历史进程表述不完全一样。作者以极大的兴趣倾听各种不同的声音。他们看到了历史进步，也看到了村里的种种矛盾和冲突。他们对问题逐个分析和比较，从事实中做出自己的判断和评价，力求如实地反映历史的真实面目。对研究中国农村的学者来说，这是一个很好的方法，可以真正了解到中国在这个历史大转变中的来踪去迹。广阔的农村确实是有价值的研究领域。例如，作者得到了一位任职三十多年的会计的会计记录，这份记录始于1944年，这位会计还负责根据其他文件回答了村财政内容和记录的空白。不用说，这是很有价值的材料。

因为作者下了功夫，进行了广泛深入的研究，你读了这部书会在自己的脑海中久久留下中国农村的历史。这里所讲的是华北一个村庄，名叫五公村。中年以上的人都会流畅地叫出这个村的名字，在农村合作化运动中，它是一面旗帜，在中国农村发展史上曾起过巨大作用。领导五公村前进的耿长锁是一位雄心勃勃的普通农民，他团结了一部分人艰苦创业，摆脱了各种束缚，扫除了各种障碍，使全村极有生气，并为社会变革和村子的繁荣进步打下了基础。他们的成就激动人心，孕育着时代精神，成为农民学习的榜样和楷模，因此获得了荣誉。河北省政府对其加以扶持，采取一些优惠措施，这个贫苦的农民也就成为合作化的传播者，肩负着推动合作化运动这场最令人神往的革命的使命。全国各方面的人士当时川流不息地涌向五公村学习，观察五公村的农业经济是怎样发展起来的，人民是怎样致富的。该书作者正是通过对五公村新中国成立前后二十多年历史进程的分析来阐述中国农村发展的时代特征。作者巧妙地把五公村的变革和中国中央政府的政策联系起来，从各级政权职能的运行中描述五公村农民前进的步伐，成功之处和所遇到的挫折，写作态度是严肃的。

一本成功的著作总渗透着作者的见解和思想。该书的作者也提出了许多论点，如国家与农村的关系问题、税制改革问题、军事化倾向问题、乡村政权的结构和人选问题、土地改革的方式问题、中央政策和农民旧有思想倾向的矛盾问题等。作者用了大量笔墨强调：革命后迅速向社会主义过渡，并未给贫苦农民带来富裕，其结果不但与贫苦农民的朴素愿望相左，也是革命领袖们始料不及的。河北省的粮食生产在1954年出现大滑坡，以后较长一段时间也未能恢复，饶阳县有半数家庭在合作化运动中遭受损失,即使是五公村这样一个由国家大力扶持的模范典型,其机械化程度,也是十分有限的。以上这些看法有的和中国学者的看法相同,有的则不一致,有的则是需要探讨的问题。由于研究者的文化背景不同,对事物做出不同的理解,这是很自然的。

愿中外学者携手并肩,共同努力,为中国历史研究的深入与繁荣做出贡献。

原载《历史教学问题》,2004 年第 1 期

从 11 村个体农民生产消费看近代中国农村变迁——评侯建新《农民、市场与社会变迁》

20 世纪八九十年代之交,学术界曾对中国近代经济史的中心线索进行了讨论,结果似乎并没有取得广泛的共识,尤其对 20 世纪前半期中国农村的发展与不发展,这个在半个世纪前中外学者就争论不休的问题,仍有扑朔迷离之感,远非一个已经解决的悬案。显然,必须进一步挖掘资料,特别是个案分析资料,从多方面、多角度进行分析,首先搞清"是什么",真正揭示中国近代经济的本来面貌。就近代中国农村经济史而言,应当说近些年来已有不少学者对一些传统观点进行了认真的反思,提出了一些值得注意的新看法。在这些学者当中,侯建新教授是比较突出的一位。他的新著《农民、市场与社会变迁:冀中 11 村透视并与英国乡村比较》(社会科学文献出版社 2002 年版,以下简称《农民》),正是一项颇为珍贵的、以 20 世纪上半叶冀中 11 个村庄为剖析对象的个案研究成果。该书研究的主要地域是冀中清苑县,以老一辈学者陈翰笙等人当年调查的 11 村资料为中心,结合其他文献以及作者 20 世纪 90 年代两次实地考察,对个体农户的生产、交换、消费和积累等诸方面进行了开拓性的再现和分析。这是一项微观实证性研究成果,同时,作者有强烈的整体史意识,总是将 11 村研究的每一项指标都置于华北地区乃至全国的宏阔视野中,为读者提供了广阔的鉴别与思索空间,使得该项成果具有了"从个别出发是可以接近整体"[①]的价值。更难能可贵的是,由于作者深厚的西欧史特别是英国史研究背景,从而将 20 世纪前半期冀中农村经济与工业化前的英国农民经济在相应范围内做比较,得出了一些发人深省的见解——"个体农民生产消费说"尤其引人注目,这是一般单纯从事中国史或外国史研究的学者难以做到的。也正因如此,作者的研究具有十分突出的方法论意义。

---

① 费孝通:《人的研究在中国——个人的经历》,《读书》,1990 年第 5 期。

一

如果说在近代中国之前，城乡之间是一个渐进的统一体，尚无截然的区分，而到近代以后，两者越来越显示出根本性的差异。就表面来看，在城市，新式的摩天大楼、工厂、银行、商店、汽车、电影交相辉映，这里成了所有近代事物的集中地；而农村则似乎没有发生什么变化，以至被视为传统地区以及落后、停滞、愚昧的典型。于是，有些学者将这种现象概括为"二元经济"。有意思的是，毛泽东早在1936年底就指出过"近代式的若干工商业都市和停滞着的广大农村同时存在……"，由此为中国革命战争的战略问题寻找政治经济的依据。①我们认为，从总体上说，城乡之间存在着很大差异，二元经济是客观事实，但以此否定二者间的联系，并将农村视为完全停滞的区域，也不一定合适。对此，侯建新教授有着清醒的认识。他认为，就20世纪上半叶的冀中乃至华北农村而言，尽管"变化相当缓慢，可从整体上讲还是在发展，并非完全停滞，毫无作为；尤其是随着国内外市场的开拓，农村经济结构有所调整，农户相当一部分产值已在耕地外实现，表明了小农家庭经济顽强的生命力和适应能力"（第334页）。②上述结论对近代中国经济"发展"的观点可谓有力的支持和进一步阐发，当然它完全是建立在作者的实证研究之上的。

在农业生产中，生产条件和生产技术是农民进行土地经营的基本前提，也许以往人们更多地关注生产关系，故迄今并未对此给予应有的关注。《农民》辟专节探讨这一问题，显示了对这一生产要素的重视。作者将此分为耕地灌溉、农业工具、挽力和施肥、选种等方面，并对这些方面的变化指出，"似乎有理由认为，尽管农具等没有出现较明显的突破和革新，但整个农业生产手段还是处于缓慢改善的过程中……显现了传统农业与现代农业的交汇。"（第105页）事实的确如此，譬如在耕地灌溉方面，经过清光绪初年和20世纪二三十年代的凿井开渠，清苑的深井数量和水浇地面积有了明显的增加，20世纪30年代初清苑的农田灌溉率达到17%。这一研究结果，比徐秀丽所估计的河北农田灌溉率7%和帕金斯所估计的冀鲁豫三省灌溉率15%都要

---

① 毛泽东：《中国革命战争的战略问题》，《毛泽东选集》（第一卷），人民出版社，1991年，第188页。
② 以下文中注明页码者，均引自本书。为了节省篇幅，其中关于冀中和英国的资料，不再注明。

高。①在农具方面,也不是一点变化都没有。20世纪三四十年代清苑县较大型农具的数量有所增加,特别是水车的数量增加一倍有余。在畜力方面,20世纪30年代与十年前相比也有一定的发展,骡、马、驴、牛少则增加39%,多则增加120%。此外,20世纪30年代改良农作物品种和引进良种的活动也取得一定成效。政府设有县立农业推广所,1934年成功地引进和推广了脱立斯美棉,当年就使全县的植棉面积比上年增加2000余亩。可见,在农业现代化过程中,政府的介入因素不可忽视。

作物种植结构,是农业生产的又一重要指标。以往学术界多强调经济作物的种植及其导致的商品化程度的提高,其实,除此以外,传统粮食作物的种植结构也发生了一些变化。《农民》的研究表明,那一时期冀中小麦、玉米和番薯的种植面积稳中有增。玉米和番薯是抗旱高产、食用价值较大的作物,有利于缓解民食的困乏,而小麦品质优良,兼可充当现金作物,对农家收入的提高会有好处;与此同时,高粱、大麦和一些次要杂粮的种植面积在缓慢减少。因此作者断言:"有理由认为,20世纪前半叶清苑以及中国北方粮食作物的种植结构在向合理化方面发展,人们口粮构成似也有一定程度的改善。"(第117页)当然,经济作物的变化尤为突出,《农民》对冀中的研究证明,清苑经济作物的种植呈现上升之势,1930—1946年占总耕地面积的比例由4.65%增至8.3%,其中主要是棉花的种植,同一时期的统计显示,植棉面积由1276亩增至2720亩,占总耕地面积的比例由3%升至6.6%。这一结构性变化,是农产品商品化提高的重要标志。

农业产量包括亩产量历来是学者们关注的热点,但迄今仍有不同甚至相反的意见。《农民》对冀中农村的研究表明,1936年作物亩产量比(20世纪)30年代初有明显提高,由115.6斤增至120斤。与以前的研究有所不同的是,一般认为,经过8年抗战,农业总产量和亩产量肯定大大下降,但《农民》认为,从三四十年代的总体发展趋势看,变化不是很明显,到1946年,亩产量虽然有所下降,但也不是全都下降,玉米和薯类就有一定增长。这一结论,应当说丰富了我们对农业产量的认识。

农业之外,工副业是支撑中国农家经济的另一重要支柱。近年来,学术

---

① 徐秀丽:《近代河北省农地灌溉的发展》,《近代史研究》,1993年第2期;[美]帕金斯:《中国农业的发展(1368—1968)》,上海译文出版社,1984年,第85页。

界的研究突破了以往认为农村手工业趋于破产的传统看法，认为兴衰互见。①《农民》关于工副业收入占农家经济比重的研究，使人们不得不重新思考这一时期的乡村工业。作者以第一手资料表明：1930 年，清苑一个中等农户的家庭收入中，农作物产值占 73.3%，工副业产值占 26.74%，占总收入的 1/4 以上，也就是说，"有 1/4 以上的产值在耕地之外实现"。与此相关，作者同时推算出"当时农村有将近三成的劳动力从事工副业生产并非夸大之谈"（第 276、277 页）。譬如家庭织布业，包括清苑在内，形成了中国最大的织布中心之一——高阳织区。生产工具和生产方式都发生了不同程度的变化。织布工具已由传统的木质扔梭机，发展为拉梭机，到 20 世纪初开始使用铁轮机，不仅工作效率高，而且实际上已是机器，非手工工具。由此，他对英国学者伊懋可（Mark Elevin）关于家庭手工业规模狭小，势必阻碍社会分工、排斥新技术的观点提出质疑，认为家庭手工业"容纳社会分工发展和生产技术进步的程度不像一些人想象的那样狭小"。所以"这种条件下的'耕织结合'，不能与中国传统的耕织结合完全简单地等同"（第 145—146 页）。这些都是颇为精到的分析。与此相关，另一个引人注目的变化指标，是农民与市场的关系明显地密切起来，一是市场分布密度明显加大，更重要的是农户商品率的提高，据统计，一个中等农户的劳动产品商品率接近 60%。这一切都表明"生产者的生产生活过程越来越密切地与市场联系在一起，从而出现生产规模和生产者社会交往范围不断扩大的可能趋势"（第 164 页），并认为这是 20 世纪上半叶冀中农村经济社会进步的最重要的标志。当然，作者同时指出，乡村工商业的发展是在中国近代特有条件下产生的，例如农民家庭的高商品率与低生产率、低储蓄率并存等问题，下面还要论及。

二

"发展"是中国近代农村经济演变的一个方面，从主体经济模式上讲，《农民》认为 20 世纪上半期的冀中农村，"还没有从根本上走出传统农民家庭的经济模式"（第 315 页）。

先看农业生产。尽管出现了新的生产要素，但正如作者所说的，"不能忽

---

① 史建云：《论近代中国农村手工业的兴衰问题》，《近代史研究》，1996 年第 3 期。

视,也不能估计过高","总体上仍处于传统农业阶段"(第105页)。如农业生产工具,农民平常使用者大约数十种,但几乎都是简陋守旧,改革乏善可陈,基本处于停滞状态。即使这些传统工具,仍然得不到满足。拥有犁的农户仅占7%。畜力在传统农业中十分重要,也是家庭财富的重要标志。1930年,调查所及的500农户中没有耕畜者占68%,工作效率较高的骡或马更是缺少。从挽力与田场面积的比例关系,也可看出挽力之极度缺乏,平均48.7亩才有一头耕畜。众多小农在田间不得不胼手胝足地劳作。农田灌溉面积虽有所扩大,但也未超出传统的水利活动,抗灾能力相当薄弱。相比之下,中国农业直到20世纪上半叶远没有达到工业革命前英国的农业生产条件。

判断农业生产效率的主要标准应该是单位时间劳动者的平均产量,只有它才能反映经济的质的增长。马克思就曾指出:"超过劳动者个人需要的劳动生产率,是一切社会的基础,并且首先是资本主义生产的基础。"①那么,以什么标准来判断单位时间劳动者的产量呢?《农民》认为,由于农业生产周期较长,可以采用年度为单位时间;劳动生产率按其计算范围可分为个别劳动生产率和社会劳动生产率,前者又包括个人劳动生产率和单位劳动生产率。冀中农业生产基本上仍然是以农户为单位进行的,家庭人口又大抵相当,有较强的可比性,因此宜以农户为单位进行考察。我们认为,这一标准比较符合中国传统农业的生产状况,具有较强的可操作性。据《农民》推算,冀中清苑县,到20世纪上半期,亩产量为154.05市斤,一个中等农户占地面积为18.7亩,所以每户粮食劳动生产量为2881市斤。

当我们用此标准来衡量农业生产效率时,就显示出中国与英国的极大差距。英国13—14世纪农户每亩生产粮食76斤,当时一个中等农户大约耕作62亩,如此算来,每户粮食劳动生产率为4738斤。两相比较,英国13—14世纪的粮食生产率竟比20世纪上半期的中国高出39%。到15—16世纪,英国每亩产粮118斤,与清苑每播种亩的产量不相上下,但由于劳动力不断向外转移,农户经营面积进一步扩大,每户耕地增至100亩。按此计算,每户粮食劳动生产率达到5520公斤,比中世纪中期提高了130%,更比20世纪上半期清苑农民的粮食生产率高出近3倍。此后,英国的农业进步更为显著,到18世纪下半期每亩产粮148斤,即便农户没有增加耕地面积,农户

---

① 《资本论》(第三卷下),人民出版社,1975年,第885页。

粮食产量也达到 6900 公斤,为清苑粮食生产率的 5 倍。更值得注意的是,英国等西欧国家的人口数量,除了 14 世纪黑死病期间,一直处于增长之势,但它不仅没有抵消农业增长的成果,反而人均产量增长速度超过了人口增长速度,每个农业劳动力所养活的人数也随之增加,由此在世界上第一次实现了现代意义上的真正的经济增长,超越了"马尔萨斯危机",取得了日后进军工业社会的首张入场券。

再看中国农户的另一重要经济支柱工副业。与英国乡村工业类似的是,都是从单一的或以农耕为主的产业结构向耕地以外的第二、第三产业转移,而且很长时间都是围绕农产品加工、深加工和农民最基本的生活消费进行。另外,乡村工业最初都是作为农民家庭生产的副业,无论在时间还是空间上都与农业生产紧密地结合在一起。问题是,英国乡村工业在 16 世纪以后得到了长足发展,不仅有包买商制度的出现,更产生了具有一定规模的手工业工场,开始由分散的家内制进入工场手工业阶段,形成 19 世纪工业革命的前提。而中国,直到 20 世纪上半叶尚未达到这一水平。尽管也有手工业作坊的出现,但大多工副业仍局限于补充农作低收入不足的水平,以至于种地和手工业提供给农户的不是可以相互替代而是互补的生存资源。尽管农业生产条件较好的农家,工副业生产也常常较为发达,但从总体来看,种田越多的农户,从事副业的户数比例和副业在总收入中所占的比例越小;相反,种田少且经济困难的农户,从事副业的户数比例和副业在总收入中的比例越大。这说明,大多数农户选择工副业,是由于土地产出不足,农产品严重短缺,所以才出现这种反向选择,显示了冀中工副业有安置剩余劳动力和追求温饱的性质,与资本主义生产相距甚远。

商品市场的扩大和商品率的提高,是近代中国农村经济发展过程中最值得注意的变化。西方主流学派认为,市场化是促进资本主义生产的重要前提。如果简单地按此判断,中国早就应该进入资本主义阶段了,因为中国农产品商品率向来较高,20 世纪上半期冀中农户产品的商品率已接近 60%。但事实上,中国农村始终处于小农经济的水平。问题就在于,中国农产品商品率的高昂大多是一种表象,属虚假繁荣。真正的商品经济,应该建立于产品剩余、富裕及其交换的基础之上,而中国农村的很多情形恰恰与此相反。诚如作者指出,冀中农产品商品率的提高,尽管有国内外市场的刺激作用,但在更多的情况下仍具中国传统市场的特征,农民往往是因为贫困被迫走向市场。他们经常是在收获之后价格最低的时候将产品出售,以交纳捐税、还债或购买其他生活必需品。到青黄不接、等米下锅之时,又借钱以高价到市场上购粮,从而形成"卖粮还债——借债买粮"的恶性循环,饱受商人和高利贷者的剥削。作者将这种交易称为"掠夺的市场""饥饿的市场",可谓一针见血之论。正是这种掠夺和饥饿的市场,在相当大程度上提高甚至膨胀了商品率,但这种被贫困推动的商品化与农民通过市场谋求利润,积累、扩大个人财富,从而扩大再生产的真正的商品经济,显然有着本质区别。我们经常把经济作物的种植作为商品化提高的标志,事实上它的确给农民带来了利益,但也不能不说农民种植经济作物的倾向,主要是迫于生存的压力,而非以资本主义最大利润追逐者的身份出现。耕地越是不足、生活越是贫困的农户,种棉的比例越大,这一反向选择与上述工副业的状况一致,与真正的商品经济是不可同日而语的。有的学者以 20 世纪上半期华北农村为例,说明华北乡村经济已经具备了一般形态的资本主义市场经济的特征[1],我们认为那正是忽略了上述区别。

最后能够证明近代中国农村经济不发展者,则是农民生活的贫困。20世纪 30 年代费孝通指出:"中国农村的基本问题,简单地说,就是农民的收入降低到了不足以维持最低限度生活水平所需的程度。"[2]《农民》对冀中的研究,深化了这一结论。作者在仔细研究农家收支的基础上,为我们展示了一张 1930 年清苑中等农户收支表(第 297 页),这可以说是全书的结晶式成果。由此表可知,一个中等农家全年收入 229 元,支出 250 元,亏空 21 元,即负储蓄率为 9.1%。中农尚且如此,中农以下的贫困户将何以堪?再看农民的生活水平,其中饮食费占总生活费用的比例是一个重要指标,也称恩格尔系数,按此可划分为五种生活水平类型:59%以上者为绝对贫困型,50%~59%之间者为勉强度日型(温饱型),40%~50%之间者为小康型,30%~40%之间者为富裕型,30%以下者为最富裕型。清苑县农户的恩格尔系数平均为79.2%,显然属绝对贫困型。当然,不同阶层的恩格尔系数有所不同,地主为63.4%、富农为 76.6%、中农为 80.8%、贫农为 81.6%、雇农为 81.4%。也就是说,比较富裕的地主、富农恩格尔系数较低,其他阶层较高。但令人惊诧的

① 慈鸿飞:《二十世纪前半期华北地区的农村商品市场与资本市场》,《中国社会科学》,1998 年第 1 期。

② 费孝通:《江村经济——中国农民的生活》,江苏人民出版牡,1986 年,第 200 页。

是,即便是地主、富农,生活水准竟也都属于绝对贫困型。与此相联系,在饮食消费中,占比例最大的是粮食,其他副食品很少。不用说吃肉,一般农民连吃葱蘸酱都非常难得,吃得起的多是富农户。在食粮消费中,即使家境较好的农户,大约也是七成高粱面或甘薯,二成玉米面,一成白面。地主富农的粮食消费也是以粗粮为主,粗粮大约占70%。有人曾经指出中国只有大贫和小贫之分,虽有绝对之嫌,但在一定范围和一定程度上是有道理的。相比而言,工业革命以前的英国,农民家庭普遍都有一定的剩余和购买力,大部分农民的生活比较稳定,一般的生活需求基本能得到满足,而且衣、食、住等方面的生活质量在不断改善,一部分人开始进入享受型消费。其他阶层暂且不论,就拿农业雇工的生活来说,北安普顿郡农场雇工一日三餐的消费情况是这样的:早餐有腌肉、奶酪,午餐为面包、啤酒、烤肉(或煮肉)和布丁,晚餐和早餐大致一样,加少量啤酒。雇工生活当属英国农民生活的较低层次,但与中国农民哪怕是地主、富农的生活相比,都已不可相提并论。总之,正如作者所说的,"冀中是糊口农业,甚至是不能糊口的农业"(第298页),填饱肚子依然是最大的问题和挑战。在这种绝对贫困型的生产生活方式中,农民家庭连简单的再生产都难以为继,更谈不上持续的剩余和积累,以及普遍地投入和扩大再生产,由此也就不难理解中国农村的商品化为什么有那么多虚假成分。可以说,貌似繁荣的商品经济与贫穷的"糊口农业"并存,是中国经济史上颇值得关注的特殊现象。然而,有的学者对近代中国农民生活水平的估计非常乐观,甚至认为20世纪30年代冀中定县中等农户的生活水平与20世纪90年代中期农民的生活水平相差无几,并由此断言,"说中国农业直到20世纪中叶仍只是一个'糊口'农业,既不符合历史实际,也无法对历史的发展做出解释"[①]。其实,只要深入了解一下当时农民生活的真实状况,就很难接受这一令人惊讶的结论。清苑紧邻定县,两县的生活条件应该相差不多,《农民》对清苑的定性定量研究,同样充分证明农民生活的贫困,作者对地主、富农生活水平的分析更是一大贡献,此点被以往的研究忽视了。

---

① 慈鸿飞:《二十世纪前半期华北地区的农村商品市场与资本市场》,《中国社会科学》,1998年第1期。

三

如作者指出,近代中国农村经济开始融入现代生产要素,而且它的一部分经济领域逐渐与国内外市场发生或直接或间接的联系,所以 20 世纪 30 年代的资本主义世界经济危机可以影响到中国农村;至于生活状况,作者认为"自 19 世纪下半叶至七七事变前,农民生产生活略微有所改善,至少还没有完整的数据说明其在不断恶化"(第 243 页),从而为 30 年代中国农村经济破产论打上一个十足的问号。另一方面,中国农村与市场的联系不是建立在农民普遍富足、普遍发展的基础上,因而与市场的联系不是稳定的、健康的,远远尚未从主体上打破传统的自然经济,产生出新型的经济力量和阶级力量,步入现代化起飞的轨道。至此,关于 20 世纪上半叶华北乃至中国农村发展水平的评估,也就有了基本结论。中国的托派在 30 年代便提出中国已经是"资本主义"的论断。他们认为:"中国整个国民经济不外就是整个世界资本主义的一个单位",因此,中国"大可以做非资本主义的革命运动,追随先进的欧洲以驰驱于打倒资产阶级的战线之上"。《农民》一书从一个地区出发,极为实证地叙述和分析了这一时期中国农村的发展水平,对托派远离中国现实的论断以及农村完全破产的论断,都是一个有力的否定。

什么是中国农村发展的核心问题,是一个与上述结论密切相关的、同样值得深入探讨的重大课题。自 20 世纪二三十年代以来,国内外学者对此做了大量研究,但言人人殊,有的说是人口问题,有的说是土地问题,有的说是农业技术和经营方式问题,还有的说是战争和灾荒问题,也有一些学者从多方面做了综合分析。《农民》则坚持"个体农民的生产消费说"。作者指出,"必须承认,所有制问题,雇工经济的发展即有效率的生产组织形式问题,人口问题,以及农民负担问题,都是中国农村发展的重要因素。不过,它们都不能孤立地发生作用,而要通过生产者主体,这就是以劳动生产率为核心的农民生产、消费、交换和再生产……工业革命前的英国农民,在种种条件的作用下,正是这个核心因素普遍得到稳定而扎实的发展",打造了农村现代化的基础。(第 333 页)也就是说,作者认为,个体农民的生产和消费水平,是我们观察和判定中国农村发展与不发展的基本层面。

作者的这一观点来自于冀中 11 村的实证性探索,也有其自身的学术渊源。侯建新教授12年前出版的《现代化第一基石——农民个人力量增长与中世纪晚期社会变迁》一书,就是从英国个体农民生产与消费水准入手,分析英国现代化的启动,并与中国明清时期的农民和农村进行了比较。该书以一系列翔实的数据论证了,最终是个体农民相对的普遍富足和普遍积累支撑了英国资本主义的发展,一反小生产者贫困化与资本主义工业化之间传统逻辑关系。《农民》一书则主要从冀中农民的生产消费入手,进行个案剖析,进而分析整个中国近代农村的发展与不发展,并与工业化前的英国农民比较。时隔12年问世的两部专著如同姊妹篇,体现了作者一贯的学术思想和研究方法。以往在国人的认识里,关于"三农"(农民、农业、农村)与工业化关系的这一段历史,多有盲点和误解。正如作者在最近的一次访谈中所指出的那样,以英国为例,人们往往看到原始积累中的暴力和掠夺,而没有充分重视原始积累的基础,即作者所说的"前原始积累",比如,"关于英国圈地运动一类的原始积累,以往过多强调了对农民的剥夺,而无视此前农民普遍的积累、普遍的发展,并由此奠定原始积累的基础;片面夸大暴力的作用,将原始积累的暴力现象本质化,以为一种新的经济体制完全可以靠暴力确立,而无视原始积累深刻的经济和政治属性……殊不知资本主义原始积累是暴力积累,同时也是市场积累,更重要的是开辟了市场积累的道路"[①]。显然,农民和农业不是工业化的祭品,恰恰相反,个体农民的发展是"现代化第一基石"。尽管工业革命前的英国耕地上,没有拖拉机、化肥等一类新的生产要素,也谈不上有什么重大发明或发现,但传统生产要素的供给越来越充裕,并得到了普遍的改善和更新,使农业生产力获得空前提高,并孕育着一场革命性的飞跃。农民生产出越来越多的剩余,为市场提供越来越多的商品,是市场经济的基础;农民富裕起来,购买力不断提高以满足自己多方面的需求,形成广阔的消费市场,亦是经济不断拓展的基础条件。

　　只有在个体农民的普遍发展的基础上,才能产生出一批富裕农民。他们不是个别人,少数人,而是如同英国约曼(Yeoman)那样在农民总数中占有一定比例的富裕农民群体;他们不仅经济上富足,精神上也充满自信,不仅有经济地位,也有社会地位,一部分人可以成为乡绅,甚至进入下院,成为第三等级的重要组成部分。反观中国,《农民》认为不存在这样的群体,从来不

---

① 见《廿载不变的追求:建新教授访谈录》,载《历史教学》,2003年第10期。

存在,作者通过生产和消费的总估算得出了"中国没有'约曼'似的富裕农民群体"这一结论。他认为,富裕农民群体的形成和出现,是我们观察和判定中国农村发展与不发展的另一个重要层面。

从冀中 11 村的情况看,所谓的富农,只是相比较而言,不仅数量上不具规模,本身发展也颇有限,如作者所言"富农不富"矣!前已述及,11 村一般农民的农具和挽力极为短缺,可地主富农的状况也不比他们强多少,据统计,地主、富农合两家以上才有一头骡子、四家一头牛、六家一匹马,所以作者有这样的感叹:"似乎有理由说,清苑的所谓富农实际上并不富,而地主也是缺牛少马的地主。"(第 100 页)恩格尔系数至今是说明生活状况的重要指标。11 村地主和富农的恩格尔系数分别为 63.4% 和 76.6%,按规定连勉强度日的温饱型都达不到,与其他村民一样,皆属绝对贫困型。中国农村普遍贫穷,没有出现稳定的富裕农民群体,而"没有富裕农民群体,就不会有资本主义"[①],农村现代化也就失去了载体。

冀中农村富裕农民和富裕农民经济没有发育起来,所以农村雇佣经济发展受到了根本的局限。没有传统的大地主租佃经济,可是土地也没有在新的机制上重新集中起来。1930 年 11 村调查资料显示,拥有较大田产者,最多不过二百余亩,而且只此一家,而 90% 以上的农户所占有的土地都在 1—50 亩特别是 20—50 亩之间,表明了清苑以中小农为主体的土地占有特征。据黄宗智研究,在华北农村,以雇工为主要劳动力的经营式农场一般在 100 亩以上。[②]以此衡量,冀中农村显然没有实行经营式雇工农场的土地规模条件。不仅如此,土地甚至有进一步分散的趋势。作者指出,直至 20 世纪上半期,冀中农业生产仍以自耕农经济为主体,以雇佣劳动为补充,租佃制比重更小而且逐渐缩减。如果以土地数量及其比例表示不同经济份额的话,清苑农业中的自耕农经济或者说小块土地所有制经济可占 85%~90%。事实也是如此:新的农业雇佣经济的经营模式已出现,但数量少,规模小,雇农阶层在劳动力中仅占 5.56%,即便加上零散的临时短工,也不会增加多少。况且,农业雇工远未具备现代雇工的特征,其工资收入只占其总收入的 51%,大部分雇工还要靠副业及其他收入才能维持生活。总之,没有出现一批面向市场

---

① 侯建新:《社会转型时期的欧洲与中国》,济南出版社,2001 年,第 183 页。
② 黄宗智:《华北的小农经济与社会变迁》,中华书局,1986 年,第 178—179 页。

的、有实力、有地位的资本主义农场主,同时也没有形成一大批独立的、自由的雇工队伍。也就是说,20世纪上半叶冀中农村没有形成和出现富裕农民群体,而在17世纪末英国富裕农民已达到相当大的规模,占英国农村人口1/3左右,成为英国农村现代化的重要载体。

那么,中国为什么没有出现富裕农民群体?或者再向前推一步说,为什么中国个体农民的生产和消费始终在低水平的陷阱里徘徊?《农民》没有给读者更多的解释,至少没有给予系统的解释,这不能说不是本书的一个缺憾。

也许我们的期望值过高。一本不到30万字的书,能回答一个区发展和不发展的问题,一个扑朔迷离、颇有争议的悬案,并在相当大程度上反映华北地区的农村现代化水平,已经是一个很大贡献了。况且,作者始终把握住个体农民生产和消费这个基本层面,以此为出发点描述和剖析农村生产生活的方方面面,不仅使这样的描述和剖析实证可信,而且具有一种方法论上的创新。难怪有人评论说,"其实,该书的最大特点不在于其资料的丰富,而在于其论证与分析。在书中,作者从生产、消费、交换、盈余及再生产投入等方面分析了华北地区20世纪上半叶的小农经济状况,并与工业革命前几个世纪的英国农业进行比较,应该说这种比较是富有启发的,它有助于纠正了人们在中国农村经济研究中的某些常识性错误。"[1]在简单而朴素的白描背后,有独到而深刻的理论思考,每个案例的分析,每个数据的推算,都蕴含着思想价值,都在叙述着一个简单的真理:生产者个人是社会发展的标尺,每个普通农民的物质和精神发展起来了,农村才能发展,农业现代化才有希望。这是马克思关于社会历史不过是"个人本身力量发展的历史"[2]观念的具体运用。普通生产者发展起来了,才会产生近代意义上的分化和分工,即富裕农民及其新型生产方式的兴起。因此,这样的实证研究本身就具有理论意义,这样的个别研究可以走向一般,而且可以在相当大的范围上代表一般。

《农民》一书的定位,显然是把搞清楚"是什么"的问题放在首位。在该书"后记"中,作者特别批评了在我国史学界曾盛行一时的"以论带史"的偏向。那样的史学往往先确定一个"正确的观点",然后在宽泛以至漫无边际的范围内选择"史例",甚至不惜剪裁史实,以证明自己的观点,于是,史学的可信

---

① 见中国农村研究网·读书论坛,2002年11月25日。
② 《马克思恩格斯选集》(第1卷),人民出版社,1979年,第79页。

度大打折扣,历史学的形象遭到损害也就不奇怪了。作者认为,"真实是历史学的根本属性,失去真实,史学也就失去生命。所以人们可以容忍枯燥,却不能原谅失实"。在这部微观研究的专著中,作者更倾心于"事情是怎样发生的,历史学家就怎样叙述"这样的原则及实施。《农民》以写实求真见长,不过也并非就事论事,而是相当有创意地归于两个基本层面的分析,尤其是第一个基本层面。对于"个体农民的生产消费说"的背后原因,作者虽没有做过多追究,但还是有所提示。

《农民》在"余论"中,批评和澄清了所有制、人口和资本主义萌芽等问题在中国近代农村研究中的误区,继而提出个体农民生产消费异同之原因。作者认为,确定的农民负担和产权关系,政府的有力扶植和市场公平竞争的法制环境,这三大要素是促进农民生产、消费、交换和投入再生产发展的深层原因。

譬如农民负担的不确定性。以中农户而言,就 1930 年的资料计算,平均每家负担 9.71 元,占年度收入 4.2%。从表面来看,这一比例似乎不高。但要注意的是,农家收入原本就很低,经常入不敷出,所以正如美国学者斯科特(James. C. Scott)所说的,"在农民发现自己已经濒临绝境的时代和地区,任何赋税都被看作是完全不正当的,更不要说重税了"[①] 更为重要的是,最后究竟从农民口袋里掏走多少,是一个谁也说不清楚的数。赋役名目、次数和数量几年一变,一年一变,乃至朝令夕改。官府既是赋役征收机关,也是司法审判机关,不受任何机构的监督。中国农民面对层层盘剥的官府,几乎没有任何有效的抵抗手段,而这对农民的个人财富的有效积累不能不造成深远的影响。正如作者所言,"在当时社会与经济条件下,即使像作物品种优化一类技术性的改良取得一些进展,也不可能取得大面积的普遍实效。在实际运作过程中,非技术因素显然重于技术本身"(第 105 页)。

《农民》表明,在这样的社会条件下,即便是有一定剩余的上层农民家庭,鉴于社会动荡、天灾频仍、法治缺失,农业投入风险过高,不敢将大部剩余用于扩大再生产。于是,将大部分剩余换成银圆,埋藏在地下,即进入所谓"沉淀状态",其他小部分则放高利贷。土地改革时,从地主、富农家挖出大量

---

① [美]斯科特:《农民的道义经济学:东南亚的反叛与生存》,程立显、刘建等译,译林出版社,2001 年,第 122 页。

的银圆,就是明证。这样,出现了极度的矛盾和病态:一方面,一片赤贫,农民的生产和生活急需资金;另一方面,资金沉入地下,既不流通又不使用。1930年105家的样本调查表明,地主的年度剩余为总收入的30.29%,每年出借占剩余资金的22.3%,即1/5左右,其余4/5有相当部分进入"沉淀状态",既没有用于农业投资,也没有用于生活消费。显然,经济活动中的法律保障机制①是个体农民发展以至农村社会发展的头等大事。可惜,作者未能就这样的问题进一步具体展开。

此外,我们还发现该书其他不尽如人意之处,如对英国乡村资料未做系统的介绍,有的参考文献误写或误排等。但无论如何,我们应该充分肯定《农民》极高的学术含量。作者利用翔实的史料,利用个案研究,再现了20世纪上半叶冀中个体农民生产生活的真实世界,并以中英比较的独特视角提出了中国近代农村经济发展与不发展的个人见解,反映了作者不凡的学术智慧。从经济——社会史领域看,毫不溢美地说,该著是近代以来国内乡村微观研究的上乘之作,而作者的"个体农民生产消费说"理应在学术百花园中占据一席之位。著名学者朱寰先生说,该书"中西融合,多所创新,实实在在推动了我国历史比较研究,推动了经济—社会史与农民史的研究"。信哉斯言!2000年,美国加州大学的彭慕兰(Kenneth Pomerranz)出版了《大分流:欧洲、中国及现代世界经济的发展》一书,对18世纪前后的中国(主要是江南)与西方国家的经济进行了比较,得出了1809年"大分岔"的结论。一时间,引起美国有关学者的争论。在中国史学界,除了个别学者做过简略的述评外,尚未见深入的批评。我们相信,侯建新教授关于20世纪上半叶冀中农村和工业革命前英国乡村的比较研究,对这一讨论无疑有所裨益。

本文与李金铮合写。原载《中国经济史研究》季刊,2004年第3期

---

① 这是作者近年来一贯强调的要点, 见侯建新如下作品:《西方法律传统与资本主义的兴起》,《历史研究》,1999年2月;《西欧与中国社会转型比较初论》,《史学理论研究》,2001年4月;《廿载不变的追求:侯建新教授访谈录》,《历史教学》,2003年第10期;《社会转型时期的欧洲与中国》,济南出版社,2001年。

简评《新疆近世史论稿》

纪大椿同志每有新作,必寄我阅读。他在 2002 年出版的《新疆近世史论稿》(黑龙江教育出版社),是改革开放以来发表于不同刊物上文章的汇集,共 34 篇。有宏观的论述,也有微观的探索,有对历史发展脉络的梳理和批判,也有对人物及地名的考证,内容广泛而丰富。既是学术性的研究,也有普及史实的意义。

新疆历史的发展和其他省区迥异。这块 160 多万平方公里的土地上,繁衍生息着 47 个民族。语言、宗教和文化的多样性相当突出,在历史的长河中不同文明的汇聚,不同文化的交融,形成了多姿多彩的独特风貌。令人惋惜的是,清代和民国时期,我国边防薄弱,对这一地处西北边陲的祖国明珠,尚不能有力地保护,使这片美丽的土地曾饱经沧桑,殖民主义者都垂涎和觊觎。英国和俄国曾操纵践踏过,日本和美国也曾染指。这些国家利用这一地区复杂的民族成分制造矛盾和冲突,曾挑起多次祸乱。统治新疆的官僚和军阀,为了自己的私利,实行割据,不惜出卖国家和民族利益,私自和外国订立密约,引狼入室,使新疆屡现危机,一段时期,曾严重到中国在新疆失掉悠久的主人翁资格,所存者仅仅是地图上的颜色。我记得 20 世纪 30 年代,曾读过《西北评论》(二卷二、三期)上一篇题为"新疆危机之严重性"的论文,历述了俄、英、日对新疆的侵略,那时我在西安读高小。

因为新疆历史发展的曲折和复杂,许多历史事件犬牙交错,给研究新疆历史带来更多的难度,研究者一是要拼毅力,一是必须具有广泛的知识和民族语言能力,更重要的是具有进步的民族平等的史观。纪大椿生活在新疆数十年,接触和把握了新疆历史和社会的方方面面。历史和现实引发了他的种种思考,他勤于笔耕,写出了篇篇文章。

这部书收录的《新疆自古以来就是中国领土不可分割的一部分》《团

结战斗通共和》《一场和平的战斗——纪念新疆和平起义 40 周年》《对新疆和平解放的再认识》，阐发了在新疆历史中，其发展道路不论怎样曲折，始终是朝着胜利的方向，和祖国的前进是同步的，是割不断的纽带，这是认知、研究新疆史的根本。

研究地方史的学者，总是要追踪其所研究地区的政治制度和行政规划的变迁，纪大椿也很重视这一问题。本书收录了 4 篇这方面的论文，即《龚自珍和他的〈西域置行省议〉》《清季新疆建省》《新疆建省余事述议》《新疆以建省为核心的改革》，明确讲到新疆建省之议，始于龚自珍，定于左宗棠，成于刘锦棠。历史地叙述其演变、作用和影响，指出建省是满蒙亲贵所执掌的边地边防将军，让位于汉族官僚主政的地方督抚。统治集团权力的再分配是晚清政局变化原因之一。废军府而建行省的意义在于，既促进了新疆伯克制度的正式废除，也影响了其他边地行政制度的变革；大规模农民起义为新疆建省扫清了障碍，使新疆的改土归流没有遭到地方势方的反抗而顺利完成。这些论证是有说服力的。

清政府对新疆的治理有成功之处，也有失误。新疆农民不堪压迫而举行过多次起义。本书特别剖析了 1860 年的农民起义，根据汉文和少数民族文字史料，认真地思考，所提出的论述是颇有见地的。他说："新疆的起义是在太平天国起义、陕甘回民起义的影响之下爆发的；分散的、局部的斗争早已存在，总爆发只是时间问题；起义初期确是汉族、满族等农民投身其间，并不是单纯的维吾尔族、回族与穆斯林农民起义；斗争的矛头一开始就对准了维吾尔族的封建领主，并非仅仅是为了'反清'；起义的领导权掌握在伊斯兰的和世俗的封建领主手中，鼓吹'圣战'，并且相互攻战，争夺地盘。中亚浩罕的阿古柏匪徒乘机入侵，是此前浩罕封建主挟持伊斯兰宗教贵族入侵新疆的既定方略，沙俄的入侵也是它一贯的侵华政策的延续。新疆各地的起义者是反抗外敌入侵的主力。清朝在新疆的统治遭到起义者的打击，退往北疆北部，清政府续派左宗棠进军新疆，驱逐了阿古柏，收复新疆，并非镇压农民起义。其时，起义早就因反抗入侵者失败而不存在了。"这种论断是很精彩的，已获得学界的共识。

沙俄和英国对我国新疆之领土野心，是新疆不断出现危机的重要根源。作者指出，阿古柏的入侵与俄国和英国均有勾结，不只是一个殖民主义者在窥伺。至于阿古柏之死，作者根据库罗帕特金《喀什噶尔》一书提供的资料认定,是在清军突破天山之险后,阿古柏迁怒于部下,被部下击昏而死,纠正了此前汉、维文史书中"仰药自毙""部下进毒"的说法。

沙俄入侵新疆是历史研究的一个重大课题,中国西北边疆五十多万平方公里的土地被沙俄割占,这是客观事实。该书撰写了《中俄伊犁交涉的真相》和《沙俄驻新疆各领事馆的建立年代》两篇文章,论述了沙俄给中国带来的大灾难。

考察历史,考察新疆发生的许多事情,都有俄国的影子,就拿"三区革命"来说,也有前苏联的背景。20世纪二三十年代前苏联派出军队和众多顾问控制了新疆的各个方面。抗战期间,原来倾向前苏联的盛世才,倒向美国和蒋介石,前苏联便利用已有的各种关系,策动新疆反政府武装,最注目的是扶植前苏联逃民,煽动"圣战",在三区人民反对国民党压迫斗争中,前苏联乌兹别克人艾力汗·吐烈,窃取了领导权,建立了"东突国"。作者勇敢地揭示了"三区革命"的真相。本书所收录的《苏联与新疆三区革命》抨击了前苏联的领土扩张行径,也反映了"三区革命"的复杂性。是不是还称"三区革命",这需要做出回答。作者以科学的探索精神,解开了事情真相中纠缠在一起的各个成分,写出了《三区革命和中国共产党》,阐明1946年6月"三区革命"领导人阿合买提江、阿巴索夫等撤销了艾力汗·吐烈的职务,将"东突国"改为伊犁专区参议会。中国共产党和这部分人建立了联系,也给以适当的指导,促进了各民族革命力量的联合。是人民解放战争的节节胜利,使国民党欲对新疆人民实行武力镇压未能成功,被迫维持着军事对峙局面,中国共产党的政治主张和民族政策,以及战场上的巨大胜利,鼓舞和吸引着三区的领导人,不失时机地将自己领导的斗争汇入中国人民解放斗争的洪流,共同迎接新疆的解放。从这一角度看,"三区革命"是多民族参加的中国人民民主革命的一部分。根据作者的全面论述,似乎可以这样说,"三区革命"具有两重性。就此可以看到作者在审视问题时,不是孤立地观察,而是从全国范围内的形势发展来分析。

纪的文章针对性很强,出于对祖国的爱,对新疆的爱,对社会现实的关注,他据理回答了人们需要了解的一些重大问题。20世纪八九十年代,新疆的分裂主义势力猖狂,制造了一系列爆炸、暗杀、纵火、投毒、袭击等血腥恐怖暴力事件,曾想建立起什么"东突厥国",这一反动思潮再次浮出水面。纪大椿立即写出《泛伊斯兰主义、泛突厥主义的产生及其对新疆的渗透与破产——兼述分裂主义旗号东突厥斯坦》,揭露国际反华势力用以煽动新疆分裂主义的反动思潮,和这一思潮与国外反华势力的关联,揭示新疆老牌分裂主义的罪行,讴歌各族人民在反分裂斗争中的作用,还写了一篇学理性的文章《再不要将 Turkestan 译作"土耳其斯坦"了》,指出"突厥斯坦"是历史悠久的中亚地名,西亚的奥斯曼帝国革命后建立"土耳其共和国",将西亚的"土耳其"加上"斯坦"两字强行加于中亚地方是错误的,正确的译法是"突厥斯坦"。

经长期居于新疆,对新疆的感受是多方面的,其学术积累自然也是多方面的。这部书还包括有《近世新疆人口问题的历史考察》《近世新疆通用的计量制度和工具》《林则徐回疆勘图述议》《清末南疆的桑蚕业》,以及社会调查《阿巴河县原加尔克巴斯阿吾勒调查》等。作者的精心研究和艰苦探索,溢于字里行间。

我读此书,想起了作者的往事。他来南开读书时是十七八岁,刻苦好学,成绩优异,毕业那年,才二十一二岁,风华正茂。1957 年根据国家计划分配方案,历史系需要派遣 5 名毕业生去新疆,去中国的大西北。他和其他 4 人愉快地踏上征途。到了乌鲁木齐,纪被分配从事科研工作,从此饮乌鲁木齐的水,沐浴那里的阳光,和新疆历史结下不解之缘,几十年如一日,不遗余力,献身于新疆地方史研究事业,做出了出色的成绩。我真为他的成就而高兴。

原载《历史教学》,2004 年第 7 期

杂　志

《历史教学》不寻常的 50 年

一

《历史教学》从创刊到现在已经 50 个春秋,在这半个世纪的岁月中,它以自己独特的风格,赢得了学界的好评,已从国内走向世界,海外许多图书馆或者大学及研究机构的图书馆也都可以见到这一刊物, 其发行量最多时曾达到 5 万多份。

应该感谢创办该刊的几位学者,他们出于对新中国文化事业的热爱,经过一番筹划,在新中国成立的第 14 个月份,即向天津军管会文教部申请出版刊号,不仅立即获得准许,以后还得到贷款资助。这样,《历史教学》就在海河之滨问世了。

创办者是有一番事业心的,他们是在越过了种种困难,才在文化出版方面有了进步的。他们的名字是张政烺(时为北京大学历史系教授)、丁则良(清华大学)、杨生茂(南开大学)、李光璧(时为河北女子师范学院历史系主任)、孙作云(河南大学)、傅尚文(天津知识书店)和关德栋。如今这几位学者,有几位已经作古,健在者只有杨生茂和张政烺。

初创的刊物可以说是同人刊物。1952 年夏以后隶属中国史学会天津史学分会领导,天津史学会会长吴廷璆任总编辑。吴早年留学日本京都帝国大学,是研究亚洲史的,特别是日本史和印度史。曾任教山东大学、四川大学、武汉大学,1950 年来南开大学任教。抗战前曾受业于范文澜, 师生关系颇笃。抗战期间曾在晋东南八路军总部工作过。他挑起刊物之重担后,以其社会地位的影响,立即扩大编委,组成编委会,除了京津地区的学者,还邀请全国各地的几位学者参加。刊物因此脱离了同人狭小的圈子。1954 年刊物归天津文教部直接领导。文教部部长梁寒冰原就读于北京师范大学历史系,是从延安来的,酷爱哲学和历史,历史教学编委再次扩大,梁亦为编委。刊物此后有了更大的发展,市财政局还拨出专款作为刊物经费。

大约在 1955 年到 1956 年,吴廷璆、王仁忱多次到北京去争取教育部的领导,教育部决定派巩绍英、邱汉生参加编委会。这就使刊物对中学历史教学具有了指导性。

我国著名史学家范文澜、陈垣、翦伯赞、吴晗、周一良、齐思和等都非常关心《历史教学》的成长。我记得郑天挺编委到北京造访以上学者时,总是要说到这一刊物的。

20 世纪五六十年代,全国性的历史刊物很少。《历史教学》在学界的地位,也就显得特别重要,许多知名学者的论文也都在这里发表。一些开始写作的学者也将稿件投入到这里。我遇见不少当年是年轻人,今日已是著名人士,他们都讲"我的第一篇文章是在《历史教学》上发表的",认为这是很大的荣誉。《历史教学》是学者所心爱的一个园地,是读者的好朋友。

随着刊物的发展,编辑部人员也由最初的两三人增加到十多位。原来编辑部位于和平路四面钟斜对面知识书店(后改为崇实书店)二层楼上一间屋内。后来刊物归天津人民通俗出版社,条件改善了。以后又在营口道找到一个大院,院内有青草、鲜花,环境优美安静,各种稿件每日从全国各地流入这里。编辑默默无闻地、专心致志地筛选文稿,编委会在这里开会讨论入选稿件,然后再由编辑部组织加工整理、发排,他们的生活是很有意义的。

二

《历史教学》有一个坚强的编委会,从创立到现在,编委会经过了六次调整,第一次是 1952 年,第二次是 1954 年,第三次是 1961 年,第四次是 1979 年,第五次是 1986 年,第六次是 1994 年。自创刊始曾担任《历史教学》编委的有(按时间先后顺序排列):张政烺、杨生茂、李光璧、傅尚文、孙作云、丁则良、关德栋、郑天挺、吴廷璆、王金鼎、魏宏运、来新夏、钱君晔、尚钺、荣孟源、嵇文甫、王仁忱、耿夫孟、朱星、刘冀农、韦力、卢士林、巩绍英、雷海宗、翁独健、万九河、金宝祥、沈錬之、梁寒冰、左健、潘强、吴雨、梁卓生、邱汉生、苏寿桐、李纯武、杨志玖、王玉哲、韩烽、王敦书、庞卓恒、程秀、张景贤、王连升、王永祥、罗澍伟、王宏志、李树人、郑先进、杜汉鼎。

编委会在 20 世纪 80 年代以前每月举行一次会议,非常正规。在津的编委得准时参加,北京的编委也多次参加过。其他各地编委多是以函件形式审阅稿件。先后担任市委文教部部长的梁寒冰和王金鼎也都参加,特别是梁寒冰,倾注了自己的心血,几乎每次都与会,有时还请来市委宣传部部长。

编委会开会的内容极为丰富,我记得曾讨论过如何宣传唯物主义、批判唯心主义,如何贯彻总路线,如何理解历史和现实结合的问题,如何贯彻厚今薄古、洋为中用的方针,如何解决普及与提高问题,等等。我们还学习过翦伯赞撰写的《对处理若干历史问题的初步意见》。编委会成员参加国内外学术会议的,都要讲一讲自己的见闻。20世纪50年代,吴廷璆曾去前苏联和东欧国家访问,王仁忱曾去波兰讲学,编委会也都分享其心得和体会。

关于稿件的处理,是很严肃认真的。编辑部有关人员看完稿件后,写出初步意见,送给两个有关编委审阅。两个编委提出意见,向编委会报告入选理由。对一些文章有时也有争论和分歧,如争执不下,就缓发,经过再议或退稿,形成了一种良好的学术讨论空气。每个编委每次总有几份稿件需要报告,把个人负责和集体负责有机地结合起来,从来没有发生过个人说了算的问题。

编委和编辑为了稿件史实及行文的准确性,常去天津市图书馆或南开大学图书馆查对。历史刊物是离不开图书馆的,从事编辑的人很辛苦,这是一种事业,因此自得其乐。

编委会特别重视读者的提问,专门辟了问题解答栏。有关问题,请全国著名的专家回答,以保证问题解答的准确性,如请夏鼐解答青铜器时代,任继愈解答诸子百家问题,唐长孺解答两晋的占田制,雷海宗解答德国之"容克地主"一词,杨翼骧解答两汉时代诸问题,杨志玖解答隋唐时代诸问题,黎国彬解答地理方面问题,罗尔纲解答太平天国诸问题等。这些问题影响极大,获得了读者的好评。有的读者为了进一步了解某些问题,还来天津询个究竟。

对于学术界一些正在争论的问题,考虑到该刊主要是面对中学教学,为了保持教学的稳定性,当时决定一般不予刊登。我们一致的思想是要"稳",因为我们办的是历史刊物。据我回忆,我们对于过去、现在,国内、国外,是经常考虑的,但并不是都很透彻。

三

20世纪80年代中期以前,《历史教学》的方针是学术科研和教学并重。此后

则侧重教学,学术文章少了。1985 年《历史教学》刊行 35 年时,著名史学家周谷城发来贺词:

> 历史教学,专门杂志,既重教学,亦重学术,卅五年来,刊行无误,便利读者,成绩卓著。今后工作,当更进步,启迪后生,放眼回顾。博大精深,实事求是,孜孜不倦,成就当更丰富。

这种评论是客观的公正的,说明《历史教学》在人们心目中的地位。他对刊物所表示的期望,展示了他的唯物主义感情,实事求是,孜孜不倦,这是颇为珍贵的箴言,应该是对所有办刊物人的座右铭。

考察以往《历史教学》所发表的文章,的确刊登了一批有价值、有用途的文章,至今依然为学界所称颂,丰富了我国的文化遗产。这是主要方面。也不得不承认,刊物也有"左"的痕迹和倾向,如把学习毛泽东思想简单化,对有的文章进行过错误的批判,把学术和政治混为一谈。当时我们的心情都很紧张,这和我国那时所出现的"左"倾思潮是一致的。

办刊物的人总是希望自己的刊物讨人喜欢,获得更多读者的拥护和支持,编委会经常询问发行状况,也经常请编辑部如实告诉读者的反映,使刊物不致迷失方向,跌倒在沟渠和深渊中。我们一向不断学习党的方针政策,一向倾听读者的声音,和广大读者建立了联系网。这就保证刊物在征途上能够奋进。

刊物曾停办过两次,一次是困难时期(1961 年上半年曾暂时休刊),时间很短,一次是"文化大革命",时间较长,差不多十年。两次复刊都得力于梁寒冰的帮助。"文革"后梁已调到北京社会科学院历史所任党委书记和所长,1979 年在他的策划下,全国史学会在天津宾馆举行会议,与会者希望《历史教学》能够复刊,梁找到天津市委有关领导相谈成功。《历史教学》再次呈现在广大读者面前。

50 年来所走的道路是不平坦的。在国家实行改革开放的今日,在全球经济走向一体化的时代,《历史教学》必然会遇到许许多多的新问题,我认为不断吸收新养料,对刊物的发展是至关重要的。

我祝愿《历史教学》永葆青春,充满活力。

原载《历史教学》,2001 年第 1 期

架起一座和民国史研究者息息相通的桥梁

《民国档案》什么时候开始进入我的眼帘，走进我的书斋，已记不清了。反正从接触的那时起，我对这一刊物就发生了兴趣，每一期都要翻一翻，读一读，爱不释手。这已成为我的生活内容。

一种学术刊物走向社会，在人们的心目中占有一定地位是由其内容决定的。当读者从其中得到教益，它的作用就产生了，影响也就日益扩大。现在不少文章的注释都写有《民国档案》的字样，可见这一刊物的地位和价值了。

20世纪是中国历史风云变幻的年代。要了解这一世纪前50年的历史和社会面貌，《民国档案》是最好的教材。它给人以知识，丰富人们的思想。

因为《民国档案》每一期都刊登一些档案，档案通过刊物和读者见面，这就架起了一座和民国史研究者息息相通的桥梁，研究者借此可以获得自己的所需。档案常常可以揭示出事情的真相。每个研究者都有理由对所研究的问题做出判断，而最有力的根据是档案。档案是开展研究的基础，研究者通过思考、对比可以弄清楚许许多多问题。我在执教和研究中，看到自己所需要的档案资料总是着迷的，如在探讨抗日战争时期沿海工厂内迁问题时，看到《民国档案》发表了这方面的大量资料，非常高兴，喜形于色，加以引用，文章因此充实了，学术性也提高了。

可以这样说，《民国档案》推动着我国民国史的研究。改革开放以来，民国史的研究风起云涌，有个人的，也有群体的，蓬蓬勃勃地发展着，在近代史的研究出版中，民国史占了很大的比重和位置。中国第二历史档案馆所召开的民国档案会议与民国史国际学术会议，及其所出版的大型资料如《中华民国史档案资料汇编》及《抗日战争正面战场》《侵华日军南京大屠杀档案》等已产生出深远的影响。

学术研究是没有地域疆界的。随着21世纪的到来，海内外文化交流必然日益频繁，民国史的研究必然更加受到重视。由于历史原因，我国相当一部分档案被收藏在海外,如宋子文的档案在美国胡佛研究所,我在那里待过几天,还复印过一些,很有用。我国台湾地区保存了大量资料,是大陆所没有的。为了学术的发展,应设法将其有关部分复制,以弥补学术史上短缺的东西,拾遗补阙,这也是很有价值的。

21世纪,世界各民族的思想文化会出现更多的融汇,有吸收,也有碰撞,祝《民国档案》在这一大思潮中更加繁荣昌盛。

原载《民国档案》,2001年第1期

《历史教学》500 期感言

《历史教学》1951 年 1 月问世, 到现在已发行 500 期。如果研究中华人民共和国期刊出版史, 这一刊物必然是研究对象之一, 它是历史类最早的出版物, 是地方性的, 又是全国性的。如果研究中国学术发展史, 它是一个很好的窗口, 它刊登过我国众多著名学者的论文, 例如翦伯赞、夏鼐、吕振羽、郑天挺、赵光贤、白寿彝、胡厚宣、唐长儒、缪钺、韩国磐、傅衣凌、谢国桢、吴晗、沈从文、罗尔纲、雷海宗、王玉哲、杨志玖、蔡美彪等。以第 1 期为例, 其目录有:《东学党——朝鲜的反帝反封建斗争》(周一良)、《美帝侵华政策的演变》(杨生茂)、《帝国主义操纵下的西藏政府》(李有义)、《中国猿人及其文化》(贾兰坡)、《汉代的铁官徒》(张政烺)、《说蜀汉之兴起》(赵俪生); 第 6 期的目录是:《史学界的另一个新任务》(季羡林)、《门罗主义占美帝侵害政策》(丁则良)、《美帝破坏条约的历史上的罪证》(陈健强)、《蚩尤考》(陈家康)、《中国最古的瓷器》(傅振伦)、《汉代太平道与黄巾大起义》(李光璧)、《祖国历史上的航海英雄——郑和》(吕毅)。

这说明《历史教学》是研究型的教学刊物。如果研究中学历史课程的设置、教材的内容、教学方法和历史课程的演变, 那就更离不开这份杂志。老一代教育家和学者陈垣、侯外庐、邓广铭、齐思和等都在该刊表达过他们对中学教科书的意见。以上事实表明, 无论从哪方面考察, 都可以看出《历史教学》的历史价值。

公平地讲,《历史教学》已有了好的声誉和很大的影响。我多次在学术会议上, 遇见许多学人, 谈到《历史教学》刊物时, 都是称赞的口气。有的讲:"我的第一篇文章是在《历史教学》上发表的。"讲这话的有耆年的学人, 也有风华正茂的青年。有人讲:"《历史教学》是我必备的参考书。"我在海外一些大学和研究机构, 也看到他们对《历史教学》的钟爱。

《历史教学》有了这样的地位, 是几代人艰苦奋斗的结果。我们平常讲,创业难,其实,坚持下来也不容易。

《历史教学》是由几位高校教师创办的,他们是:张政烺、丁则良、杨生茂、李光璧、傅尚文、孙作仁。开办经费,一是张政烺卖掉自己百衲本二十四史,一是得到时任天津市军管会文教部主任、著名的经济学家黄松龄给予的极大支持,他斡旋银行给予贷款。傅尚文到银行领取支票时,出纳员讲:"你们可来头不小。"天津的几位创办者杨生茂、李光璧、傅尚文,几次碰头,商议出版诸事宜。当时,傅在知识书店工作,是出版的内行,办公地点就设在和平路知识书店二楼一间屋内,非常简陋,就这样开始运转起来。

每一个民族国家都有她历史文化的特殊价值,都在保存发扬其历史文化。创办者们立志要在这一领域做点贡献,毫无个人私利,他们选贤与新,请1949年下半年由武汉大学来南开的吴廷璆担任主编。吴早年留学日本京都帝大,是研究亚洲史的,在社会上有学术地位,为人称赞,他担任此职以后,全心全意将自己的心血的大部倾注于《历史教学》,一直经营了四十多年。

《历史教学》刊名头两年是老教育家徐特立题写的,1953年改由教育部长马叙伦书写。

刊物一开始就得到史学界领军人物范文澜、翦伯赞等人的关怀和支持,魏宏运作为年轻代表1951年被吸收为编委,1952年郑天挺、嵇文甫、尚钺、荣孟源等学界名流加盟,成为刊物编委。我常随郑天挺、吴廷璆去北京,和北京学界人士相见时,总要谈及《历史教学》诸多事务。

这一刊物,1952年属天津史学会领导,1954年改由天津市委文教部直接领导。文教部部长梁寒冰酷爱历史,"一二·九"运动时就读于北京师范大学,是运动领导者之一,抗日战争时期到了延安。他是史学行家,在他的策划下,扩大了编委,王仁忱、左健、钱君晔、韦力、吴雨、朱星等都加入进来,编辑部力量也加强了,鲁滨、程秀调来编辑部,刊物也作为天津人民出版社的组成部分,刊物是——第三编辑室。更重要的是由天津财政局列为专款项目资助,吃"皇粮"了。1956年,编委再次扩大,雷海宗、翁独健、金宝祥加入了。教育部也派邱汉生、巩绍英加入,和人民教育出版社有了密切关系,对中学历史教学教材指导性更强了,也有了更可靠的依据,所发表的有关方面的文章就具有了权威性,编辑部还得到统一分配来的几位大学毕业生。

对一个刊物来讲,编辑部的责任是极为重要的,有一批知识面宽、文字修养好,任劳任怨,不为名不为利,愿为他人做嫁衣裳的编辑人员,刊物的质量就有了保障。20世纪五六十年代,鲁滨、程秀、李光霁、李世瑜、吉敦谕、罗宝轩、金桂昌、何程远、张颖、杨兴国、程明林、冯承柏等,都是各有所长的,为刊物做出了贡献,他们对来稿认真审阅、筛选,提出书面意见,写出采用与否的理由,然后提交编委会讨论裁决。

编委会有一种很好的制度,就是集体负责,每一份稿件都要经过两位编委审阅,提交给每期一次的编委会讨论,最后由主编签字。如有不同意见,难以认可的就搁置起来,的的确确实行了民主集中制。

稿件有特约的,多数是自投,稿源充足。

我们经常讨论普及和提高问题,既重视科研,又不能忽视中学教学实际。那时和市教育局教研室有密切联系,还和天津几位著名的中学老师保持交换意见渠道,也请他们写文章。

读者来信很多,经常提出许多问题要求解答,有的由编委答复,有的请相关问题的国内著名学者回答,譬如曾请夏鼐、唐长孺、岑仲勉、杨志玖、雷海宗、黎国彬、蔡美彪、胡如雷等人回复,以保持答案的权威性。这一栏目是很活跃的。

因为那时历史刊物较少,《历史教学》内容又极为充实,给读者以新知识,论文中饱含世纪文化结晶。20世纪60年代,《历史教学》已发行到5万份。

刊物是时代的产物,必定会反映出时代的特征。《历史教学》在前进道路上也严重地受到右倾思潮的影响。不少论文在当时被认为是正确的,现在念来全然错了,还登了一些没有一点学术味道的小文章,空洞无物。作为一面镜子,从中也可窥见当时的心理状态。

更大的灾难是"文革"中被迫停刊。1960年曾因纸张紧张停刊半年,没有什么损失。"文革"则不同了,刊物已不复存在,人员都去了干校。位于营口道的一座院落,原是《历史教学》的社址,也被别人占领。

"四人帮"粉碎后,各行各业都忙着恢复秩序,重整"家园",在史学界的强烈呼吁下,经过梁寒冰、王金鼎等人向天津市委市政府建议和周旋,终于获得市长胡昭衡的同意批准,《历史教学》复活了。吉敦谕、张颖、罗宝轩3人做了大量具体工作,东奔西跑,将流散的人员找回来一部分,又和外地编委联系,1979年,《历史教学》又和国人见面了。这时增加了新的编委和编辑部成员。

新的时期，人们的历史意识随着改革开放的程度而发生变化，撰稿者本着实事求是的精神，对以往的历史研究重新思考，有纠正以往错误的，有提出新的见解的。过去被遗忘或不被重视的问题，也有人探索，研究领域广阔了，《历史教学》因为有以往的群众基础，包括作者群和读者群，又活跃起来。全国各种学术讨论会的召开，也促进了刊物的发展。历史教学社也和一些地区的教育部门联合召开研讨会，研究编辑教材和教学的互动关系。

记得1985年《历史教学》35周年之际，周谷城的祝词是："历史教学，专门杂志，既重教学，亦重学术。"邓广铭的祝词是："历史传承以中华最称悠久，灿烂文化有待光大，教学改革在海内方兴未艾，精深知识端赖研求。"这是对《历史教学》最大的期望和鞭策。《历史教学》在科研和教学中平衡地发展，有时偏离了学术，失去了部分作者和读者，有时偏离教学，失去了广大中学教师的支持。

近年，学术研究日益开放，出版行业日渐发达，大量的学术刊物、教学刊物如雨后春笋涌现，《历史教学》自然走进竞争激烈的市场。如何在新的形势下，保持和发扬刊物学术、教学并重的优良传统，取得社会效益和经济效益双丰收。《历史教学》在一标多本的形势下，适时地开展了如何编好新的历史教材的讨论，有几十位著名史学家就此阐明了宝贵的意见，收到了历史教育界同仁的普遍重视，并成功地举行了关于教材编写的讨论。

为了加强中学历史教学和学术界的交流，《历史教学》自2003年10月推出了中青年学者访谈录，向广大中学历史教师介绍学界的最新学术成果和人物，受到广大读者的欢迎，同时在高校中引发了积极的反响。最近访谈录已编辑成书，出版了第一辑。

历史文化活动，是一个民族最有力的探索，《历史教学》肩负着重要使命，任重而道远，在发扬我国的民族传统、民族精神、民族情操、爱国思想、认识世界方面，起着别种刊物难以取代之作用。

原载《历史教学》，2005年第7期

我心目中的《史学月刊》

《史学月刊》是我的良师益友,是我喜欢并经常阅读的刊物之一。它不仅给我以知识,还扩大了我的治学视野。

《史学月刊》的前身是《新史学通讯》,是由我国著名学者创办的。当时史学刊物很少,在河南省有《新史学通讯》,在天津有《历史教学》。新史学从那时进入我的记忆。经过几代人的辛勤劳动才有今日的收获,《史学月刊》成为我国史学研究领域的支柱和权威刊物之一。我和几位年轻的学者交谈,他们都赞扬这个刊物办得很出色,其文章引用率很高,要了解我国现代史学发展的状态,这一刊物是不可或缺的。

刊物是文化传承的主要载体之一,也是学术交流的大平台,必然引人注目。我极敬爱从事编辑的文化人的敬业精神,每篇被刊用的文章都有他们的心血,文章质量的高低,与他们有直接的关系。俗称这一职业是为他人做嫁衣的。从文化发展角度看,正是这一奉献精神,推动着文化的发展,功莫大焉。

我多次投稿于《史学月刊》,也曾多次推荐过青年学者的论文。我从事的是中国现代史的教学和研究。和月刊副主编翁有为博士电话书信来往较多。对他工作的认真负责、一丝不苟的态度,我是有深切体验的。对所投稿件均提出修改意见,刊登与否,对作者都有清楚的交代,这对撰稿者是最大的帮助。

关于我个人文章被刊登后,都有些反馈,如《1939年华北大水灾述评》(1998年9月)、《抗日战争时期中国西北地区的农业发展》(2001年2月)、《红军到八路军历史细节的再现》(2007年9月)、《民众抗日同盟军的历史地位及其不幸结局》(2009年4月)等。就拿《水灾评述》来讲,这篇文章引起了许多人的兴趣。有的学者看不到我引文中的莲塘老人《天津水灾见闻录》,有的看不到《津市警察三日刊》,来信询问,我便复印给他们寄去。社会上有的人也需要这方面的资料,与我通话通信,我除说明资料的价值外,还介绍当年生活在天津、熟悉天津水灾的人士，协助其掌握更多的活材料。我认为做学问，学人之间应互通有无，不应封闭，刊物起到了桥梁作用。

记得 2001 年 4 月下旬，《史学月刊》举行创刊 50 周年纪念研讨会，主题为《21 世纪中国史学》，会议主持者为李振宏、郭常英，来自全国 30 位学人共聚一堂，我也应邀出席，会议很成功。与会者对《史学月刊》都有很高的评价，一致肯定其在史学界的地位和影响，预祝《史学月刊》在今后史学研究的多样性中，生气勃勃，展示自己的威力。会议期间曾参观清明上河园、少林寺、嵩阳书院等名胜古迹，听取了历史文化学院部分先生如龚留柱等人的讲解，赵金康引导我参观中国古代四大名镇之一的朱仙镇，马小泉赠我宋代研究丛书，加深了我对中州历史文化的认识。与会者都认为这是一次极好的文化交流活动。会议间隙，我与河大历史文化学院诸同行畅谈学术，共叙友谊。他们还给我一次机会与该院学生见面，并讲述《近现史研究中的几个问题》。这些都是很有意义的，回忆起来很感动很亲切。

转眼间，又经历了 10 年，中国史学和《史学月刊》均有了极大发展。历史研究多趋向历史细节的探讨。在当今浮躁情绪腐蚀着人们的思想，学界也深受其害之际，对刊物来讲，也是极大的挑战。祝愿《史学月刊》一如既往，坚持自己的好传统，与时俱进，肩负起自己的使命，为中国文化事业做出更大贡献。

2010 年 8 月于南开园锲斋

原载《史学月刊》，2011 年第 9 期

校 史

读《保定陆军军官学校校史研究》有感

王新哲、刘志强、任方明等学者撰写的《保定陆军军官学校校史研究》，属国家哲学社会科学基金项目《保定军校史研究》，已顺利通过鉴定结项，由中国社会出版社出版。这是探索和研究中国近代军事教育的一部著作，同时也为研究民国史、中国近现代军事教育史、社会政治史提供了珍贵史料。

保定陆军军官学校(以下简称保定军校)成立于改朝换代的民国元年(1912年)10月，结束于军阀混战与政府财力拮据的1923年8月。其间历经11年，共办9期，先后由8位校长执掌，他们是赵理泰(天津北洋武备学堂生)、蒋百里(日本士官三期生)、曲同丰(日本士官三期生)、王汝贤(天津北洋武备学堂生)、孙树林(日本士官三期生)、贾德耀(日本士官三期生)、张鸿绪(天津北洋武备学堂生)。这所军校为近代中国培养了步、骑、炮、工、辎各兵种军官6500余名，据该书作者不完全统计，其中有1235人成为将军。在民国时期内战和外战中，都留下了他们的足迹，曾是不容忽视的力量。

保定军校不像黄埔军校那样受到人们的称赞，或因其为北洋军阀所办，或因存在时间短，似乎已被人们遗忘。

近年史学研究形势变化，不少中外学者，将保定军校作为研究对象。保定学人依托于保定军校研究会这个平台，几经寒暑，奔波辛劳，从多方面搜集资料，阅读、研究、思考，以充足的论证写出了保定军校的"庐山真面目"。国外学者如美国阿瑞桑那大学的Stephen Mackinnon曾写过评价保定军校历史地位的文章，其中称赞了1938年武汉保卫战中，有众多将军，都是保定军校出身。

全书还详尽记述了该校历年大事和与中国近代史的关系，该校在中国近代史上的地位，使读者对保定军校有个总体的认识。其研究成果独到之处还在于在掀开保定军校历史这层"面纱"时，率先介绍了该校诞生的时代背景——辛亥革命后，封建王朝彻底覆灭，转变为民主共和的新国体中华民国,它是时代新旧交替的特殊历史时期的产物。袁世凯窃取民国政权后,为加强北洋军阀统治,大办军事教育,保定军校诞生在有军事教育传统并曾是袁世凯的直隶总督署地——保定,这不是偶然的事。

该书比较忠实地叙述了保定军校的历史沿革、教育宗旨、教学体制、管理制度、课程设置、学生分配及历任校长、师生的军事论著并以此为该书研究成果的骨架,透过如此的表述,人们可以看到国家政体转轨后的新型军事教育的全貌。它对保定军校著名人物的介绍,令人看到教官是学校实施军事教育的骨干,在培养高水平军事人才过程中起举足轻重的作用。这些名教官中出类拔萃的有方鼎英、周思诚、张基、段石峰等。书中还客观公正地介绍了军校一至九期毕业生中的人物生平及归宿,如季方、唐生智、陶峙岳、刘峙、刘文辉、张治中、白崇禧、朱怀冰、傅作义、钱大钧、薛岳、叶挺、邓演达、赵博生、顾祝同、陈长捷、陈诚、王以哲、董振堂、张克侠、何基沣等。这些军校生均怀报国之志,试图以军事救国、强国。我们从中可以理解他们所处的时代给了他们发挥作用的舞台,在中国近现代社会重大历史事件中如辛亥革命、反袁护国、平息张勋复辟、北伐战争、抗日战争、解放战争直至抗美援朝等都留下了他们的身影和影响。他们有意无意地影响着中国社会的进程,他们也随之不断地分化和各有归属,乃至有不同的政治取向,从而折射出历史发展的复杂和变化。尤其一些进步的军校生在反抗日本侵华战争中挺身而出,为国家和民族流血捐躯,做出了卓越贡献,他们的爱国主义精神当值得后人学习与怀念。作者分析了他们走上不同生活道路的原因,从中昭示出在历史巨变中,能够跟上进步的潮流,尽自己的力量做有益于民族和国家的大事,也不是每个人都能做到的,但终有佼佼者。

保定军校开创了中国近代军事科学教育的先河,缩小了中国与世界军事强国之间军事教育的距离,可谓近代中国军事将领的一个摇篮。

一部著作若有价值,就必须建筑在广大而坚实的知识基础上。这部书的作者们,依靠保定这块土壤,开阔了自己的视线,获得了丰富的知识,深入到军校本身这一历史的真实,有了这样的修养才完成了这一著作。他们走出了一条研究历史问题的途径。

一部好的著作总会提高人们的思想境界,给读者以更多的思考,这部书写出了它的历史特点。它会受到学界欢迎的。

原载《历史教学》,2005 年第 8 期

读《延安大学史》①

2008 年问世的《延安大学史》，由人民出版社出版。全书分三篇共 15 章。第一篇新民主主义时期(5 章)，第二篇社会主义时期(6 章)，第三篇改革开放时期(4 章)。开篇是一些珍贵照片及延大校歌，最后有一附录。共 540 页，主编曾鹿平。这部书从延安文化这一广阔的视野来写，写出了创办延大的理念、思维和模式，记录了延安的历史和文化，展现了延大的精神和风貌，是颇有学术价值的一部书。

延大是 1941 年 9 月 22 日正式成立的。该年 7 月 13 和 30 日，中共中央政治局研究讨论，决定青干、陕公、女大合并，组成延安大学，以吴玉章为校长，赵毅敏为副校长，设社会科学院、院长艾思奇；法学院，院长何思敬；教育学院，院长刘泽如；俄文系，系主任黄正光；英文系，系主任许乃生；体育系，系主任张远。

1943 年 3 月 16 日，中共中央西北局决定将鲁迅艺术文学院、自然科学院、新文字干部学校、民族学院并入延安大学，后行政学院也并入。1944 年 5 月 24 日，延安大学在边区参议会大楼召开开学典礼，毛泽东、朱德亲临，并发表了讲话。毛泽东讲延大不仅要为陕甘宁边区的政治、经济、文化工作服务，还要为全国抗日根据地服务。延大创立是有自己的历史过程的，是不断丰富完善起来的。任何建筑都是从一砖一瓦建起的，延安这所窑洞大学，也在发展和变化。

新中国成立以前延大校长先后为吴玉章、周扬、江隆基、李敷仁，他们均是近代中国史上著名的教育家。

在延大先后任教的，都是近现代中国的精英，有文学家、新闻记者、画家、诗人、歌咏队员，如茅盾、于光远、张如心、何其芳、冼星海、范长江、尹达、

---

① 于本书首次发表。

周巍峙、艾青、贺绿汀、孙犁、周立波、严文井、何干之、沙可夫等。现在一所大学很难拥有这么多的学界领军人物。

延大各个学科对历史都做出了巨大贡献。该书举出了诸多实例，如自然科学院教师华俊春和王士珍发明马兰造纸技术，林华发明土法玻璃制造技术，机工系、化学系和军委军工局的工程技术人员设计建造土法炼铁高炉，农业系有关良种培养、病虫害防治等方面的实验和研究，系主任乐天宇的《陕甘宁盆地植物志》以及延安和陕甘宁边区森林、矿产资源考察等。

鲁艺是中国现代文艺的摇篮。在文化戏剧、歌咏曲方面，1939年冼星海在窑洞中用一个星期创作了《黄河大合唱》《兄妹开荒》《白毛女》《粮食》《南泥湾》等经典著作，成为我国文化的瑰宝。何其芳、艾青等是诗歌的创作者；古元、彦函等是版画的创作者；孙犁、孔厥和葛洛等是小说的创作者；冼星海、郑律成、马可、卢肃、刘炽等是歌曲的创作者。这部书对此都做出了刻画和描述。一个学校最大的荣誉，就是能够产生影响历史发展和人类文明的创举。不少毕业于延大的学生，新中国成立以后成为首届工程院院士。

如此众多著名学者奔向延安，这是时代造成的，因为延安是革命圣地，全国进步人士心向往之。还有一个原因，是周恩来为建校付出了巨大心血，功莫大焉。该书称赞周恩来在重庆选派人士，突破重重封锁线调往延安，大量的学员也是周从国统区亲自组织护送到延安的。延大的许多珍贵图书、实验设备都是周历经千辛万苦从重庆购置，辗转千山万水送回延安的。

延大的学生来自全国各地，他们经各地八路军办事处介绍，冲过封锁线而来。从陕北公学创建时就是如此。最初以陕西和平津流亡同学为主，后来扩大到华北各省，还有西藏、南洋华侨和朝鲜的青年学子。1944年中外记者考察团成员赵超构讲："在学生方面，延大也有特色，它不规定入学资格，也不偏重考试，一千三百个学生中有工、农、店员、学徒、军人以及大学、中学、小学出身的人。父子同学，夫妻同窗都是有过的。在学校中，学生还可以带家眷来。学生里面，有许多人是担当过实际工作的。毕业的学生，则大部分到群众中去，也许过了一两年，再来上学。"[1]

校园文化也是人们感兴趣的课题。延大校歌突显了自己的特点，如一开头的歌词是："霞光辉耀，红旗飘扬，同学们，宝塔山耸立，延河激荡。同学们，

---

[1] 赵超构：《延安一月》，南京新民报社，1946年1月再版，第152页。

春风荡漾,百花齐放。"把人们的视线吸引到延安。该书如实记录了延大的衣食住行。

住的是窑洞,小的窑洞住 5—6 个人,大的窑洞住 10 人,睡的是木板搭的通铺。

吃的,按标准级别分大、中、小三灶,都在食堂就餐,节假日也有个人做饭改善生活的,领导和个别教师吃小灶,部分教师和干部吃中灶,一般干部吃大灶。不同之处只是多些肉和油。大灶每天口粮 1 斤小米,煤菜油盐适量,由伙房采购,每日两餐,一餐稀饭、咸菜;一餐小米(黄米)干饭,每周吃一两顿白面馒头或包子,并有肉。伙房喂有猪、羊,可以额外增加一些肉食。有时每日也吃两餐干饭。夏种秋收农忙时,改为每日三餐(两干一稀)。

衣服:师生都发灰色粗棉布服,少数干部和教师发延安产的粗毛呢服。学员的上衣是三个兜,干部、教师的上衣是四个兜。单衣、衬衣一年发一套,棉衣三年发一套。一年两双布鞋,夏天都穿木板拖鞋和麻鞋,不穿袜子,冬天戴羊毛绒制帽,穿自己编织的羊毛绒袜子。被褥根据情况,每年适当补充。

行:出外办事都是步行。学校有马车和牲口,用于驮水和拉东西。

用品:毛巾、牙刷、牙粉(或盐精)、肥皂等日用品,有时发实物,有时发钱个人去买。一个窑洞发一个脸盆(陶瓷盆)。夏天到河里去洗澡,冬天只好将就些了。

学习用纸是延安制的马兰草纸,墨水是变色铅笔芯用水泡制的,一支变色铅笔芯可以泡制两小瓶,多数人没有自来水笔和钢笔。笔尖用线缠在木棍上,插在空子弹壳里,就是蘸水笔。

学习时,有少数人用自制的没有油漆的座椅,多数人用的是木板搭的条案。坐的是自制的条凳、小凳和马轧。上课用的是自制的刷锅底灰的黑板。有的用白灰抹在墙上,再用锅底灰刷就。

各个学科,除了五六门共同课,专业性的课程较少。如学行政的不必读比较政府与定法,学法律的不必读民刑法及国际法,学财政的不必读银行课程。

就是在这样的环境中,"延大却培养了为战争而工作的青年男女,比如帮助教育,唤起民众,在敌人后方工作,以及用通俗的歌曲、戏剧、连环画之类,宣传用全心全力准备反攻。同样,在医科大学三年的课程中,学生们的学院式的研究可怜地少。全部教育的进行,不论在学校、军队或工厂里面,都是

为了加强抗战,和帮助农业、工业的增产。"(《外国记者眼中的延安解放区》,
M. 武道 (Mourice Votaw),《我从陕北归来》, 历史资料供应社,1946 年 4 月
版,第 39 页)这是经过多次申请,中外记者西北访问团在延安待了三个月至
五六个月考察所得的评估。

中外访问团认为延大优点和缺点并存。赵超构盛赞教学法:"以学生为
主体,由学生自己研究,自己思索,自己讨论,教师只处于帮助地位,这比依
赖教师的讲授,由教师包办一切的教授法,无疑是有效率得多了。就他们学
习的内容而言,我们也应当承认,他们的学用是一致的,学生所学的,主要都
根据实际的材料,教师要学生研究的,也都是很实际的问题。"①延安的现实
为师生提供了研究的思想资源。那时的现实是抗战和救亡,国难严重,国民
党却封锁边区,书籍运不进来,每一系有一间研究室,拥有一些图书、报纸和
政府相关的报告,国内外的许多名著是没有的,难以满足大家的需要。所以
在教材资料和理论上产生了偏向,如教学的内容局限于边区的实际,缺乏系
统的基本的知识,这样的论断是中肯的。

延安大学的历史,有自己的文化背景,校史写了延大自身,也写出了延
安的社会图案。我读了这本书,感到是很吸引人的,现在许多学校都在撰写
自己的历史,相比之下,这部校史,堪称上乘之作。

我曾三访延安,也三访延大。今日之延大,已今非昔比,成为一个更多学
科的综合大学,校园内高楼林立,窑洞只作为历史遗迹,供人参观。延大是有
生命力的,和时代同步前进,一定会创造更大的辉煌。

---

① 赵超构:《延安一月》,第 150 页。